Compliance Management
Theory & Practice

合规管理理论与实务

黄胜忠　郭建军◎主编

知识产权出版社
全国百佳图书出版单位
—北京—

图书在版编目（CIP）数据

合规管理理论与实务 / 黄胜忠，郭建军主编. —北京：知识产权出版社，2020.5
（西南政法大学法商融合丛书 / 黄胜忠总主编）
ISBN 978-7-5130-7032-4

Ⅰ.①合… Ⅱ.①黄… ②郭… Ⅲ.①企业管理 Ⅳ.①F272

中国版本图书馆 CIP 数据核字（2020）第 118034 号

责任编辑：雷春丽　　　　　　　　　责任校对：王　岩
封面设计：张新勇　　　　　　　　　责任印制：刘译文

西南政法大学法商融合丛书

合规管理理论与实务

黄胜忠　郭建军　主编

出版发行：知识产权出版社有限责任公司	网　　址：http://www.ipph.cn
社　　址：北京市海淀区气象路 50 号院	邮　　编：100081
责编电话：010-82000860 转 8004	责编邮箱：leichunli@cnipr.com
发行电话：010-82000860 转 8101/8102	发行传真：010-82000893/82005070/82000270
印　　刷：北京九州迅驰传媒文化有限公司	经　　销：各大网上书店、新华书店及相关专业书店
开　　本：720mm×1000mm　1/16	印　　张：18.25
版　　次：2020 年 5 月第 1 版	印　　次：2020 年 5 月第 1 次印刷
字　　数：289 千字	定　　价：78.00 元
ISBN 978-7-5130-7032-4	

出版权专有　侵权必究
如有印装质量问题，本社负责调换。

序 言
PREFACE

市场经济乃法治经济。诺贝尔经济学奖得主斯蒂格勒教授曾指出，"法律如同其他社会制度，在经济学家的视野中，是社会生活组织的工具"[①]。伴随经济全球化进程的深入，以及市场经济体制的日益完善，中国企业面临着更加广阔的市场机遇和更加严峻的竞争环境，不仅需要按照市场规律实施商业行为，而且亟须依据法律规则规范商业行为。在当下的市场经济社会，任何商业行为都必须在合法范围下展开；而法律本身也在深深地影响并保护着正当的商业行为。中兴通讯高额罚款、万科股权之争、安邦被接管、獐子岛扇贝"逃跑"、王老吉与加多宝包装纠纷等大量商业事件说明：企业正面临着前所未有的挑战，需要从"法"与"商"融合的角度提升企业经营管理水平，从而有效规避市场和法律的双重风险。这也是需要认真解决的重大课题。

在过去四十多年改革进程中，按照社会主义市场经济体制的要求，我国基本建立起了规范和调整市场经济运行的法律体系。中国企业也接受和遵行了依法治企、合规经营的理念，并在预防、控制市场风险、妥当解决法律问题方面发挥了积极作用。法律与商业的融合首先体现在思维上。专业的分工属于工业化时代的产物，为了提高效率，必须要适应规模效应，讲求分工，并且分工越细效率越高。但从实际商业运作的逻辑来讲，法离不开商、商也离不开法，两者其实天然地融在一起。因此，在实际的经营管理中越来越需要法律和商业的深度融合。"法""商"融合至少涉及以下领域：第一，在企

[①] STIGLER G. J. Law or Economics [J]. Journal of Law & Economics, 1992, 35 (2): 455–468.

业内部，法务、合规、风控、监察、审计等是与大风控、大监管息息相关的领域，都能反映出"法""商"融合的鲜明特色；第二，在企业外部，律师事务所、会计师事务所、税务师事务所等机构，越来越需要提供"法""商"融合的服务，才能够使服务更加全面、更加深入；第三，个体层面，在网络时代、共享时代，个体逐步崛起，逐渐被激活。无论是创业，还是从事管理工作，个人不仅要懂得如何从事商业活动，还要懂得规则的运行，遵守法律的规定。既然融合是必然的，就特别需要在法律和商业不同的知识体系、能力架构以及应用方面进行深层次的结合。通过一系列的融合安排，无论是商业操作，还是应对外部环境的变化，都要找到更加均衡的点，才能使得企业行稳致远，让个体更加安全可靠。通过对"法""商"融合环境的辨识、主体行为的观察以及制度安排的分析，可以发现深度推进"法""商"融合无论是对个体还是企业以及服务机构都能够取得非常好的效果。

作为指导管理实践的理论学科——管理学，其发展应当遵循问题导向，即应该适应社会经济生活对管理提出的新要求，因此，管理离不开特定的时空条件。通过不断推进和完善管理学理论，确保管理学与不同学科的交叉和融合。虽然管理学与法学均有自己特定的发展轨迹，但是纵观管理理论的发展历程，企业在管理实践中业已运用法律和管理的方法，"企业与法律被假定存在，而其本身并不是研究的主题。于是，人们几乎忽视了在决定由企业和市场进行各种活动时，法律所起的重要作用"[1]。科斯曾在1937年提出企业契约理论，隶属于权威关系的法律规范乃配置企业资源的有效方式。从某种意义上讲，企业契约理论成为构建"法""商"融合理论的出发点。"法""商"融合理论的提出，正是从"法"与"商"的结合上提供了动态、直接地认识现行法治与现实经济的新型关系的有效途径。"法""商"融合理论作为一种客观存在，是对现实中法律与管理结合现象的概括、提炼与升华，其综合了管理学、法学等相关知识，是对企业商业行为进行计划、组织、管理

---

[1] COASE R. H. The Firm, the Market and the Law [M]. Chicago：University of Chicago Press, 1988：5.

和控制的理论和方法。"商"泛指企业的商业行为，也可被解读为商事活动，"法"主要指与商业行为、商事活动相关的法律法规的集合。"法""商"融合强调从商业规则和法律规则两个方面规避企业经营风险和法律风险，这是对传统管理理论与方法的拓展与创新。

"法""商"融合的深入推进，无论是对法学教育，还是对商科教育都是大有裨益的。"法""商"融合更有助于打造富有竞争力的学科专业。西南政法大学商学院，前身是1985年建立的司法行政管理系。作为在传统政法院校中发展起来的专门从事商科教育与研究的学院，商学院基于学校法学优势学科以及错位发展的考量，自2004年以来一直秉承"法商融合"的特色定位，在师资队伍、人才培养、科学研究、社会服务等领域采取了系列举措，例如，我院在工商管理、审计学本科专业分别设置"卓越法商人才实验班""监察审计实验班"，在工商管理一级学科硕士点下设立法务管理学二级学科，依托法学一级学科设立审计与法治博士点培育学科。搭建扎实的科研团队和研究平台，积极探索审计与法治、司法会计、合规管理、劳动关系管理、知识产权管理、税务筹划等商科与法学交叉领域的发展，促使我院在科研项目申报、学术成果发表、学术交流等方面取得了长足的进步。为了更好地促进"法""商"融合研究与交流，推动"法""商"实践深入发展，我们将前期积累形成的成果逐步结集出版，以期能有更多的理论研究者与实务从业者关注该领域。当然，由于知识的局限和掌握资料的有限性，成果在深度和广度方面还有待进一步提升，期望大家给予真诚的批评指正。

黄胜忠

西南政法大学商学院院长

2019年10月于重庆

目 录
CONTENTS

第一章　合规管理概述　　1

第一节　合规管理的内涵与外延　　1
　　一、合规的界定　　1
　　二、合规管理的界定　　10
　　三、合规管理与法务管理、内部控制、风险管理、审计监察　　20

第二节　合规管理的动因分析　　31
　　一、内部影响因素　　31
　　二、外部变量因素　　32

第三节　合规管理的成本分析　　35
　　一、直接成本　　36
　　二、间接成本　　38

第四节　合规管理的价值分析　　41
　　一、对企业的价值　　41
　　二、对社会的价值　　44

第二章　合规风险识别与评估　　46

第一节　合规风险界定　　46
　　一、法律风险　　48
　　二、操作风险　　49
　　三、声誉风险　　50
　　四、市场风险　　52

　　　　五、财务风险　　　　　　　　　　　　　　　53
　　第二节　合规风险识别与评估方法　　　　　　　55
　　　　一、触险要素评估法　　　　　　　　　　　56
　　　　二、风险源识别与评估法　　　　　　　　　59
　　　　三、合规指数评估法　　　　　　　　　　　63
　　第三节　合规风险评估应用　　　　　　　　　　64
　　　　一、联想集团对供应商合规风险评估　　　　64
　　　　二、华为技术有限公司对外贸易合规风险评估　　66
　　　　三、中铁一局集团有限公司项目合规风险评估　　67
　　　　四、某医院赞助商合规风险评估　　　　　　68

第三章　合规管理制度　　　　　　　　　　　　　　70

　　第一节　合规管理制度概述　　　　　　　　　　70
　　　　一、合规管理制度的界定　　　　　　　　　70
　　　　二、建立合规管理制度的意义　　　　　　　71
　　　　三、合规管理制度的原则和框架　　　　　　72
　　第二节　合规管理制度设计　　　　　　　　　　80
　　　　一、合规管理办法　　　　　　　　　　　　80
　　　　二、合规行为准则　　　　　　　　　　　　83
　　　　三、合规计划　　　　　　　　　　　　　　86

第四章　合规管理的组织架构　　　　　　　　　　　89

　　第一节　合规管理组织设立的原则　　　　　　　89
　　　　一、组织适应原则　　　　　　　　　　　　89
　　　　二、责权相匹配原则　　　　　　　　　　　90
　　　　三、协同原则　　　　　　　　　　　　　　90
　　　　四、独立原则　　　　　　　　　　　　　　91
　　　　五、成本效益原则　　　　　　　　　　　　91

第二节　合规负责人　91
　　一、外部特征　92
　　二、内部关系　93
　　三、独立性与履职保障　95

第三节　合规团队　96
　　一、合规管理的职责分配　97
　　二、合规团队的模式　100
　　三、专职合规团队的组织形式　102

第四节　合规管理的组织结构　110
　　一、集中化的组织结构　110
　　二、分散化的组织结构　112

第五节　合规部门的职责　116
　　一、合规审查　117
　　二、合规咨询　119
　　三、合规报告　119
　　四、合规沟通、培训与教育　120

第六节　部门之间的协调　123
　　一、面向全体员工的沟通　123
　　二、与内部业务部门的分工合作　125
　　三、与内部监督部门的分工合作　127
　　四、与外部监管部门的沟通协调　128
　　五、与商业合作伙伴的沟通协调　129

第五章　合规管理的实施保障机制　132

第一节　实施保障机制概述　132
　　一、实施保障机制内涵　132
　　二、实施保障机制有效的基本条件　132

第二节　合规文化建设　133
　　一、合规文化的内涵　133

二、合规文化的基本内容　　134
　　三、合规文化的培育　　135
第三节　合规培训　　136
　　一、合规培训的内涵　　136
　　二、合规培训的价值　　137
　　三、合规培训的形式　　137
第四节　举报机制　　138
　　一、举报机制的内涵　　138
　　二、举报机制的功能　　139
　　三、举报机制的内在要素　　139
　　四、信息收集来源拓展　　140
　　五、对举报者的保护　　141
　　六、对举报者的奖励　　141
第五节　追责惩罚机制　　143
　　一、合规问责制度　　143
　　二、"黑名单"制度　　143
　　三、连带制度　　144
　　四、"一票否决"制度　　144
第六节　合规管理工具　　144
　　一、合规管理信息系统　　145
　　二、合规管理手册　　147

第六章　合规管理与审计　　152

第一节　合规审计　　152
　　一、合规审计概述　　152
　　二、合规审计的核心　　153
　　三、合规审计的模式　　158
第二节　合规管理与内部审计　　159
　　一、合规管理与内部审计的区别　　159

  二、合规管理与内部审计的协同　161

第三节　合规管理审计　161
  一、合规管理审计的内涵　161
  二、合规管理审计的人员要求　163
  三、合规管理审计的任务　163

第七章　企业资本业务合规管理　164

第一节　国有独资企业和国有控股企业股权结构的合规要求　164
  一、国有资产保值增值的法律依据　164
  二、国有资产保值增值的合规要求　165
  三、国有独资企业和国有控股企业股权转让的合规要求　166
  四、国有独资企业和国有控股企业增资的合规要求　169

第二节　上市公司股权结构的合规要求　171
  一、上市公司股权结构合规的法律依据　171
  二、上市公司资金来源的合规要求　172
  三、上市公司股东资格的合规要求　175
  四、上市公司股权转让的合规要求　176

第三节　外资入股企业对股权结构的合规要求　178
  一、外资入股企业股权结构合规的法律依据　178
  二、外资入股企业股权比例的合规要求　179
  三、外资入股企业股权转让的合规要求　179
  四、外资入股企业股东资质的合规要求　181

第四节　融资方案的财务合规与风险管控　181
  一、成本效益的合规与风险管控　182
  二、资金结构的合规与风险管控　182
  三、融资渠道的合规与风险管控　183
  四、融资租赁的合规与风险管控　184

第五节　债权结构的合规要求　185
  一、债券发行的合规义务与风险管控　186

二、债务资金来源的合规义务与风险管控　187

三、债权比例的合规义务与风险管控　187

第八章　企业进出口业务合规管理　188

第一节　国外出口管制制度与经济制裁　188

一、美国的出口管制法律体系　188

二、欧洲的出口管制体系　192

三、亚洲的出口管制体系　195

四、经济制裁　196

第二节　出口管制处罚与执法趋势　198

第三节　中国的出口管制制度　199

一、中国出口管制的法律基础　199

二、中国出口管制制度　203

三、违反中国出口管制制度的法律责任　204

第四节　企业进出口业务合规实践　205

一、前期工作　205

二、进出口业务管理和合规计划九大要素　206

三、常见进出口业务违规风险点及案例分析　209

第九章　企业反腐败与反商业贿赂　213

第一节　企业反腐败与反商业贿赂国内合规趋势　213

一、企业反腐败　213

二、企业反商业贿赂　217

第二节　企业反腐败与反商业贿赂国际合规趋势　224

一、企业反腐败国际合规趋势　224

二、国外商业贿赂的监督主体　224

三、有关企业反腐败与反商业贿赂的法律法规　226

第十章　企业信息安全与数据合规　　231

第一节　企业信息安全　　231
一、企业信息安全的背景　　231
二、企业信息安全的界定　　232
三、企业信息安全产生的原因　　232
四、企业信息安全的控制规则　　235

第二节　数据合规　　239
一、数据合规的背景　　239
二、数据合规的界定　　240
三、数据合规的基本流程　　242

第十一章　反洗钱合规管理　　245

第一节　洗钱与反洗钱概述　　245
一、洗钱　　245
二、反洗钱　　253
三、反洗钱监管　　256

第二节　金融机构反洗钱合规　　258

第三节　特定非金融机构反洗钱合规　　262
一、特定非金融机构反洗钱监管工作　　262
二、特定非金融机构反洗钱工作领导小组　　263

参考文献　　269

后　记　　278

第一章
合规管理概述

第一节　合规管理的内涵与外延

一、合规的界定

（一）"规"的含义

想要分析合规的含义，对于"规"的界定就十分重要。"没有规矩不成方圆"，做任何事，必须要有"规"加以规范，没有规矩，任何事情都将变得杂乱无章。

从"规"的本义来看，"规"指画圆的器具即圆规，木匠在做木活时遇到打制圆凳、圆窗、圆门等工作时，就会使用规画圆。

"规"有作模范、典范的解释，《咏史》记有："生为百夫雄，死为壮士规。"

"规"也有作法度、准则来解释，《说文》记有："规，有法度也。从矢，从见，会意。"

巴塞尔银行监管委员会认为合规法律、规则和准则有多种渊源，包括立法机构和监管机构发布的基本的法律、规则和准则，市场惯例，行业协会制定的行业规则以及适用于银行职员的内部行为准则等。基于此，合规法律、规则和准则不仅包括那些具有法律约束力的文件，还包括更广义的诚实守信和道德行为的准则。[①] 因此，可将合规管理中"规"的来源归纳为两类：一

---

① 《合规与银行内部合规部门》（2005年版）第5条。

是法律来源，二是非法律来源。法律来源包括法律法规等；而非法律来源包括行业和组织标准、准则，良好的治理原则，自愿性原则和行为守则，组织所签协议产生的义务以及公认的道德标准等。

1. 法律来源的"规"

法律来源的"规"散见于《中华人民共和国公司法》（以下简称《公司法》）、《中华人民共和国担保法》（以下简称《担保法》）、《中华人民共和国保险法》（以下简称《保险法》）、《中华人民共和国票据法》（以下简称《票据法》）以及相关的一些规章制度中，还包括上市地监管机构和交易所制定的各种规章和准则，例如，我国香港联合交易所的《上市手册》、纽约证券交易所的《上市手册》。如果仅将其简单汇编在一起，显然其可操作性、可执行性仍较差。对这些种类、层次、数目众多的"规"，公司若想真正将其落实到经营管理活动之中，必须对其进行梳理、整合与优化，形成合规手册，这本身就是在提升公司的风险管理能力和核心竞争力。

2. 非法律来源的"规"

非法律来源的"规"存在于复杂的环境中。首先，大多数人都有义务，这些义务源于他们的雇佣合同，要求他们在工作中执行相关的任务。如果我们不遵守这一要求，其后果可能包括警告、罚款、降薪、开除等。然而，这显然不是适用于我们日常生活的唯一要求。我们还必须遵守其他环境中的特定规则，例如，道路交通规则。当然，道德准则也可能发挥作用。例如，尽管我们迫切需要资金，但出于道德等原因，大多数人都不会抢劫银行。同样，尽管人们经常履行其工作义务及相关任务，但有些人可能不会这样做并面临潜在的后果。这部分是反映人们识别和预测可能或潜在的问题，并根据风险水平作出决策（采取行动或不采取某些行动）。其次，公司内部的各种行为准则和规章制度也是常见的"规"的来源。例如，企业制定的员工行为规范、各种业务规章制度和处理规范、财务规范、对外信息披露规范。最后，上市地要求遵守的各种行业准则，例如，美国通用会计准则和国际会计准则、审计准则等也是必须遵守的"规"。关于"规"的来源具体如表1-1所示。

表1-1 识别合规中的"规"

类别	"规"的来源	违"规"的主要后果
法律来源	成文法：宪法、法律、行政法规、地方性法规、自治条例、行政规章、国际条约	1. 刑事责任，包括管制、拘役、有期徒刑、无期徒刑和死刑这五种主刑，还包括剥夺政治权利、罚金和没收财产这三种附加刑。附加刑可以单独适用，也可以与主刑合并适用。 2. 行政责任，包括行政处分和行政处罚。（1）行政处分是行政机关内部，上级对有隶属关系的下级违反纪律的行为或者是尚未构成犯罪的轻微违法行为给予的纪律制裁。其种类有：警告、记过、记大过、降级、降职、撤职、开除留用察看、开除。（2）行政处罚的种类有：警告、罚款、行政拘留、没收违法所得、没收非法财物、责令停产停业、暂扣或者吊销许可证、暂扣或者吊销执照等。 3. 民事责任，包括合同责任和侵权责任，民事责任的责任形式有财产责任和非财产责任，包括赔偿损失、支付违约金、支付精神损害赔偿、停止侵害、排除妨碍、消除危险、返还财产、恢复原状以及恢复名誉、消除影响、赔礼道歉等。这些责任形式既可以单独适用，也可以合并适用
	不成文法：政策、司法解释、司法惯例	
	法院的裁判	
非法律来源	雇佣合同、买卖合同等	1. 行政责任，包括行政处分和行政处罚。（1）行政处分是行政机关内部，上级对有隶属关系的下级违反纪律的行为或者是尚未构成犯罪的轻微违法行为给予的纪律制裁。其种类有：警告、记过、记大过、降级、降职、撤职、开除留用察看、开除。（2）行政处罚的种类有：警告、罚款、行政拘留、没收违法所得、没收非法财物、责令停产停业、暂扣或者吊销许可证、暂扣或者吊销执照等。 2. 民事责任，包括合同责任和侵权责任，民事责任的责任形式有财产责任和非财产责任，包括赔偿损失、支付违约金、支付精神损害赔偿、停止侵害、排除妨碍、消除危险、返还财产、恢复原状以及恢复名誉、消除影响、赔礼道歉等。这些责任形式既可以单独适用，也可以合并适用
	行业和组织标准、准则	
	自愿性原则和行为守则	
	组织所签协议产生的义务	1. 只追求自身的经济利益，忽视社会利益和环境保护，就会产生严重的外部不经济和生态环境破坏问题，无法实现企业活动的经济效益、社会效益和生态环境保护的有机统一。 2. 损害本企业的声誉
	商业伦理道德	
	企业内部规章制度	1. 经济处罚：包括罚款、扣发考核性工资。 2. 纪律处分：包括警告、记过、记大过、降级、撤职、留用察看、开除。 3. 其他处理：包括通报批评、离岗清收、限期调离、解聘专业技术职务、辞退、除名、解除劳动合同等

将企业作为边界，可以把"规"划分为外部规范和内部规范。外部规范主要是国家和政府机构制定的法律和监管政策，这类规则往往带有强制性。而内部规范主要是企业自身制定的操作规范和行为准则，其强制属性则要弱化一些。对于企业而言，遵守外部规范和内部规范应该是同等重要的，都应该纳入企业合规的范畴。

企业遵守规范的载体可以采取义务、禁令和许可这三种形式。[1] 许可是行政机关根据公民、法人或者其他组织的申请，经依法审查准予其从事特定活动的行为。它分为普通许可、特许、认可、核准、登记。但它只是间接相关，因为在"许可"中"遵守"是没有意义的。

合规的重点是义务和禁令，因为它们强制或限制行动。义务规范规定了行为人必须采取的具体行动，禁止规范规定了行为人必须避免的行为，以确保遵守相关要求。企业应明确遵守规范的来源及其对企业经营管理的影响。企业在建立、发展、实施、评估和改进合规管理体系的过程中，应考虑各种各样的义务、禁令、许可。企业应系统地识别合规规范的来源及其对企业活动、产品和服务产生的影响。企业应以适合其规模、结构和运营的方式来确定合规义务、禁令、许可。其中，具有强制性的义务和禁令是企业必须遵守的，必须列入企业合规性要求的范围，制定合规清单，在企业内部以正式文件发布，如表1-2所示。

表1-2 合"规"来源初始识别工作

序号	合"规"来源清单	对企业经营管理产生的影响	是否纳入本企业遵守范围	备注
一	禁令			
二	义务			
三	许可			

（二）合规的含义

合规是公司治理的核心问题，也是企业和其他复杂组织必不可少的内部

---

[1] ESAYAS S, MAHLER T. Modelling Compliance Risk: a Structured Approach [J]. Artificial Intelligence & Law, 2015, 23 (3): 1-30.

控制活动。"合规"一词在中国词典中并无专门解释,而作为专有名词,"合规"是由英文单词"compliance"翻译得来的,指遵从、服从。合规职能包括组织、承诺、确保员工以及与企业相关的其他人不违反适用的法规。[1] 合规的相关研究认为,企业合规覆盖的内容一般包括价值观、伦理道德、制度架构和品牌声誉等。[2] 该内容主要有两个层面的含义:其一是"合法性",要求企业必须遵守各类外部的法律、法规和有关监管要求;其二是"合规性",要求遵守企业内部的制度、文化和价值观等公司伦理要求以及诚信、规范的商业行为标准等。

从广义而言,合规描述了一个机构或企业为了遵守其业务领域国内和国际法律框架而执行某些规章制度的过程,同时也维护了其声誉。[3] 而合规研究者通常将合规性视为"计划"而非"自动"行为。当然,也有学者将合规定义为确保业务流程、操作和实践符合规定和商定的规范。[4] 此外,合规管理是一项重要的控制功能,有助于保护企业免受可能对企业业务及其声誉产生负面影响的行为。[5]

根据开放合规与道德机构(Open Compliance & Ethics Group,OCEG)的说法,"合规是指遵守法律法规规定的法定要求,以及合同义务和内部政策产生的自愿要求的行为"。[6] 具体到公共风险中的合规行为,所谓的合规,应该包括事先取得许可、遵守相关标准、履行信息披露、缴纳税费。如果公共风险的制造者遵守了以上的规制,那么它的行为大体上可以被认为是合规的。但是,企业遵守了这些规制,并不意味着杜绝了风险就能够完全避免损害的

---

[1] MILLER G P. The Compliance Function: An Overview [J]. Social Science Electronic Publishing, 2014.
[2] EVERSON M, ILAKO C, DI FLORIO C. Corporate Governance, Business Ethics, and Global Compliance Management [J]. ABA Bank Compliance, 2003, 24 (3): 22.
[3] THEODORAKIS N. Finding an Equilibrium Towards Corporate Compliance: Solving the Gordian Knot of Trade Violations Eliciting Institutional Corruption [J]. Social Science Electronic Publishing, 2015.
[4] SADIQ S, GOVERNATORI G. A Methodological Framework for Aligning Business Processes and Regulatory Compliance [J]. Handbook of Business Process Management, 2009, 2: 159-176.
[5] ETIENNE J. Compliance Theory: A Goal Framing Approach [J]. Law & Policy, 2011, 33 (3): 305-333.
[6] OCEG. Compliance is at the heart of GRC and Principled Performance [Z/OL]. [2020-05-31]. https://www.oceg.org/about/people-like-you-compliance.

发生，因此，也就产生了合规行为。[1] 所以说合规就是指组织的经营活动必须符合需要遵守的所有要求，包括适用的法律法规、组织标准、行业标准、合同、有效治理原则、团体标准或道德准则等。[2]

在企业中所谈论的合规，既是一个目标，也是一个完整的体系，更是一个持续的过程。它是企业管理能力的一个重要方面，其根本意义在于建立和维护企业运营所需的良性秩序，而良性秩序是企业在其他方面发展的坚实基础和有力保障。[3] 同时，企业合规关注现行规则对企业经营活动产生的影响，例如，如何确保法律法规和企业规章制度在企业内部得以遵守，以及如何识别和减少合规风险。[4]

在本书中，将合规定义为企业在经营管理过程中所应遵守的法律法规、行业准则、商业伦理道德、企业内部规章制度等方面的要求。

首先，企业要遵守总部及各个分公司所在国和经营活动所在国的法律法规和监管规定，确保经营手段和产品销售不违反法律规定。如果企业在经营活动所在地按照法律法规的要求组织经营活动，满足合法性原则，企业的经营行为就会受到当地法律的保护。

其次，企业要遵守行业准则和商业伦理道德。企业及其他与经营有关的组织在进行经营活动时，都必须遵守本行业的相关标准。此外，企业在经营时也应遵守商业伦理道德。企业的经营不仅要营利，还应承担一定的社会责任。一个重视商业伦理道德的企业，在对待供应链上下游企业、内部员工、政府及整个社会时，均应当积极承担社会责任，不与社会发生冲突与摩擦，积极采取对社会有益的措施，树立良好的品牌形象。

最后，企业在市场中生存发展，若想良好地遵守国家的法律法规，尊重商业伦理道德，就需要制定企业内部管理的规章制度。在企业经营活动中，法律是底线要求，商业伦理道德是最高标准，企业内部规章制度是企业在贯彻执行底线要求、追求最高标准过程中的自我监督条例。上至管理层、下至

---

[1] 傅蔚冈. 合规行为的效力：一个超越实证法的分析 [J]. 浙江学刊, 2010 (4): 140-149.
[2] 吴学静, 梁洪力, 邱月. 浅析合规管理体系框架设计 [J]. 标准科学, 2014 (12): 61-64.
[3] 胡国辉. 企业合规概论 [M]. 北京：中国工信出版集团, 电子工业出版社, 2017: 3.
[4] 华东师范大学企业合规研究中心. 企业合规讲义 [M]. 北京：中国法制出版社, 2018: 2.

员工均要遵守企业内部的规章制度，以严格的标准要求自己，以确保企业各项行为措施满足法律法规的要求，符合商业伦理道德的标准。由于企业规模、经营活动、业务范围的不同，每个企业都会制定更适宜的规章制度，以此来约束企业的经营行为，指导员工正确行事，从而使企业上下形成合规意识。

通过上文论述，现将法律和道德合规方法的关系加以总结，如表1-3所示。

表1-3 法律和道德合规方法的差异

因素	法律	道德
社会思潮	将法律规范视为一系列限制和必须完成的事情	将道德定义为指导选择的一套原则
目标	面向防止违法行为	面向承担社会责任
方法	强调规则并使用更多的监控和处罚来执行这些规则	将道德视为商业实践中的一种（领导力、核心系统、决策过程等）
行为假设	立足于威慑理论（如何通过操纵不当行为的成本来防止企业做坏事）	植根于个人和社会的价值观（物质和精神）

（三）合规的特点

关于合规，对其理解不能过于简单化、表面化。无论是将合规作为法律要求还是商业惯例，都存在被严重误解的现象，认为合规就是符合法律规定，不合规就是违反相关规定。作为合规部门的员工，按规矩办事、防范风险是其最基本的要求，但这远远不够，还要懂得如何有效率地工作，这就体现出不仅要"合规"，还要做到合情、合理。

1. 合规是一个非"二元"概念

合规经常被误解为"二元"规则，即企业要么合规要么违规。将合规作为一个"二元"规则的构想不是没有好处的，"二元"规则为企业的经营行为提供了明确的要求。从受监管企业的角度来看，"二元"规则具有清晰和易于解释的优点。然而，"二元"规则可能会产生诸多问题。由于这些规则本质上是不灵活的，它们可能会产生不必要的成本或导致不公正的结果。而且，"二元"规则也抵制法院的情境解释，不易于适应变化的社会环境和市场条件，同时破坏了更灵活的规则产生的可能性。"二元"规则并没有考虑监管的根本目的，而是鼓励管理者在没有进一步思考的情况下达到既定的标准。这就是所谓的"监管仪式主义"，即行为者接受达到监管目标的手段，但却忽略了手段背后的目标。行为者使用这种方式来满足监管要求，但最终可能导致企业成本上升。

合规是一个非"二元"概念，企业可以存在各种不同的合规和不合规的状态。企业可能会出现轻微的违规或严重违规行为，这取决于企业偏离既定的监管规则和标准的程度。企业也可以完全符合规定，不产生任何偏差。此外，根据其独特的内部和外部资源组合，对于每个企业来说，遵守某个规定的情况可能会有所不同。企业将行业、市场定位、人力资源、资本投资以及与监管机构的关系结合起来，可以决定企业不合规的程度，以及满足监管要求的条件。

2. 合规是一个动态演变的系统

合规应是一个随着监管环境和市场条件而不断变化的系统，具有环境适应性特点。即使是面对全面的监管要求，合规要求在不同的企业之间也是不一致的。每个企业都有着自己的监管组合，从中产生了企业的集体合规义务。不同行业的企业可能需要专门的合规技能来响应具体行业的监管任务。并且，不同的企业文化要求企业以不同方式实施合规流程。

合规与不合规会随着时间的推移而演变。为了应对不断变化的监管要求，公司通常会利用资源组合来改善其最佳合规实践。它们培训员工更好地发现并主动纠正合规问题。它们还雇佣人员管理合规流程，并确定遵守法规的必要步骤。这使一些企业比其他企业更加遵守法规，从而使有效遵守法规成为竞争优势的来源。当企业处于压力之下时，人力和资本投资的双重途径有助于维持合规行为并产生自我维持的合规标准。企业通常会寻求合规成本最低或者投资回报最高的法规。随着企业采取更复杂和更广泛的投资以达到更完整的合规状态，最终能够获得收益。一个公司的第一个合规计划在形式和功能上与第十个合规计划有所不同。即使监管环境还未发生变化，合规人员也必须保持足够的敏捷，以确认流程何时运作，何时需要创新。

3. 合规的不完整性

企业能否完全依法合规经营受到监管机构制定法律法规能力的限制。毕竟法律不是万能的，任何社会，即使是法治社会，都存在一些法律不能调整、无须调整或不宜调整的领域。此外，法律法规一般通过概念来表达，而法律概念或多或少都具有不确定性，即具有"模糊边缘"，而且，法律制定于过去，但适用于现在并预设于将来。例如，立法机关可能设计一个含糊或复杂的规则。这是由于工作人员缺乏足够的时间和资源以充分关注正在发生变化的市场语言，从而产生了法律漏洞和模糊的概念。结果是，虽然已经制定出法律法规，但它可能是不完善的，使得企业能否完全遵守变得不可知。执法监管机构可能会放大这些人为的限制。监管机构虽然拥有丰富的专业知识，但其任务是执行"模糊"的规则，因此，监管机构往往被迫解释和应用不确定的语言，进一步增加了模糊性的可能。

另外，在收集相关信息和信息传播过程中可能会产生摩擦从而阻碍员工理解或遵守规则，并且，公司律师也可能根据实践背景和专业培训强加自己的观点，导致企业受到错误指导，使得企业无法提高合规管理水平。即使在正确指导下，个别管理者也可能不具备驾驭复杂或不明确的规则的能力，因此只能使用"捷径启发式"方法来推定企业任务。

假设通过所有的解释，合规标准都能被正确理解，但外部力量仍旧能使法律法规重新产生歧义。例如，政治权力的变化可能威胁到既定的监管议程；经济冲击可能引发监管方面出现意想不到的变化，使先前的合规做法过时；事故灾难也可能引发公众的愤怒而产生过度反应，造成即使没有事先的触发，社会公众也可能要求更高的合规性，而不是企业所期望的水平，甚至在企业发现自己完全符合既定规则时也会遭受惩罚。

【案例1-1：福特汽车公司合规案】

1968年福特汽车公司决定生产一种型号叫Pinto的小型房跑车。为了节省成本，福特汽车公司将正常的生产周期由三年半缩减为两年。在Pinto正式投产之前，福特汽车公司对11部车进行安全测试，测试结果显示有8辆车在碰撞测试中不符合工程标准对油缸要求的标准，但当时的联邦法规并无相关的标准。公司面临两难选择，如果依缩减后的生产周期生产，就会对消费者的安全构成威胁。如果要改良油缸，就会延迟生产，增加成本，公司就会处于劣势。于是福特汽车公司做了一项成本效益分析，来决定是否值得加装一个特殊的保护装置来保护油箱，防止它爆炸。分析结果是改装油箱带来的效益小于改装成本。最终福特汽车公司维持了原来的设计，理由之一是在制造汽车时已经遵守联邦政府的汽车安全标准。但是，这个决定导致了严重的后果——超过50人在Pinto车中被烧死，另有多人被灼伤。福特汽车公司被控谋杀，但陪审团最后裁定福特汽车公司无罪。

虽然当时的联邦法规存在漏洞，没有相关的安全标准，福特汽车公司钻了法律空子，从而在这次诉讼中免除了刑事责任，但从伦理道德角度而言，他们的决策者漠视道德，没有履行生产者制造安全产品的义务，明知有安全隐患还坚持原来的设计方案，这都是不合规的经营。并且在事故发生后福特汽车公司依旧没有更改Pinto的设计，而是侥幸地认为，跟个别受害者打官司要比召回Pinto更省钱。在遭到几次起诉和刑事指控后，福特汽车公司不得不在1978年召回150万辆Pinto，并对油箱添加了额外的结构以保证Pinto不会起火。这款车在全球市场上已经臭名昭著，召回问题车也无法弥补Pinto的声誉。在1981年Pinto永远地退出了市场。

二、合规管理的界定

（一）合规管理的来源

合规最早应用于对美国银行业的监管，可追溯到20世纪30年代的金融危机，经历了"缺乏管制导致风险严重—应对风险实施严格管制—促进金融效率放松管制，防范新的风险，强调外部监管与内部约束并重"的历史变迁过程[1]。从20世纪90年代开始，合规就被赋予了特殊的含义。例如，美国颁布了适用于所有行业的《量刑指南》，描述了有效的合规与道德体系。《量刑指南》确定了有效计划的七项基本要求，包括采用防止犯罪行为的标准和程序、高级别人员对计划的适当监督、对员工的要求，以及监督和更新计划。该指南将合规计划超越了《反托拉斯法》和《反海外腐败法》等有限问题，成为合规领域的重要参考。这促使道德与合规官员、行业协会大力增加对合规专业人员的工作和教育的支持。该指南激励企业重视合规管理以满足《量

---

[1] 肖远企. 合规管理模式：从幕后到台前[J]. 现代商业银行，2007（8）：16-18.

刑指南》的要求。

1992年，美国著名的反虚假财务报告委员会之发起组织委员会（The Committee of Sponsoring Organizations of the Treadway Commission）发布了《内部控制整合框架》，该框架的提出具有里程碑式的意义。它将合规目标、经营目标、信息目标一起作为企业内部控制的三大目标，强调企业要遵守相关的法律法规和内部规章制度。而《萨班斯法案》（Sarbanes - Oxley Act, SOX）则是以大量合规研究形式而产生的立法之一。在安然财务丑闻发生后，《萨班斯法案》于2002年获得通过。它对在美国上市的公司提出了合规性要求，使上市公司不得不考虑合规风险在内的各种风险。欧洲《萨班斯法案》称为Euro SOX，于2006年由欧洲委员会通过。BasEL - II是巴塞尔委员会的一项提案，旨在使监管资本要求与运营、信贷风险保持一致。2004年4月，美国反虚假财务报告委员会之发起组织委员会在《内部控制整合框架》的基础上，结合《萨班斯法案》在报告方面的要求，同时吸收各方面风险管理研究成果，颁布了《企业风险管理框架》，旨在为各国的企业风险管理提供一个统一术语与概念体系的应用指南。2004年版框架的提出距今已有十几年时间，这期间风险的复杂性在不断变化，因此反虚假财务报告委员会之发起组织委员会于2014年启动了首次对《企业风险管理框架》的修订工作，2017年正式发布修订后的《企业风险管理框架》。而2013年更新发布的ISO / IEC 27002是国际公认的信息安全管理体系国际标准，在定义安全策略时充当规则标准。

银行界合规标准的代表则是巴塞尔银行监管委员会在2005年4月发布的《合规与银行内部合规部门》文件。该文件正式提出了商业银行合规管理与合规部门建设的十项原则，指导银行业机构设立合规管理部门和相关合规管理岗位，帮助高级管理层实现合规经营的目标，受到了全球金融行业的普遍关注和欢迎。该文件虽未对"合规"概念进行直接的界定，但从其对"合规风险"的定义可知，合规是指"遵循法律、监管规定、规则、自律性组织制定的有关准则，以及适用银行自身业务活动的行为准则"。[①]《合规与银行内部合规部门》全面确立了银行业合规管理的体系框架，在推动合规管理全球

[①] 《合规与银行内部合规部门》（2005年版）第3条。

化的过程中起到了非常重要的作用。

继《合规与银行内部合规部门》被推出后，国内监管机构也逐渐重视银行监管。2006年，中国银行业监督管理委员会①在《合规与银行内部合规部门》的框架内，正式发布和实施《商业银行合规风险管理指引》，引导各商业银行建立合规管理体系，以便更好地迎接各种挑战。该指引的出台，表明监管机构已经将重心转移到商业银行自身的合规风险管理，并且将其作为商业银行的一项核心的风险管理活动加以规范，中国银行业的风险管理发展到一个崭新的阶段。2006年1月5日，中国保险监督管理委员会在《关于规范保险公司治理结构的指导意见（试行）》中首次提出：保险公司董事会除履行法律法规和公司章程所赋予的职责外，还应对"合规"和"风险"负最终责任；保险公司应当设立合规负责人职位，并设立合规管理部门。2008年1月开始实施《保险公司合规管理指引》，这使得合规管理成为保险公司全面风险管理的核心内容。2008年8月1日，由中国证券监督管理委员会颁布的《证券公司合规管理试行规定》正式施行。该规定强调培育合规文化、防范合规风险的重要性，要求证券公司应当树立合规经营、全员合规、合规从高层做起的理念。自此，合规这一概念被提升到影响证券行业发展的战略高度。

2017年12月，由中国标准化研究院牵头制定的国家标准《合规管理体系指南》经国家质量监督检验检疫总局、国家标准化管理委员会正式批准、发布，于2018年7月1日起实施。该指南中提出的合规性要求包括强制性要求和自愿性要求。强制性要求包括适用的法律法规，自愿性要求包括组织标准和行业标准、合同、有效治理原则、团体标准或道德准则等。它的实施与应用，不仅能够帮助各类组织降低不合规发生的风险、强化社会责任、实现可持续发展，而且还对营造公平竞争的市场环境、推进法治国家建设具有重要作用。2018年11月2日，国务院国有资产监督管理委员会发布了《关于印发〈中央企业合规管理指引（试行）〉的通知》，推动中央企业全面加强合规管理。该指引的出台表明不仅是金融机构，还包括中央企业都应重视依法

---

① 2018年3月13日，国务院机构改革方案提请第十三届全国人大一次会议审议，将中国银行业监督管理委员会和中国保险监督管理委员会进行职责整合，组建中国银行保险监督管理委员会。

合规经营。这有利于推动中央企业全面加强合规管理,加快提升依法合规经营管理水平,着力打造法治央企,保障企业持续健康发展。2018年12月26日,国家发展和改革委员会、外交部、商务部、人民银行、国资委、外汇局、全国工商联共同制定发布《企业境外经营合规管理指引》,为企业在海外经营提供标准。从国家标准到部委指引,这些文件都有一个共同的目的,推动企业建立有效的合规管理体系。从合规的发展历程来看,不仅是银行等金融业重视合规管理,各种类型的企业也在加强合规防范。关于合规管理的关键事件如表1-4所示。

表1-4 合规管理的关键事件

范围	关键事件	合规的定义
国外	美国联邦量刑委员会颁布《量刑指南》(1991年)	把合规与道德体系解释为"预防和制止犯罪行为的体系"。明确规定有效的合规体系应当具备两个条件:第一,为了预防和制止违法行为,企业合理地设计合规体系,并且落实和执行合规体系;第二,企业应当尽到必要的注意义务制止企业违法,并且促进企业合规文化的发展[1]
	瑞士银行家协会发布《内部审计指引》(2002年)	使公司经营活动与法律、管制及内部规则保持一致
	荷兰银行	代表管理层独立监督核心流程和相关政策和流程,确保银行在形式和精神上遵守行业特定法律法规,维护银行声誉
	美国反虚假财务报告委员会之发起组织委员会(COSO)发布《内部控制整合框架》(2004年)	致力于遵循企业主体适用的法律和法规
	巴塞尔银行监管委员会发布《合规与银行内部合规部门》(2005年)	遵循法律、监管规定、规则、自律性组织制定的有关准则,以及使用银行自身业务活动的行为准则
	2006年澳大利亚标准	遵守法律、行业和组织标准和规范的要求,良好治理原则以及公认的社区和道德标准

---

[1] The U. S. Sentencing Commission. 2016 Guidelines Manual [Z]. 533.

续表

范围	关键事件	合规的定义
国内	中国银行业监督管理委员会发布《商业银行合规风险管理指引》(2006年)	使商业银行的经营活动与法律、规则和准则相一致
	中国保险监督管理委员会发布《保险公司合规管理指引》(2007年)	保险公司及其员工和营销员的保险经营管理行为应当符合法律法规、监管机构规定、行业自律规则、公司内部管理制度以及诚实守信的道德准则
	中国证券监督管理委员会发布《证券公司合规管理试行规定》(2008年)	证券公司及其工作人员的经营管理和执业行为符合法律、法规、规章及其他规范性文件、行业规范和自律规则、公司内部规章制度,以及行业公认并普遍遵守的职业道德和行为准则
	中国标准化研究院牵头制定《合规管理体系指南》(2017年)	满足组织不得不遵守或选择去遵守的所有要求,包括强制性要求和自愿性要求
	国务院国有资产监督管理委员会发布《中央企业合规管理指引(试行)》(2018年)	中央企业及其员工的经营管理行为符合法律法规、监管规定、行业准则和企业章程、规章制度以及国际条约、规则等要求。而合规管理,是指以有效防控合规风险为目的,以企业和员工经营管理行为为对象,开展包括制度制定、风险识别、合规审查、风险应对、责任追究、考核评价、合规培训等有组织、有计划的管理活动
	国家发展和改革委员会等七部门联合印发《企业境外经营合规管理指引》(2018年)	企业及其员工的经营管理行为符合有关法律法规、国际条约、监管规定、行业准则、商业惯例、道德规范和企业依法制定的章程及规章制度等要求

(二)合规管理的含义

1. 合规管理的定义

合规管理作为一项独特的风险管理技术,肇始于欧美一些大型跨国金融集团。自20世纪90年代以来,基于对一系列重大操作风险事件的深刻反省,这些公司认识到合规管理的特殊性、专业性和重要性，纷纷整合内部资源，创新管理方式，逐渐形成了一整套专门的合规管理机制。在企业中，合规管理、业务管理、财务管理被合称为企业管理的"三大支柱"。但合规管理与业务管理、财务管理有所不同，它旨在告诉企业怎么做，具体到怎么合法、合理、合规地操作。对于上市公司而言，合规管理显得尤为重要，因为上市公司必须坚持依法、公开、公正的原则，公开、公正就离不开对相关事务的合规化管理。

行业人员从不同角度对合规管理的含义作出阐释。例如，邢娟认为合规管理是指企业建立一系列的制度流程，以确保企业的所有决策、经营、管理行为符合法律法规的规范以及不违背基本的社会伦理道德。[①] 王志乐认为合规管理是指企业通过制定合规政策，按照外部法规和企业自身经营目标的要求，统一制定并持续修改内部规范，监督内部行为规范的执行，以实现增强内部控制，对违规行为进行持续监测、识别、预警，及时地对合规管理制度进行修订和完善，达到防范、控制、化解合规风险等一整套管理活动和机制。[②] 武汉钢铁公司认为海外业务的合规管理包括三层意思：一是遵守业务所在国的法律法规及监管规定；二是遵守企业依法依规建立的规章制度；三是遵守业务所在国的商业规则、社会文化、风俗习惯。[③] 巴塞尔银行监管委员会发布的《合规与银行内部合规部门》文件称："合规应从高层做起。当企业文化强调诚信与正直并由董事会和高级管理层作出表率时，合规才最为有效。合规与银行内部的每一位员工都相关，应被视为银行经营活动的组成部分。银行在开展业务时应坚持高标准，并始终力求遵循法律的规定与精神。如果银行疏于考虑经营行为对股东、客户、雇员和市场的影响，即使没有违反任何法律，也可能会导致严重的负面影响和声誉损失。"在合规管理的发展历程中，对于合规管理的定义有多种，具体内容如表1－5所示。

---

① 邢娟. 论企业合规管理 [J]. 企业经济, 2010 (4): 37－39.
② 王志乐. 企业合规管理操作指南 [M]. 北京: 中国法制出版社, 2017: 5.
③ 武汉钢铁公司. 以风险防范为核心的海外业务合规管理 [J]. 企业管理, 2014 (12): 52－54.

表 1-5　相关文件中对合规管理的定义

文件	合规管理的定义
《商业银行合规风险管理指引》（2006 年）	第 4 条规定：合规管理是商业银行一项核心的风险管理活动。商业银行应综合考虑合规风险与信用风险、市场风险、操作风险和其他风险的关联性，确保各项风险管理政策和程序的一致性
《保险公司合规管理指引》（2007 年）	第 3 条第 1 款规定：合规管理是保险公司通过设置合规管理部门或者合规岗位，制定和执行合规政策，开展合规监测和合规培训等措施，预防、识别、评估、报告和应对合规风险的行为
《证券公司合规管理试行规定》（2008 年）	第 2 条第 2 款规定：合规管理是指证券公司制定和执行合规管理制度，建立合规管理机制，培育合规文化，防范合规风险的行为
《中央企业合规管理指引（试行）》（2018 年）	第 2 条第 4 款：本指引所称合规管理，是指以有效防控合规风险为目的，以企业和员工经营管理行为为对象，开展包括制度制定、风险识别、合规审查、风险应对、责任追究、考核评价、合规培训等有组织、有计划的管理活动
《企业境外经营合规管理指引》（2018 年）	第 4 条规定：企业应以倡导合规经营价值观为导向，明确合规管理工作内容，健全合规管理架构，制定合规管理制度，完善合规运行机制，加强合规风险识别、评估与处置，开展合规评审与改进，培育合规文化，形成重视合规经营的企业氛围

一个成熟的合规管理体系，既要有合规管理人员来统筹规划，也要有熟悉财务、产品和市场营销的业务人员帮助合规管理人员深入理解业务框架与核心。在许多企业内部调查阶段，专业技术人员发挥的作用甚至比合规管理人员更重要。企业应推动合规部门使用可持续方法进行合规性管理，该方法基本上具有预防性的作用，可以实现设计的合规性。[①]

面对日趋严厉的政府监管和层出不穷的监管新规，很多企业高层都对合

---

① SADIQ S, GOVERNATORI G, NAIMIRI K. Modeling Control Objectives for Business Process Compliance [C]. In Proceedings of the 5th International Conference. on Business Process Management，Brisbane，Australia 2007，Springer - Verlag：149 - 164.

规管理工作提出新要求：合规管理工作要帮助企业寻找灰色地带并在这狭窄区域谋取利益，甚至有时以此为考核导向，让合规工作都按这一方向调整。此时，合规作为业务的智囊团出谋划策，合规更像业务的一部分，完全失去了独立监管功能。

预防做得再好，也不会有人关注，但违规事件处理好，却更容易得到赏识和重用。企业领导的这种短视行为常常误导合规人员的工作方向，导致合规人员主动迎合管理层的好恶，为了办好一件领导关注的事情而投入重兵，而将真正有利于企业长治久安的合规预防工作束之高阁，导致企业未能建立起一套规范完整的制度体系，反而是在不断地弥补制度设计不合规造成的结果，最后导致合规工作失效。

2. 合规管理的基本原则

为了确保合规管理体系的有效性和实用性，企业做好合规管理需要遵循独立性原则、适用性原则和全面性原则。[①]

（1）独立性原则

合规管理应当独立于企业的业务经营活动，以真正起到束缚制约的作用。独立性原则是合规管理的关键性原则，无论一家公司如何建设其合规部门，该部门都应当与其他部门相互独立。

首先，合规管理的制度设计应当具有独立性，不能与其他部门的规章制度相混合。合规部门的职能特点与其他部门相比有所区别，它们的管理方式也有所不同。因此，在设计合规部门的管理制度时，应与其他部门有所区分、相互独立，不受其他部门制度的影响。其次，合规部门内部的岗位安排、人事变动、汇报路径也要具有独立性。企业的管理团队不能干预合规部门的聘用和解聘、薪酬管理和绩效考核。在合规部门职员特别是团队负责人的职位安排上要避免合规职责与其承担的其他职责产生利益冲突。这在很大程度上能避免合规管理工作受到各业务部门、管理层或者企业领导的干扰。在合规薄弱或者陷入合规危机的企业内部，保持合规管理工作的权威性和独立地位确有必要，但这非日常手段，而是应急措施。

---

① 王志乐. 企业合规管理操作指南 [M]. 北京：中国法制出版社，2017：8 - 10.

影响独立性原则实施的因素有多种，例如，企业的经营规模、业务的类别与性质、经营的复杂程度、业务所涉市场范围以及公司经营所在地的法律法规和监管规则。但是独立性并不意味着坚决抵制合规部门与其他部门的管理层和职员共同工作。实际上，合规部门为正常履行合规管理职责，必将接触其他部门职员获取有关信息，了解企业依法合规经营的程度，方便制定下一步工作计划。合规部门与其他部门接触有助于识别和管理早期合规风险，进行事前监督。然而，不论合规部门与其他部门之间的工作关系如何紧密，各工作部门都应被视为保障合规工作有效性的辅助因素。

（2）适用性原则

各个企业因其所在市场规模等不同，自身的全面风险管理战略、组织结构的差异也不相同。企业合规管理应从业务活动、组织结构、员工规模、企业目标等实际出发，兼顾成本与效率，强化合规管理制度的可操作性，提高合规管理的有效性。当然，内部环境和外部监管的变化也会对企业的合规管理方向产生较大影响，企业的合规管理工作应随着环境的变化而变化，让合规措施更贴近实际需求，甚至可以具有超前性。

企业的发展阶段不同，合规团队的规模也会不同。一般初创期的企业规模都较小，往往更注重业绩的增长，是否具有高程度的合规不那么重要。大多数合规管理人员都由其他部门的岗位人员兼任。如内部法务人员兼顾合规工作。当企业发展到一定阶段，处于成熟期，就会开始关心企业的社会责任和企业形象。这个时期的企业扩展到较大规模，企业有更多的资源投入到合规管理工作。合规管理人员一般需要深入各营运业务线，有些跨国公司还设有首席合规官和本地合规官。首席合规官成为企业管理层，能够了解到企业日常经营的实际状况和未来的发展方向，并能及时给出合规建议，使企业的合规工作更加具有适应性。随着网络和科技的发展，有些公司开始重视数据保护、网络和信息安全、反洗钱和商业贿赂等领域，并在这些专业领域设立独立的部门开展相关工作。

（3）全面性原则

企业作为一个整体，一旦有员工或者某个部门做了违规的事未能及时得到制止处理，不合规的文化便会在企业中蔓延，最终会使整个企业受到危害，甚至会摧毁企业。因此，企业合规管理必须强调实施的全面性，运用系统观点进行设计和实施，构建合理的合规管理体系，协调运作，充分发挥合规管理的最大效能。

从横向来讲，合规管理要全面覆盖到各个业务部门和职能部门，包括各个分公司、子公司等，达到全面覆盖各个业务的目的。在海外设有分公司的企业，还需要结合海外业务的情况，实施具体的合规管理工作。

从纵向来讲，合规管理要全面覆盖组织内各个层级的员工，全员参与是全面性原则中的一部分。合规管理应当立足于企业文化，从职业道德上约束所有员工，使全体员工在各自的岗位工作中全面遵循合规性要求。不仅是企业员工，管理层也应被纳入企业合规管理体系，真正实现全员参与。实践证明，当企业高级管理层和董事会带头遵守法律法规等时，合规管理才是最为有效的。

3. 合规管理的内容

企业要进行合规管理，最基础的工作就是要研究国家的法律、法规以及国家政策，也就是识别合规管理中的"规"。从各项规定和义务来源中识别合规风险，分析风险发生的可能性。

企业进行合规管理要将企业内部的相应合规制度收集和建立起来，合规管理和其他类型的企业管理一样，其人为因素很多，只有建立起来相应的合规制度，人们才会尊重和遵循合规制度而办事，否则没有制度作为依据和保障的合规将是难以想象的。

合规制度的建立要以所在企业的实际情况为基础，不能落后或者太过超越于企业现有的实际发展状况和经营规模，并且合规制度的建立应当是全面而科学的，具有可操作性，否则丢三落四或者不具有科学性和可操作性，合规制度是难以发挥实际效用的。

企业建立的一切合规制度都要进行评估，每项制度的建立都需要进行实际的评估才能正式投入使用阶段，否则，未经评估就投入使用则会出现"水土不服"问题，可能不仅没有起到实际的效用，反而还会拖企业发展的后腿。

企业合规管理工作要尽最大的努力建立起来流程，将各个合规管理的节点纳入整个流程,一方面会减少人为因素的干扰,另一方面会节省时间成本,便于合规管理工作顺利开展。合规管理的生命周期是这样展开的:首先,必须确定合规措施,合规措施由企业根据需要从法规文本中提取。在明确了合规措施的具体内涵后,企业可以结合公司治理需要,设计合规措施的具体实施流程并在企业内部实施合规管理。之后,在合规管理实施过程中,企业应持续不断地进行合规性监督和合规绩效评价。如图1-1所示。

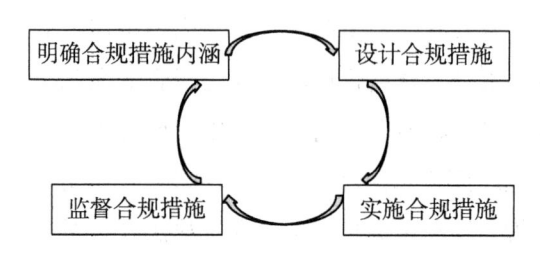

图1-1 合规管理的生命周期

三、合规管理与法务管理、内部控制、风险管理、审计监察

企业合规的目标是确保企业合规经营,保障企业经营目标得以实现。协调与融合是企业合规永恒的话题。企业合规管理须根植于企业业务和管理,需要与企业其他职能管理及业务体系有机融合、协调统一。否则,企业合规就是徒增管理环节和管理成本,也失去了赖以生存的土壤。

(一)合规管理与法务管理

李必达提出法务管理是指企业、事业单位、政府等法人组织内部专门人员负责法律事务的处理。[①] 刘金华认为公司法务管理是企业内部职业群体对法律相关事务进行管理的活动。[②]《中央企业法律风险管理报告2013》认为,企业法务管理是由受雇于企业的人员构成职业群体组成的部门对企业法律事务进行管理、对企业各种经营行为进行法律审查、预防法律风险、处理法律纠纷。中国中化集团有限公司将法务管理界定为企业通过设置法律事务机构或者配备专职的法律人员对企业法律事务进行管理。黄胜忠和健君认为,公

---

① 李必达. 中国法律顾问制度与实务 [M]. 广州:暨南大学出版社,1991:8.
② 刘金华. 律师法律顾问制度与实务 [M]. 北京:人民法院出版社,1998:22.

司法务管理是企业内部以法务部门为载体的,并以总法务官为主导的具有法律专业知识的雇员,通过扮演协调人际关系、信息传递和决策制定的角色,以实现风险控制、竞争优势及企业增值的战略价值而实施的一系列活动的过程。[1]

对于企业法务管理,国外学者主要从企业总法律顾问及法务部门人员的角色和职能的角度来阐述。例如,美国学者 Sarah Helene Duggin 认为,企业法务的角色是企业经营业务的法律顾问、政策制定者和审查者、公司制度监督者、法律纠纷解决者、新法规信息提供者、公司形象维护者。[2] 有学者将法务部门的职能界定为:及时解决法律问题,减少法律风险,创造价值。由此可见,企业法务管理主要是法务部门人员,以总法律顾问为主导,围绕企业法律风险进行管理,并对企业决策的制定进行参与和支持。[3]

法务管理和合规管理存在区别,两者不能混同。[4]

第一,从历史渊源上看,法务管理是企业的传统内部职能,虽然并没有哪部法律要求企业必须设立法务管理部门,但可能从企业诞生之日起,法务管理部门或法务人员就已经成为企业的一分子。合规管理则主要源于监管机构的要求。例如,合规管理作为保险公司的一项必备内部职能,始于2007年《保险公司合规管理指引》的出台。该指引自2008年1月1日起施行,要求在中国大陆的保险公司必须设立合规管理部门并赋予其合规管理职能。在此之前,合规管理职能或者不存在,或者模糊化于审计、稽核等职能之中。

第二,从管理依据上看,法务管理的依据是法律法规、监管机构规定、行业惯例,尤其是前两者。法务管理基本上不存在将法律法规内部化的过程,而是直接依据法律法规判断公司行为与法律法规的契合度及其法律后果。对于合规管理而言,其管理依据则相当广泛,包括法律法规、监管机构规定、行业自律规则、企业内部管理制度以及诚实守信的道德准则等。其更强调的

---

[1] 黄胜忠,健君. 公司法务管理概论 [M]. 北京:知识产权出版社,2016:23.
[2] SARAH HELENE DUGGIN. The Pivotal Role of the General Counsel in Promoting Corporate Integrity and Professional Responsibility [J]. Saint Louis University Law Journal,2006 (43).
[3] 黄胜忠,余凤. 企业法务管理的内涵、发展历程及趋势展望 [J]. 商业时代,2014 (2):109-110.
[4] 秦国辉. 合规管理能取代法务管理吗 [J]. 法人杂志,2009 (4):34-35.

是对内部规章制度的遵循。因为作为内控的手段之一，合规在很大程度上是先把外部规则内化为公司的规章制度，而后再依据内部规章制度进行控制。可见，两者的管理依据存在交集，但很多依据并不重合，而且两者的依据重心并不一致。

第三，从风险类型上看，就法务管理而言，其关注的风险为法律风险，包括法律责任（具体可分为民事责任、行政责任、刑事责任），以及不能称之为责任但会使企业丧失法律保障的风险或不利后果。譬如对外放款却没有要求相应的担保措施，就可能会面临债务人清偿不及时而债权无法得到满足的不利后果。再譬如因为企业怠于行使债权而导致诉讼时效已过，则会导致清偿债权的诉讼请求得不到法庭支持的不利后果。就合规管理而言，其关注的风险则是违规风险，与法律风险在法律责任中的刑事责任与行政责任方面是重合的，其他则不相关。

第四，从部门定位和管理模式上看，传统的企业法律部门往往仅被定位为服务部门、支持部门，负责公司的诉讼管理、合同审核、产品条款审核、风险资产追偿、劳动纠纷、法律咨询、知识产权管理等工作。传统的法务管理首先是个案管理，并未形成流程化、标准化的管理。传统的法务管理还是被动的，他们往往不是主动去调查、发现法律事件，而是在相关部门或分支机构向其提交请求后再介入。而合规管理则被定位为内控部门、监督部门，负责监测、识别、评估、报告公司各部门及分支机构对规则的遵循情况和合规风险的发生及整改情况，是一种常规化、流程化、标准化的管理模式，更有一种主动的姿态。当然，从上述的被动与主动中也能微妙地体会到这两者之间存在强势的一方。

第五，在专业性上，合规管理需要管理人员更加了解公司的业务。法务管理则要求管理人员对法律更加熟悉。而且，由于合规管理相对程式化，而法务管理如合同谈判、诉讼仲裁则相对个性化，因而法务管理对有关人员的主观能动性和个人职业素质要求更高一些。

总而言之，合规是监管型的，其对法律风险控制的判断标准是合格标准，是一种底线思维。而法务是服务型的，其对法律风险控制的判断标准是优良标准，是否采纳法务意见则由业务部门在充分听取并理解的基础上，基于对实际情况的通盘考虑，自行作出合理判断并承担判断失误的风险。业务部门可以就自己的判断是否合理进一步征求法务意见，但无须取得法务同意。合规拥有广泛的权力，将关注法律以外的很多因素。

（二）合规管理与内部控制

美国反虚假财务报告委员会发起组织委员会在其发布的《内部控制整合框架》文件中将内部控制界定为一个过程，即由企业董事会、经理层和其他员工共同实施的，为企业经营的有效性和效率，财务报告的可靠性以及遵循相关法律等目标提供合理保证的过程。巴塞尔银行监管委员会在《银行组织内部控制系统框架》中也指出，内部控制是银行的董事会、高级管理层和各级人员共同实施的一个过程，这一过程包括经营性目标、信息性目标和合规性目标。企业的内部控制是指企业为了能够实现经营目标，基于宏观统筹的角度实施的一系列的计划、措施等，它是一系列的方法、流程和系统的总称。企业进行良好的内部控制，旨在通过提升内部经营运转的效率，提升获取相关资源的能力和通畅度，进而为企业实现其经营目标奠定坚实的基础。[1]

合规管理和内部控制两者既有共性也有区别和联系。两者的共性主要表现在以下几个方面。[2]

第一，两者都是一种内生机制。内部控制的产生是由于出现财务舞弊，于是在企业内部形成了一种监督制衡机制，逐渐发展成为对企业内部从业务、职能以及管理层的全面风险控制的手段。而合规管理则是基于内部合规风险的产生与外部监管的要求，在企业内部设立的一种对行为进行监管和控制的方式，从单纯的应对监管逐步发展到对职务舞弊、腐败以及贿赂等不合规行为的控制。两者都是随着企业规模的不断增长以及业务的不断发展，简单的治理机制已无法满足外部监管的要求，而在内部形成的治理机制。

第二，两者的目标是一致的。根据美国反虚假财务报告委员会之发起组织委员会对内部控制的定义，其三大主要目标就是经营目标、财务目标以及

---

[1] FRANKS, JULIAN R. & SCHAEFER, STEPHEN M. & STAUNTON, MICHAEL D. The Direct and Compliance Costs of Financial Regulation [J]. Journal of Banking & Finance. 1997, 21（11 - 12），1547 - 1572.
[2] 黄胜忠，刘清. 企业内部控制与合规管理的整合研究 [J]. 财会通讯，2019（17）：105 - 108.

合规目标，合规目标与主体对适用的法律和法规的遵循有关，而这一目标与合规管理的目标相一致，合规管理就是对合规风险评估分析进而采取应对措施的管理控制活动，即为了保证企业的合法合规经营。因此，两者在目标上是一致的，合规管理可以更好地帮助企业实现内部控制的合规目标。

第三，两者都是动态的过程。内部控制并非单一的事件或环境，而是针对企业行为的一系列活动，它是一个动态的过程，从整体控制看，包括制度设计、制度执行和制度评价等阶段；从业务控制看，一般采取事前控制、事中控制和事后控制等措施。合规管理是在持续修订相关制度的基础上，对合规风险进行控制并提供相应的咨询、教育与培训，主动避免违规事件发生，采取纠正和惩罚措施，确保内部机构和人员遵循相关制度规章的动态循环过程。由于企业内外部的监管法律及规章会随着环境的变化而进行相应的修订，因而合规管理为了适应其变化也会处于一种动态进程中。

因此，内部控制和合规管理都会随着环境的改变而改变其控制活动。两者的区别主要表现在以下几个方面。[①]

第一，两者涵盖的范围不一样。内部控制涵盖全业务流程、全企业范围的整体控制，保证企业内部制度的稳健性、合规性以及有效性，针对制度的薄弱环节提出合理的建议，促使企业以合理的成本实现有效的控制，达到改善企业经营状况的目的。而合规管理则主要是针对企业规章制度以及外部法律的执行和遵循状况进行监督和评价，对违规行为进行审查，对合规风险有效预防。因此，内部控制涵盖的范围在企业层面要比合规管理更广。

第二，两者的控制手段不一样。内部控制主要通过环境控制、风险评估、活动控制、信息沟通以及监督五个部分实现对企业的控制。而合规管理通过设立合规官，构建合规培训机制、监督机制以及合规风险控制体系来实现对企业的合规风险的有效控制。

（三）合规管理与风险管理

开放合规与道德机构（OCEG）认为，风险管理是"系统应用流程和结构，使组织能够识别、评估、分析、优化、监控、改进或转移风险，同时将

---

① 黄胜忠，刘清. 企业内部控制与合规管理的整合研究［J］. 财会通讯，2019（17）：105-108.

风险和风险决策传达给利益相关者"[①]。美国反虚假财务报告委员会之发起组织委员会对全面风险管理的定义是:"企业风险管理是一个过程,是由企业的董事会、管理层以及其他人员共同实施的,应用于战略制定并贯穿于企业各方面活动中,旨在识别可能影响企业的各种潜在事件,并在其可承受范围之内管理风险,为企业目标的实现提供合理保证。"全面风险管理是以整个企业为管理对象的综合风险管理,是对企业内各层次业务单元、各类风险进行通盘管理。"风险管理"一词包含了价值创造链上业务流程产生的所有风险,考虑了相互作用以避免风险的发生或至少减少风险。[②] 因此,风险管理的目标基本上可以从业务目标来进行,所有措施和风险管理工具都旨在确保公司持续经营。

风险管理是一个持续的管理过程,以控制企业中的风险和机会之间的相互作用。企业活动中的所有风险应该被解决,不仅包括过去和现在的风险,还应包括未来可能发生的风险。风险管理必须通过有效的政策与公司文化相结合。强大的风险管理结构可以提供更好的决策和战略制定。此外,有效的风险管理始于对组织风险偏好的清晰理解,并且本质上是识别漏洞和危险的过程。风险管理是一项具有挑战性的认知工作,因为它涉及识别和评估"关于未来可能发生的事情的复杂陈述,以及对可能性和后果的可能依赖值的估计"[③]。

企业风险管理主要具有以下特点[④]:首先,风险是在企业范围内进行评估和管理的。其次,风险不再仅仅被视为下行风险[⑤]。相反,企业风险管理采用更复杂的企业融资理念,将风险定义为成果分配的好坏。此外,企业风

[①] OCEG. Risk Management is at the heart of GRC and Principled Performance [Z/OL] [2020-05-31]. http://www.oceg.org/about/people-like-you-risk/.

[②] NICOLAS S, May P V. Building an Effective Compliance Risk Assessment Programme for a Financial Institution [J]. Journal of Securities Operations & Custody, 2017.

[③] MAHLER T. Tool-supported Legal Risk Management: a Roadmap [J]. Eur J Legal Stud, 2010, 2 (3): 175-198.

[④] MILLER G. The Role of Risk Management and Compliance in Banking Integration [J]. NYU Law and Economics Research Paper NO. 14-34, 2014: 1-26.

[⑤] 下行风险是指,由于市场环境变化,未来价格走势有可能低于分析师或者投资者所预期的目标价位。下行风险是投资可能出现的最坏的情况,同时也是投资者可能需要承担的损失。不同投资的下行风险各异。

险管理并不考虑将风险通过保险或对冲进行管理。相反,一旦确定了固有的风险,风险管理者会考虑控制或减轻风险的可用选择。当组织实施旨在防止风险的内部控制系统时,风险得到控制;当组织采取保险措施如减少事件发生的影响时,风险得到缓解。

企业全面风险管理体系包含八大类风险,即信用风险、市场风险、操作风险、流动性风险、国家风险、声誉风险、法律风险和战略风险,其中最主要的风险是:信用风险、市场风险和操作风险这三类。由于合规风险与这八大类风险的界定角度不一样,合规风险并未包括其中。但是合规必然是企业风险管理的重要组成部分,它可以被视为一项风险或控制职能,其核心任务是尽量减少与不当行为相关的下行风险。因此,应该加强合规管理职能和其他风险管理职能的沟通与合作,确保各项风险管理政策和程序的一致性。

风险管理方法会对组织如何根据合规义务设计和实施内部控制产生深远影响。它不仅用来识别和应对风险,还让使我们能够预测风险并避免风险,从而降低意外事件发生的可能性。结构良好的风险管理必须与治理和合规信息保持一致并相互联系,为企业赢得优势从而实现其业务目标。[①] Racz 等人提出了风险与合规(governance, risk and compliance, GRC)的第一个科学定义[②],并指出:"风险与合规是一种综合的、整体的方法,用于组织范围内的公司治理、风险和合规管理,确保组织在道德上正确行事,并根据其风险偏好、内部政策和外部法规,通过战略、流程、技术和人员来提高管理效率。"综合 Racz 等人的观点其核心是采用基于风险的合规方法,根据风险水平将资源分配到最需要的领域。[③] 它可以帮助合规管理部门来验证他们是否符合外部法律法规和内部规章制度。

如今,风险管理本身无法充分利用其功能。它需要结构化治理和合规管

[①] SADIQ S, GOVERNATORI G. A Methodological Framework for Aligning Business Processes and Regulatory Compliance [J]. Handbook of Business Process Management, 2009, 2: 159 – 176.
[②] RACZ N, WEIPPL E, SEUFERT A. A Frame of Reference for Research of Integrated Governance, Risk and Compliance [A] //. In Decker B D, Schaumüller – Bichl I, eds. Communications and Multimedia Security [J]. Volume 6109 of Lecture Notes in Computer Science., Springer 2010: 106 – 117.
[③] ESAYAS S, MAHLER T. Modelling Compliance Risk: a Structured Approach [J]. Artificial Intelligence & Law, 2015, 23 (3): 1 – 30.

理，以便更好地将业务目标与风险相结合，并协助审计管理改进控制，从而有助于发现和预防风险。通过这种方式，整个组织可以从所有风险管理功能中受益。

（四）合规管理与审计监察

1. 合规管理与内部审计

内部审计审查业务活动和控制，以识别风险并确定公司的内部政策和程序是否得到满足。虽然内部审计具有独立的验证功能，但它可以寻求合规部门的帮助，以确定和理解政策和程序。根据国际内部审计师协会的定义，内部审计是一项独立、客观的确认和咨询活动，它的目的在于提高机构的运作效率并增加其价值。通过采取系统化和规范化的方法评价和改进机构的风险管理、控制和治理流程，内部审计可以帮助一个机构实现其目标。由定义可见，内部审计的核心和重点在于运用一定的方法去评价和改善组织的管理和控制的有效性。

现代内部审计方法明显是基于风险的。首席审计执行官对组织进行风险评估，并根据评估对审计领域的要素进行评级。被认为具有较高风险的单位被审计得更频繁、强度更高。审计主管也可以对组织的内部控制制度下的业务线管理人员进行风险评估。内部审计的范围、过程和时间由初始风险评估确定。内部审计准备年度审计计划，提交董事会审计委员会批准。审计计划确定可审计单位，确定审计的年度和本年度内是否审计以及审计的具体时间，还有每次审计的参与人员和资源。理想情况下，内部审计负责人将向审计委员会成员披露以前用于进行风险评估的方法，这些风险评估是审计计划的基础，也是为每个审计单位分配风险水平的理由。

《企业境外经营合规管理指引》第26条规定："企业合规管理职能应与内部审计职能分离。企业审计部门应对企业合规管理的执行情况、合规管理体系的适当性和有效性等进行独立审计。审计部门应将合规审计结果告知合规管理部门，合规管理部门也可根据合规风险的识别和评估情况向审计部门提出开展审计工作的建议。"《合规与银行内部合规部门》中称内部审计部门的风险评估方法应包括对合规风险的评估，并应制定一份包含合规部门适当性和有效性的审计方案，包括与认定的风险水平相匹配的控制测试。此外，合规部门应与审计部门分离，以确保合规部门的各项工作受到独立的复查。当然，审计部门应该将与合规有关的任何审计调查结果随时告知合规负责人。

合规管理与内部审计在企业的实际运作中各有侧重，两者的区别主要表现在以下几个方面。

第一，构筑防线的位置不同。金融企业内部控制系统应形成三道防线，企业各经营单位实施有效自我合规控制是第一道防线，合规管理在事前与事中实施专业合规管理为第二道防线，内部审计实施事后监督评价则是第三道防线。三道防线有机结合、密切配合，构筑牢固的内部防控体系。

第二，管控的侧重点不同。合规管理主要履行对各项业务事前审核、事中实时监控和事后及时检查等日常管理职能。而内部审计主要履行审计委员会赋予的对企业内部控制状况审计评价的监督职能，成为对各经营单位内部控制有效性审计评价的具体执行者，特别是审计结果将作为被评价单位年度考核依据，有助于增强内部单位和员工内部控制意识和执行内控制度的责任心，使各类风险从源头上得到控制。

第三，管理的程式不同。合规管理部门是一个持续控制部门，在企业业务管理中应定位于中台角色，对企业经营管理行为的合法合规性持续地履行事前审查、事中监督、事后检查以及协助管理层组织内部控制自我评估等职责。内部审计部门则不同，其定位是定期控制部门，它以审计项目为核心，通过审计评价工作履行事后再监督职能。虽然内部审计可以通过审计关口前移，将触角向事前和事中延伸，但它毕竟处于事后监督的地位，否则，过度地参与到事前、事中管理过程中，势必会使其独立性受到损害。

第四，肩负的职能不同。合规部门重点围绕内部制度建设和管理程序设计来开展工作，其职责包括制定合规政策、梳理整合规章制度、监控合规审核。内审部门则更强调独立性，它既要履行对公司及所辖机构业务运营的合规有效、资产的安全完整、财务会计信息的真实可靠性审计和评价职责，同时要对合规管理部门履行合规职责情况实施独立监督。审计部门负责对企业内控机制的建立和执行情况进行定期的事后审计与评价，与合规部门同属企业内部控制体系的组成部门，都关注企业执行相关法律法规监管规定和内部制度的情况。两者职责的区别在于：审计工作一般以审计项目为核心，合规工作则以日常性审核监控工作为主；合规侧重事前和实时参与，审计侧重事后监督，在工作方式上多采取抽查方式，以重要性原则作为检查依据。

内部审计与合规之间最常见的合作与协调领域之一是内部审计使用合规部门进行的合规风险评估，作为独立产出或作为组织企业风险评估的贡献。

2. 合规管理与监察

监察部门的职能主要体现在依法对部门及工作人员履行职责、违法违纪等情况进行综合的监督检查。按照企业的管理权限，负责监督、检查有关人员的纪律遵守情况，并对其违法违纪问题进行立案、调查和处理；负责指导、检查企业内部违法违纪问题的信访举报受理、审理、申诉及案件防范工作、督促各部门依法合规经营；负责指导、检查企业执法监察、效能监察、纠正行业不正之风等工作；负责协调企业内监察部门与司法机关及上级纪检监察部门的关系，统一汇总上报公司企业监察工作情况；参与组织协调企业监察队伍建设工作。

合规管理与监察都是企业监督体系的重要组成部分，侧重点各有不同，但其总体目标是一致的，即保护企业资产、加强企业全面风险管理能力。

两者的联系主要有：第一，职能互补。合规与监察都具有调查、评估、应对企业及其员工违规行为及后果的职能，但侧重点稍有不同。合规管理是全面风险管理的一项核心内容，通过设置合规管理部门或者合规岗位，制订和执行合规政策，利用合规监测和合规培训等措施，预防、识别、评估、报告和应对合规风险，职能侧重于风险的预防，是通过劝阻、引导等形式减小风险发生的可能性；监察的主要特点是根据群众揭发或审计监督提供的资料，对有关单位或当事人在经济活动中的不法行为立案调查，以查清事实并确定问题的性质。主要内容包括审查严重侵占企业资产、严重损失浪费、在经济活动中行贿受贿、贪污以及其他严重损害企业或其他所有者合法权益的重大经济案件，职能侧重于风险发生后的处理，是通过启示、警示等形式避免类似风险的重复发生。

第二，层级互补。合规负责人由总经理提名，董事会任命，尽管在监事会、审计委员会等方面提出了保证合规独立性的种种措施，但任命、解聘程序使其在督导高级管理层和决策层的违规方面执行力较弱，重点在于企业的基层和部门级业务和行为的合规管理，例如，国有企业按中央"双向进入、交叉任职"的要求，建立了党委在公司治理结构中发挥作用的领导体制，在这种情况下，作为监督党委的部门，监察部门主要履行企业决策层的经济责任考核。同时，由于监察部门接受本级党委和上级监察部门的双重领导，且中央纪委和监察部对国有企业监察部门给予最终的支持和保障，使得监察部门在对企业的决策层监督方面具有不可比拟的优势。

第三，方法互补。合规管理强调合规人人有责，通过倡导和培育良好的合规文化，培育全体员工的合规意识，建设合规文化建设。这种全员参与的模式使合规管理具有全面性、详细性的特点，但也带来合规成本升高、信息泛滥等缺点。而监察部门掌握大量职务犯罪的案例，详知不同时期、不同部门职务犯罪的犯罪心理、诱发环境及违规违法的规律性，如能相互配合，必然能将监督重点及时准确地转向合规的薄弱环节，从而提高合规管理的成本效益。监察的监督方法具有重点的、局部的、专项的特点，通常根据群众举报、合理怀疑等筛选重点关注对象，然后通过现场核实、查证、访问等具体方法，确认或排除监察对象的违法乱纪行为。而在这个过程中，监察范围、监察密度都存在不足，因此，通过合规文化建设、合规培训等途径宣传和普及违法乱纪的划分标准、依据等知识，提高群众参与监察的能力和意识，是必要的、有效的。

合规包括企业所有的原则和措施，这对于确保一个持续的行为是必要的。这不仅意味着遵守法律要求，还要考虑企业本身制定的规则和标准，如行为准则或道德标准。Stiller 和 Joehnk 等人根据德国的公司治理原则，提出了一个整合框架，将风险管理、合规管理、法务管理、内部审计、内部控制融合进现代公司治理的框架内，具体如图 1-2 所示[1]。在这个框架中，Stiller 等人的观点是将合规管理和风险管理置于同等地位，直接向董事会进行报告，风险管理和合规管理都是内部控制系统的一个部分，风险管理的重点在于财务和运

---

[1] DIANA STILLER, PETER JOEHNK. Corporate Governance and Companies of Companies: Changes in Risks Management [J]. Economy & Business, Volume 8, 2014: 547-554.

营上的风险,而合规管理则包括公司所有的规则和措施,不仅要遵守法律和监管要求,还要考虑企业本身的规则和标准的制定,如行为准则和道德标准。

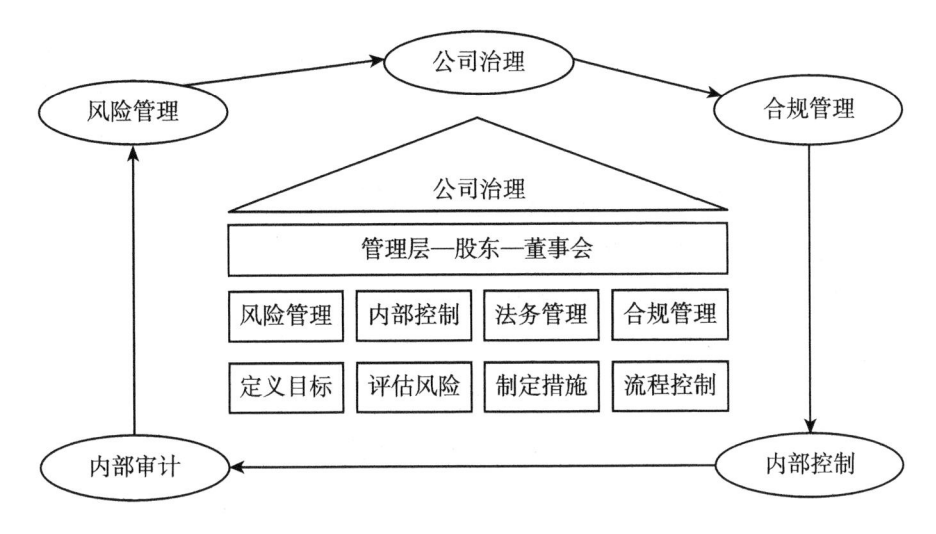

图 1-2 现代公司治理框架

第二节 合规管理的动因分析

一、内部影响因素

(一) 降低贪污腐败和舞弊行为发生的可能性

2010年4月,英国通过了反腐力度创全球新高的《反贿赂法》,该法案于2011年7月1日生效。法案将与贿赂有关的罪名分为三类:一般贿赂犯罪(包括受贿罪与行贿罪)、贿赂外国公职人员罪、商业组织防止贿赂失职罪。在企业中,合规危机与企业内部的贪污腐败和舞弊行为相伴而生。在合规危机发生的企业里,贪污腐败和舞弊行为比较普遍;反之,当企业内部的贪污腐败和舞弊行为得不到矫正时,也表现为企业疏于履行合规义务。很多企业没有意识到这种伴生现象,片面地强调打击管理层和员工的贪污腐败和舞弊行为,而在履行合规义务方面少有作为,这实际上没有从根源上解决问题,治理贪污腐败和舞弊的效果往往难以持续。

(二) 成本收益分析的考量

影响企业作出合规或者违规选择的因素有很多，成本收益分析是其中因素之一。不同的企业情况不同，使用的成本收益分析模式也有所不同。这一不同首先体现在企业的目标上，而这一目标决定了企业的成本和收益。对企业成本与收益的衡量不一定总是从财务的角度进行的，并非所有的受监管实体都是以营利为导向的，例如，公共部门或社会团体就可能追求非营利性目标，即便是私营企业也有一些与营利无关的次要目标。企业不一定总是按照财务分析的方法来衡量合规或违规的成本收益，而可能以其他标准（如企业社会公益方面的成绩）作为衡量的基础。

企业在衡量成本与收益时可以分为追求短期利益与追求长期利益来考虑。重视短期利益的企业不会考虑其行为可能产生的长期成本，如果行为能够带来直接利益，不论合规与否，企业都会选择做。坚持长期利益的企业则会通盘考虑其行为的长期成本收益，包括违规可能产生的成本，如因受制裁或信誉受损而支付的成本。此外，企业会在利润最大化和损失最小化之间进行权衡。选择前者意味着企业可能会出于营利的目的而选择违法，选择后者意味着企业可能在合规会导致损失的前提下选择违规。

法律和经济学界进一步把企业归类为风险偏好型和风险规避型。相比风险偏好型企业来说，风险规避型企业更容易在外界的压力下遵守法律以降低违规可能带来的成本。

二、外部变量因素

(一) 外部监管环境日趋严峻

自20世纪90年代以来，针对企业不当行为的起诉一直呈上升趋势，并且存在执行更大惩罚的倾向。美国和欧盟立法的改革导致了一系列的调查，这些调查的范围也在扩大。目前，大量企业正在就贸易法、政府合同、反托拉斯法、环境法和投资法等问题进行调查。调查结果表明，违规风险比以往任何时候都高。《反海外腐败法》提供了大量的例子，包括沃尔玛、西门子、泰坦公司和 Triton 能源有限公司等《财富》世界 500 强公司都被起诉过。2014 年 3 月，日本公司丸红株式会社（Marubeni Corporation）在对印度尼西亚官员的贿赂指控认罪后，被处以 8800 万美元的罚款。《反海外腐败法》应用的范围实际上是全球性的。

法律是一个至关重要的系统，它允许人类社会以尽可能多的安全、公平和有利可图的方式运作。遵守法律不仅有利于整个社会，而且可以让个人在有序生活环境中获得保护。中国自 1978 年以来在向法治社会发展过程中所发生的显著变化已得到普遍认可，这种变化尤其体现在有关"法律规定"的改革中。在随后的二十多年中，全国人民代表大会及其常委会通过了 350 多项新的法律和相关法律决议，国务院颁布了 800 多项行政法规。在此期间，平均每 20 天通过一项新法律，行政法规平均每隔不到 10 天发布一次。数据显示，中国的法制改革进程正在加速，法律在规范社会和经济问题方面发挥着越来越重要的作用。由此可见，监管环境及其动态变化的特征可能会影响企业作出合规或是违规的行为，大多数对规制性法律的研究均将法律监管环境视为最重要的因素。

法律监管环境包括立法和执法。立法确立了合规与违规的客观成本与收益，法律规定的严格程度决定了合规的成本。同样的，执法制裁的严厉程度决定了违规的成本。法律所确立的标准会影响企业对法律的接受程度。法律适用机构是法律监管环境的另一组成部分。这些机构负责贯彻除判决和执法标准之外的法律标准。企业必须到这些机构注册，申请许可或提交环境影响评价报告。如果这些机构运转不善，如收费成本太高、处理申请速度太慢或是将申请者拒之门外，那么实现合规的难度就会增加。

执法是法律监管环境的又一个组成部分。执法的质量将决定违规的实际预期成本，这主要包括违法行为被发现的概率和处罚的严厉程度。法律监管环境之所以重要，是因为它是成本收益分析的一个重要方面。理性选择论者认为，如果企业需要在合规与违规之间作出权衡，那么它会进行成本收益分析。即使在合规成本超过收益的情况下，如果出现执法不当，企业也可能选择不合规。

(二) 政府对不良履约行为的企业越来越关注

政府更关注不良企业的文化和相关的违"约"行为，政府的这种担忧引发更频繁、更严格的审计。然而，积极的合规工作可以在发现任何违规行为之前向监管机构传达企业文化，减少早期的罚款。例如，美国食品药品监督管理局对西门子公司的企业文化感到不满，开始对西门子医疗系统进行全面调查，后来发现了屡屡违规的情况。美国食品药品监督管理局将这些违规行为视为企业合规文化不佳的一个标志。如果西门子能够及时处理日益严重的合规问题，承诺为员工提供合规资金并建立商业道德课程，就不会受到这么大金额的罚款。

(三) 应对国际形势的需要

企业"走出去"所面对的国际化经营竞争形势，要求企业更主动地树立起合规管理是企业生命线的意识。企业在根植国内市场、顺应国内监管方向的同时，应认真提升境外合规管理自觉性，努力确保贸易和投资行为符合国际合规管理发展的新趋势的要求。当前，全球价值链竞争中企业拼技术、拼产品的同时差异日渐缩小，各国政府监管力度也在不断加大，合规已经成为企业经营软实力的内在体现，成为决定企业在竞争中胜出还是落败的核心竞争手段之一，企业只有靠不断提升经营合规性来提升其竞争能力。

许多事例证明，企业当前需要从单一专项合规走向全面合规。西门子公司重建合规管理体系的起因就是违反了美国《反海外腐败法》而遭受处罚，其建立合规体系需要在反腐败合规的基础上走向全面合规。因此，企业合规管理应当覆盖业务流程的各个环节，涉及企业各项制度建设、企业文化培育、社会责任遵守和环境责任落实，要从制度合规走向体系合规。企业建立合规管理体系要从识别企业面临的合规风险入手，再以风险导向建立合规制度，构建完善的合规组织体系，通过持续合规的经营行为形成合规文化，形成合规管理的良性稳定的运行机制。

面对国内外法治化要求的大环境，"走出去"的中国企业要积极行动起来，在合规管理上下工夫、肯投入、真落实，不同类型的企业要努力实现在合规管理上的"齐步走",才能用主动合规管理的行动与实绩在国际竞争和全球市场树立起中国合规新形象,积极推动全球的合规建设,培育更加规范、有序的国际市场运营环境,促进全球经济贸易高质量发展。

第三节 合规管理的成本分析

从契约理论的角度来看,契约具有法律效力,企业对利益相关者的合规承诺是企业与利益相关者的契约。企业进行合规管理的过程为履约的表现,相反为违约。履约会产生履约成本,带来履约收益;同时,违约也会产生违约成本,带来违约收益。国外已有文献发现,尽管遵循《萨班斯法案》的成本相当高昂,但企业会采取各种措施以改善合规的有效性。例如,积极改善公司治理机制,聘任更具专业经历或者资质的高管或者首席财务官等[1][2],又如企业通过持续投入资源来改善[3]。但也有研究发现,由于遵循《萨班斯法案》增加了公司的披露成本,很多公司选择从美国退市。[4]

喻玲认为合规成本包括制度制定的成本、制度实施的成本以及机会成本。建立反垄断合规制度如果是合理的,那么它必然满足合规收益大于合规成本、合规收益大于违法收益的法则。[5] 王飞认为银行监管成本一般分为直接成本和间接成本,其中间接成本又可大致分为合规成本和扭曲成本,接着研究了合规成本的测度方法,然后进行实例分析。[6]

---

[1] LI C, L SUN, AND M ETTREDGE. Financial Executive Qualifications, Financial Executive Turnover, and Adverse SOX 404 Opinions [J]. Journal of Accounting and Economics, 2010 (50).
[2] JOHNSTONE K, CHAN LI, AND K H RUPLEY. Changes in Corporate Governance Associated with the Revelation of Internal Control Material Weaknesses and Their Subsequent Remediation [J]. Contemporary Accounting Research, 2011 (28).
[3] HALL L A, GAETANOS C. Treatment of Section 404 Compliance Costs [J]. The CPA Journal, 2006, 76 (3).
[4] LEUZ C, TRIANTIS A, WANG T Y. Why do Firms Go Dark? Cause and Economic Consequences of Voluntary Deregistrations [J]. Journal of Accounting and Economics, 2008, 45 (2-3).
[5] 喻玲. 企业反垄断合规制度的建立路径 [J]. 社会科学, 2015 (5): 81-89.
[6] 王飞. 银行监管合规成本的测度方法研究 [J]. 上海金融, 2008 (10): 43-46.

企业合规或者违规是由各种各样的原因促成的复杂行为,这些原因在一个整体中往往不能轻易汇集在一起。部分行为可以是习惯和惯例的产物,而有计划的合规或违规行为可能体现了对各种目标的有意追求。Bennett 等人提出合规成本是指通过满足社会保障和税收抵免对其提出的各种要求而对福利和税收抵免的申请人和受益人以及其他人施加的成本,例如,时间、金钱和心理成本。① 根据林登伯格的目标导向理论,不同目标导向的企业,对合规管理的投入程度不同,企业合规成本也不同。同时,企业规模的差异也会导致合规成本的异质性。② 企业经营的范围不同,市场监管、行业惯例对其合规性的要求也会不同,因此对合规管理的投入也会有所差异。随着合规性要求的增加,其中包括法律法规,如《萨班斯法案》和《合规与银行内部合规部门》,以及兼并和收购、复杂的供应链等带来的合规性问题,使合规管理的不确定性加大。这表明合规性要求的复杂性是增加合规成本的重要因素。因此,在合规和不合规行为方面可能会存在物质、情感和企业目标的各种组合。③

一、直接成本

合规管理的直接成本主要表现在企业财务报表中会计费用增加这一块,所以直接成本是可以通过有关会计科目的数据计算出来的,是显性成本,也是财务费用、管理费用等。这部分成本通常包括资本投资、许可费、租赁成本、服务费和内部劳动力成本。④

(一) 制度设计成本

高成效的合规管理必须要有制度的保障,让企业的经营行为和合规管理活动都有制度可依,从而井井有条地进行。制度的设计一般要经历较为长期

---

① BENNETT F, BREWER M, SHAW J. Understanding the Compliance Costs of Benefits and Tax Credits [J]. Institute for Fiscal Studies London, 2009.
② 龙小宁,万威. 环境规制、企业利润率与合规成本规模异质性 [J]. 中国工业经济, 2017 (6): 155 – 174.
③ ETIENNE J. Compliance Theory: A Goal Framing Approach [J]. Law & Policy, 2011, 33 (3): 305 – 333.
④ 黄胜忠,江艳. 企业合规管理的成本与收益分析 [J]. 财会月刊, 2019 (21): 77 – 83.

的不断修正，需要耗费大量的人力、物力，也难免会产生各种各样的杂项费用。因此，企业将为之付出大量直接的合规成本，例如，聘请外部咨询机构对企业现有制度进行评估与改进、在已发现的缺陷基础上改进和完善合规管理框架、重新梳理并完善相关业务流程、重新评估风险、补充和修改相应的管控制度、升级信息系统，由此增加了企业的成本费用支出。[①] 同时，合规管理部门的设置成立也需要支付相应费用，包括办公桌、电脑设备等固定资产和低值易耗品的采购所支付的银行存款或库存现金，以及维持合规体系正常运转所产生的不可或缺的日常费用，例如，差旅费、固定资产的折旧费、维修费等其他费用。

(二) 培训与宣传成本

合规不是自企业存在时就有的，而是随着政策法规和监管要求的变化而产生的。因此，对于如何正确有效地进行合规管理，高级管理层和合规专职人员必然存在诸多疑惑。此时需要加强对他们的培训与沟通，让他们从本质上了解和掌握合规管理的内涵和具体操作流程。企业合规培训内容的资源体系搭建需要依据外部的法律法规、行业政策，制定适合企业发展的合规培训课程，并依据内外部变化而不断更新。同时，企业也需要在其他部门员工之间进行宣传，让合规文化深入企业内部，做到全员合规。这一系列操作都是要付出人力、物力等企业资源的，于是增加了企业合规的成本。

(三) 审计监督成本

一般而言，为确保企业制定的合规管理体系是有效的，企业会对其所制定的合规规范和合规程序的有效性进行监督和审计，对企业的各个层级、各个部门及环节采取适当的措施保证企业合规规范和程序得以遵守，旨在确保降低影响企业合规目的的实现而可能面临的风险，以确保能够达到企业预期的合规目标。故而，企业除具体的合规规范和程序之外，亦应就合规规范以及相关程序的配套监督管理体系制定持续性的合规监督和审计制度，就监督审计事项或对象、原因、方法及时间等细节内容予以规范。在确定企业合规

[①] 林钟高，徐虹，王帅帅. 内部控制缺陷及其修复、合规成本与高管变更 [J]. 河北经贸大学学报，2017, 38 (5)：89-98.

监督和审计制度后，企业应根据其所制定的合规监督和审计制度对日常的合规行为进行检测。此外，监督还包括独立的外部组织监督和投诉热线等方式。这些合规监督方式的背后都意味着成本的投入。

（四）违规处理成本

当违规事件遭到执法部门调查时，企业面临成本支出。首先，在应对合规危机时必然要支出相应的人力资源成本、管理成本，并且还要支出参与应对合规危机的外部调查人员，如律师、会计师等人员的费用；其次，与执法部门沟通中也会产生人力资源成本、管理成本以及参与沟通的外部律师的费用；再次，一旦企业的某项行为措施被执法部门认定违法，将产生货币性处罚和非货币性处罚；最后，企业针对先前违规行为采取补救措施也会产生一定成本，而且初期的补救措施经常会矫枉过正。

二、间接成本

间接成本是指潜在发生的，却难以计入会计科目从而在利润表中进行计算的损失，是隐形成本。它包括企业查找和理解相关规则的所有成本。[1] 例如，企业遵守环境法规的要求，实施环境保护，势必会在环境方面加大投资力度，增加合规成本，从而降低企业利润。[2] 胡国辉认为间接成本包括：业务中断；企业运营能力下降；客户在购买时回避本企业的产品和服务；员工对企业失去信心；媒体和公众对企业给予的负面评价等。[3]

（一）机会成本

机会成本是经济理论中的一个基本概念，相对于决策或者经济评价而言，它是一种观念上的成本，它不是实际已经发生的货币性支出，因此在会计核算中不需要登记入账。合规管理部门的机会成本主要表现为企业在实施合规管理的过程中需要投入大量人力、物力等资源，这些资源用在其他地方或许

---

[1] BANKMAN J. Who Should Bear Tax Compliance Costs [J]. SSRN Electronic Journal, 2003.
[2] RAMIAH V, PICHELLI J, MOOSA I. Environmental Regulation, the Obama Effect and the Stock Market: Some Empirical Results [J]. Applied Economics, 2015, 47 (7): 725-738.
[3] 胡国辉. 企业合规概论 [M]. 北京：中国工信出版集团、电子工业出版社, 2017：13.

会创造更大的价值，从而使潜在的业务机会流失。此外，实施过于严格的合规制度会影响顾客的体验感，这很有可能使公司流失一部分不稳定的客户，从而使业务量减少，并且严厉的惩罚措施也会挫伤员工的工作积极性。这些都是企业实施合规管理所带来的机会成本的组成部分。企业决策中应重视机会成本，充分考虑机会成本所带来的影响，要权衡成本和收益，作出正确的决策。要实现经济资源的最有效运用必须正确理解机会成本的特性。

（二）守法成本

进行内控合规的预测、持续监督和完善，需要企业内部相关部门，如内部审计、财务部门、业务部门等花费大量的时间去研究如何遵守法律法规和商业道德，因此可能导致企业业务效率降低，这部分被称为守法成本。守法成本的范畴包括培训成本、管理时间、监管当局要求的准备金以及相应的新增机构等。相对于直接成本而言，对守法成本的评估通常是成本收益分析的主体部分，因为直接成本的增加往往并不是某一具体监管措施的结果，而是与监管者的内部组织密切相关的，可以根据需要进行改进和调整。而事前预测守法成本比较困难，但是通常我们可以找到一个已经实施的相关领域的类似监管政策，假设将其移植过来，之后发生的成本就可以类似地估算出来。例如，英国金融服务管理局（Financial Service Authority，FSA）在1999年发布的一份评估报告中就曾经以这种方式对抵押贷款监管的守法成本进行估算，他们假设将个人投资署（Personal Investment Authority，PIA）对商业投资的监管施于抵押贷款，则全英国被监管企业的年执行成本约3.2亿英镑，一次性成本约3.6亿英镑。事中或事后评价守法成本可以用多种方法，包括使用问卷调查，参考已有的研究成果以及与抽样企业进行座谈等，相对事前预测，数据的取得更加准确与直接。

（三）信息处理成本

合规管理的实施也会导致企业依赖心理的加强，控制不力或组织合谋会纵容各种违规行为的发生，而过于依赖合规管理的企业如果放松警惕就会遭受更大规模的损失。随着市场经济的不断发展，监管机构的各种新规也是与时俱进。市场和监管条例的不确定加大了企业合规管理的难度。监管机构每一次政策指令的修改变化，企业都要及时接收信息并进行处理，以便对企业内部的合规管理制度作出相应调整避免踩雷，那么对此企业要付出信息沟通和处理成本。这对于企业来说是一项挑战。如何及时接受信息，观察监管动向，需要付出大量时间进行研究，这期间难免会损耗企业的各种资源。

【案例1-2：新东方的合规事件*】

2018年号称史上"最严减负年"，年初，教育部办公厅、民政部办公厅、人力资源和社会保障部办公厅和工商总局办公厅联合发布《关于切实减轻中小学生课外负担开展校外培训机构专项治理行动的通知》。2018年8月，国务院又发布了《关于规范校外培训机构发展的意见》。教育部办公厅也印发了《关于切实做好校外培训机构专项治理整改工作的通知》，要求各地切实做好校外培训机构整改工作，务求2018年年底全面完成整改。该通知中明确指出，若2018年未能取得教师资格的，培训机构不得继续聘用其从事学科类培训工作。另外，该通知要求强化规范学校办学行为，要将整改工作纳入中小学开学检查，将是否存在"非零起点教学"等行为作为重点检查内容。

整个K12①教育培训领域面临着狂风暴雨般的洗牌与整顿。在这场整改的飓风中，新东方教育科技集团有限公司（以下简称新东方）增速放缓，7年来首次出现亏损。其2019年第二季度亏损达2580万美元，2018年同期盈利430万美元。

从成本和费用端来说，2019财年上半年新东方的成本费用不断上涨。第一季度达到7亿美元，同比增长40.0%，第二季度达到6.3亿美元，同比增长30.6%。除了正常的扩张成本上升外，教育培训新规的整顿，也带来了成本和费用的增加。

花旗银行分析师曾指出，好未来和新东方的近50%的K12教师可能没有教师资格。而查看新东方财务报表就会发现，新东方的K12业务贡献了大量

---

* 蓝鲸财经.最严禁补令后，新东方7年来首次出现净亏损，好未来增速不及往年［Z/OL］.［2020-05-31］.http：//baijiahao.baidu.com/s?id=1623599332737670692&wfr=spider&for=pc.

① K12，即kindergarten through twelfth grade，是教育类专用名词，指学前教育至高中教育阶段，现在普遍被用来代指基础教育。

的业绩。以 2018 财年为例，K12 业务贡献的总收入约占 59%。也就是说，新东方同样面临着师资等方面合规的问题。

第四节　合规管理的价值分析

一、对企业的价值

（一）减少违规损失

企业违规经营会产生诸多不利后果，导致企业价值减少，削弱企业的竞争力，甚至会使企业面临破产、退出市场的危险。一方面，应通过有效的合规风险控制，加强对业务的预审监督及尽职评价，持续监督与纠正已经开展或尚未开展的业务中可能存在的偏差，降低风险；另一方面，持续有效的合规风险控制，也可减少非预期损失的形成，降低公司违规成本，有效避免监督处罚及重大的财务损失，实现对风险总量的约束，提高业务质量，为企业创造经济效益。然而，违规可能会使企业成本投入增加，主要表现在以下两个方面。

首先，企业违规会产生民事责任，其包括损害赔偿和合同无效这两个方面。这两个方面与企业利润密切相关。由科斯的交易成本理论可知，民事赔偿是因为企业违反法定或约定义务给合同另一方或他人造成损失后承担的赔偿义务。《中华人民共和国民法典》"总则编""合同编""侵权责任编"都对企业违约惩罚作了具体规定。不同的侵权违约行为所承担的违约金也不同，有一倍、两倍甚至三倍的违约惩罚，当然合同双方也可以事先约定违约金。在市场经济中，合同是约束双方实现经营目的最常用的法律工具，合同一旦无效，合同双方就没有履行的义务，致使经营目的落空，从而不能达到预期收益。当然，企业合规经营可以避免不必要的诉讼成本和违约赔偿，减少投资者和客户的诉讼威胁。

其次，违反法律法规和政府监管的企业需要承担行政处罚责任，诸如行政罚款、没收违法所得、责令停产停业、吊销营业执照等。众多的部门法中，反垄断的违规成本较高，备受企业关注。无论企业规模大小，只要在市场中生存发展，就会涉及反垄断经营的问题。国家市场监督管理总局可以按照《中华人民共和国反垄断法》对违法经营企业处以一年销售额1%～10%的罚款。有经营者集中行为的企业不履行申报义务，会被处以50万元以下的罚款，甚至被要求停止实施集中、限期转让营业及其他必要措施恢复到集中前的状态。违反《中华人民共和国反不正当竞争法》的企业最高会被处以300万元的罚款。按照《中华人民共和国证券法》的相关规定，有内幕交易和操纵市场行为的企业会被证券监督管理委员会处以罚款，罚款金额最高不超过违法所得的5倍。相反，企业合规经营可以避免各种行政处罚，减少违规成本，获得潜在的合规收益，增加企业利润。

（二）规避负面行为，控制运营成本

正确的合规管理可以有效减少企业的决策成本。例如，著名的葛兰素史克（Glaxo Smith Kline，GSK）腐败案。2014年葛兰素史克因涉嫌严重的商业贿赂等经济犯罪，被中国政府处以30亿元人民币的罚款。葛兰素史克案件足以说明正常运营的企业在面对法律风险时所担负的成本是高额的，这里所指的成本不光为经济成本，更覆盖了企业的商誉。其案发后带来的声誉损害会对经济效益产生直接的影响。数据表明：在此案件之前，2013年4～6月，葛兰素史克在中国的药品和疫苗销售额同比增长14%，而在案发后，2013年7～9月，其营业额暴跌61%。同时，葛兰素史克承诺全面整改在中国运营中存在的问题，降低药品价格销售利润。2015年年末，葛兰素史克进一步实施药品降价计划，其已在部分省份对乙肝抗病毒药物实施降价，计划降价幅度为20%～30%，这意味着仅乙肝抗病毒一类药物即将减少20%～30%的收入。

（三）提高企业竞争力

随着市场化程度的不断提高，行业内部各企业之间的竞争也必将越来越激烈。这种竞争，是不同市场主体核心竞争力量的较量，是管理水平与专业能力的较量。包括合规管理水平在内的内部管理水平，将直接决定企业能否在激烈的竞争中求得生存与发展,关系到全行业能否真正在资本市场领域内牢固确立并始终保持自己的独特优势和不可替代的地位。

合规经营是目标、是结果,合规管理是手段、是过程。对企业而言,如果没有一套机制和方法,没有一支专业的队伍,对决策和执行的合规性进行流程化管理,其经营行为的合规性是无法持续保证的,合规经营的目标也是无法彻底实现的。

有"规"可"合"是合规管理的基石,是合规管理体系有效运作的前提,是推动合规管理工作的有力工具。只有具备这种有力的工具,企业才能提高自身核心竞争力,才能更快、更好、更稳地发展。

(四)有效地预防风险

合规管理是企业稳健经营运行的内在要求,也是防范违规风险的基本前提。对于企业而言,与其在合规危机发生后被动地应对,不如主动地建立一套完整的合规管理体系以使监管部门、执法部门和公众相信本企业是良好的市场主体,本企业对违规行为采取否定的态度,而且本企业已经尽到合理的努力去避免合规危机的发生。当达到这个目标时,监管部门、执法部门和公众也能理解合规危机是无法完全杜绝的,不会因个别违规者的行为而彻底否定企业在合规方面的努力。

从企业的角度来看,企业的业务活动是由自然人来决策和执行的,自然人有自己的认知不足,无论企业采取怎样严密的措施防止贿赂行为的发生,企业均无法保证为其工作的每个自然人都理解本企业的立场并主动执行预防贿赂的行为措施,如今仅从发生贿赂的结果来推定企业有过错,对企业可能是不公平的。企业希望当非本企业授意的违规行为发生时,能够区分个人的责任和企业的责任,这也是当企业面临违规调查时经常使用的抗辩理由。美国执法部门提供了一个救济措施,即如果企业能够证明本企业已经建立完整的合规管理体系以降低发生贿赂行为的风险,并且该合规管理体系是有效运行的,则可以减轻甚至免除发生贿赂案件时企业需要承担的责任。

(五)维护企业形象,促进企业健康发展

企业为了短期目标而违规经营会损害企业的形象,企业的诚信、守法文化和企业价值因此受到市场质疑，股价也可能会受到影响，不利于企业长期经营发展。如果企业进行合规管理则有利于监督公司做到合法经营，形成鼓励合规的诚信文化和合规意识，让企业员工更自信、更踏实地从事岗位工作，从而维护企业形象，提高公司的商誉和市值。随着经济全球化的发展，公司同类经营的竞争压力越来越大，如何得到社会的认可从而在竞争中突围，这是所有企业都必须要面对的问题。此时，维护企业形象做正确的事情就显得非常有必要，这可以使企业避免被市场踢出局。

企业主动合规经营的良好形象可以增加市场和投资者对它的信心，银行或者信用评估机构也会对其内部控制指数进行调整，进而可以减少不必要的融资成本。而且，员工和品牌价值是企业的宝贵财产，企业给市场传递出守法经营的正面形象有利于提高顾客的品牌忠诚度，鼓舞组织士气。其员工不仅不会钻企业制度的漏洞，而且还会帮助企业堵住漏洞，从而抵御严峻的合规风险。

二、对社会的价值

从社会整体的角度出发，主要表现为企业的社会责任感。应对当前金融危机的长久之计是利益相关者之间相互信任。当前经济发展不景气，如果企业不合规经营，这必然会使合作双方、监管机构、消费者之间相互猜疑，不利于市场健康发展。

（一）有利于经济健康发展

欧美国家日益严格的反贿赂法案的出台及执法手段的强化，使得遵守反贿赂法律与中国走出去的企业自身利益的相关程度得到了前所未有的加强。自2001年12月中国加入世界贸易组织以来，中国企业开始积极在全球范围开展投资和经营。中国企业在境外的各种经济活动越来越活跃，影响日益扩大，国际社会对中国企业的关注度也进一步提高。走向世界的中国跨国公司不仅需要学习全球投资和经营战略，还需要学习和了解全球经营的新规则，通过负责的商业行为与投资所在国互利共赢。

面对当前国际合规反腐的潮流，2018年12月国家发展和改革委员会等七部门联合印发《企业境外经营合规管理指引》，明确提出中国企业在境外经营应坚持合法合规经营，包括坚决抵制商业贿赂。当前，中国政府正在加大合规反腐力度，一些以商业腐败不合规经营快速发展起来的企业在反腐中受到了打击。他们的不合规经营，不仅使相关企业家受到应有的惩罚，同时，在面临政府的调查时，这些企业还花费大量的时间和精力来应对，企业发展也会受到相应的影响。因此，从合规反腐的角度来看，企业实现可持续发展，必须重视依法合规经营，才不至于因商业腐败影响企业的发展和损害企业的良好形象。

企业持续发展涉及企业经营的方方面面，从承担社会责任的角度来看，合规管理是实现企业持续发展的基石。通过强化合规管理，健全合规管理制度体系，企业有了持续发展的重要保障，企业才能走得更远。

(二) 有利于保护投资者的利益

企业在合规管理方面的不足，或称合规失败，严重损害投资者的利益。投资者如果未能通过正常途径获知企业的合规状况，并基于充分的信息进行系统评估，则其投资决策可能遗漏关键性的风险因素，根据这种决策实施的投资行为有较高的失败风险。

反之，合规管理能力是企业持续经营的基础，如果一家企业，尤其是上市公司，不能以积极的行动证明其有能力管理好本企业的合规问题，则投资人有理由怀疑企业的大股东和管理层并没有继续经营的计划，甚至有的大股东和经营者故意弱化企业的合规体系直至使之瘫痪，以达到自己浑水摸鱼的目的。若企业重视合规管理，则能改善投资人不信任的状态，并且能保护投资者的利益。

第二章
合规风险识别与评估

进行科学合规管理的基础是对合规风险的清晰了解。合规风险的认识是一项非常具体但又重要的工作流程，从合规风险的界定，再到合规风险的识别和评估，最终到合规风险的应用，这样便构成一个完整的合规风险评估模型。

第一节　合规风险界定

合规是指行为遵守、符合法律、规则和准则的要求，合规风险就是行为违反法律、规则带来的风险。巴塞尔银行监管委员会发布的《合规与银行内部合规部门》中对合规风险的定义是：银行因未能遵循法律、监管规定、规则、自律性组织规定的有关准则，以及适用于银行自身业务活动的行为准则而可能遭受法律制裁或监管处罚、重大财务损失或声誉损失的风险。而我国银行监管委员会给出的定义基本与上面的一致，是指商业银行因没有遵循法律、规则和准则可能遭受法律制裁、监管处罚、重大财务损失和声誉损失的风险。

自2002年《萨班斯法案》颁布以来，合规风险的概念已经从银行延伸到非银行类公司层面。马勒（Mahler）等人认为合规风险可以通过头脑风暴活动来识别，在这些活动中，不同的利益相关者被聚集在一起，根据法律或其他相关要求为他们识别风险事件和评估这些事件提供知识和经验。此外，他们提出了图形建模的结构化和系统化的方法，用于从法律和其他要求中识别合规风险，从而在图形模型中可视化。① 图形建模的主要目标是简化合规风险的识别和评估，并促进不同背景专家之间的沟通。

根据《ISO31000风险管理标准》，风险识别的关键是风险和事件的来源。在合规的背景下，风险识别可以以法律为中心或以需求为中心。以法律为中心的方法的核心是合规规范和要求。在这种方法中，头脑风暴活动的重点是通过指导问题确定可能触发法律规范的内容。相反，以需求为中心的方法侧重于识别事实并评估其合规性影响。在商业环境中，这种方法可能意味着评估某个业务流程以识别潜在违规领域。合规风险识别的具体步骤如下：

（1）确定需求来源；
（2）确定义务和禁令的清单；
（3）在需求模板中构建结构；
（4）对合规风险评估要求的相关要素进行建模；
（5）实例化。

合规风险是一种新定义的风险类型，合规管理与风险管理息息相关。从形式上来看，合规风险处于各类风险的叠合位置，位于核心之处，如图2-1所示。我们需要进一步与其他风险类型进行比较，才能更明确合规风险的含义。

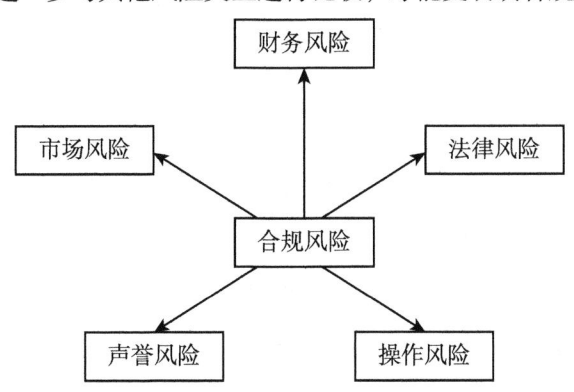

图2-1 合规风险与其他风险的关系

---

① ESAYAS S, MAHLER T. Modelling Compliance Risk: a Structured Approach [J]. Artificial Intelligence & Law, 2015, 23 (3): 1-30.

一、法律风险

法律风险其实可以覆盖公司大部分可控的风险类别，而且大多数的风险最后都会以纠纷和诉讼的方式出现。[1] 法律风险是指企业在经营过程中因自身行为或者外部法律环境发生变化而可能导致不利法律后果的风险。巴塞尔银行监管委员会对法律风险作出的界定是，法律风险包括但不限于因监管措施和解决民事商事争议而支付的罚款、罚金或者惩罚性赔偿所导致的风险敞口。

法律风险从产生的途径可以划分为行为法律风险和环境法律风险。行为法律风险是指企业自身的风险管理体系无效或者不完善，未能对法律问题作出适当行动而产生的风险；环境法律风险是指外部法律环境因素导致不利后果的风险。马勒（Mahler）将法律风险定义为在一系列法律规范下评估一系列事实引起的风险。[2] 王延明在企业法律风险理论的基础上，认为企业法律风险是企业预期与未来实际结果发生差异而导致企业必须承担的法律责任，并因此给企业造成不利后果的可能性，是由于企业外部经营环境发生变化，或由于包括企业自身在内的法律主体未按照法律规定或合同约定有效行使权利、履行义务，而对企业造成负面法律后果的可能性。[3] 相比之下，合规风险被认为是由于未遵守法律、法规、规则、相关的自律组织标准和适用的行为准则而导致的风险。[4]

这两种风险的共同点是法律合规风险，这是由于未能遵守法律要求而产生的风险。在实践中，合规风险与法律风险经常是重合的，两者并没有严格的区分界线，企业在面临合规风险的同时往往也面临法律风险。例如，银行与客户约定的贷款利率超出国家规定的利率上限，则该贷款业务的合约可能被认定为无效合约，此时银行既面临合规风险也面临法律风险，并需承担相

---

[1] 黄胜忠，健君. 公司法务管理概论［M］. 北京：知识产权出版社，2016：44.
[2] MAHLER T. Tool-Supported Legal Risk Management: a Roadmap［J］. Eur J Legal Stud, 2010, 2 (3): 175-198.
[3] 王延明. 试论国有企业法律风险及其管理［J］. 社会纵横，2006（7）：74.
[4] Standards Australia (2006). Compliance Programs AS 3806-2006, 2nd edn. Australia, Sydney.

应的损失和责任。

尽管法律风险和合规风险存在一些重叠，但值得注意的是，这两个概念之间存在重要区别。当法律风险来源于未能遵守法律或合同要求时，合规风险可能是法律风险的一个方面。然而，法律风险还包括法律不确定性带来的风险，这不一定与合规风险有关。此类法律风险的示例包括新法律的接触、对合同条款不利的解释以及现有法律解释的变更。同样，当合规风险来源于法律规范时，它构成了法律风险的一个方面。但是，并非所有合规风险都源于未遵守法律规范。合规风险有时候侧重于行政责任和道德责任的承担，而法律风险则侧重于民事责任的承担。

二、操作风险

20世纪90年代以来，国内外银行界频频发生重大操作风险事件（如著名的巴林银行事件），对银行的持续稳健经营造成严重的负面影响。为此，《巴塞尔协议Ⅱ》[1]在继信用风险、市场风险之后，将操作风险也纳入银行资本监管框架。

操作风险是指由不完善或失灵的内部程序、人员和系统，或外部事件导致损失的风险。[2]而中国银行监督管理委员会对操作风险的定义是，由不完善或有问题的内部程序、员工和信息科技系统，以及外部事件所造成损失的风险。在已有的研究中，狄克斯担（Dickstein）和弗拉斯特（Flast）在流程管理的基础上较为全面地讨论了合规和操作风险管理。[3]对公司业务流程分解得越细，就越容易找到具体的合规风险动因，从而有利于对合规风险进行精准地评估与管理。肖斌卿等人也通过研究合规与操作风险的成因发现流程

---

[1] 《巴塞尔协议Ⅱ》英文全称为 International Convergence of Capital Measurement and Capital Standards，是继1988年发布的《巴塞尔协议》后的第二版，对于该版国内学者也有译为《巴塞尔新资本协议》的，本书统一使用《巴塞尔协议Ⅱ》这一译法。《巴塞尔协议Ⅲ》目前已出台，但其实施时间经多次推迟，暂定2022年1月1日起实施。
[2] FORD C, HESS D. Can Corporate Monitorships Improve Corporate Compliance [J]. Social Science Electronic Publishing, 2009 (34): 3.
[3] DICKSTEIN, DENNIS I., AND ROBERT H. Flast. No Excuses: A Business Process Approach to Managing Operational Risk [M]. John Wiley & Sons, 2008.

管理对于合规与操作风险管理具有重要作用。①

操作风险与合规风险有一定的重叠，但两者在基本原则、框架、政策程序上各成体系。操作风险和合规风险的联系有：一是两种风险的表现形式部分相同。操作风险事件主要表现为人员违反规章制度、系统以及外部事件，合规风险事件则表现为人员违反规章制度等。二是两种风险可以互相转换。合规风险是操作风险最主要的诱因，其发生必然伴随操作风险，例如，贷前调查不到位，贷后资金监管不到位，均是由于合规管理不到位引起的。操作风险则很可能导致合规风险的发生，例如，外部监管环境发生重大转变。

操作风险与合规风险的区别主要有：第一，两者的诱因不同。操作风险是由四个维度的风险形成，包括不完善的内部程序、人员、系统和外部事件；合规风险是企业及其员工违反法律法规及监管规章而引发的。第二，两者发生的方式不同。操作风险主要表现在操作环节和操作人员，包括内部欺诈、外部欺诈、就业制度和工作场所安全事件、客户和业务的活动事件、实物资产的损坏、信息科技系统事件以及执行、交割和流程事件七大类事件；而合规风险主要发生在制度决策层面和各级管理人员身上。第三，两者造成的后果不同。操作风险导致的损失多样，包括经济、人员、资产损失和业务中断等，但不包括声誉风险；而合规风险主要是涉及经济处罚、制裁、财务损失且包括声誉风险。第四，两者的风险计量和管理手段不同。操作风险可以通过经济资本覆盖和约束来管理，可以通过各种手段回避、转移和分散风险；合规风险则难以单纯用资本覆盖管理来解决，只能通过风险回避、预防并控制损失，不能通过风险转移来解决。

三、声誉风险

2009年1月，《巴塞尔委员会新资本协议（征求意见稿）》中明确将声誉风险列为第二支柱，成为商业银行的八大风险之一，并指出银行应将声誉风险纳入风险管理的流程，并在内部资本充足和流动性预案中适当覆盖声誉风

---

① 肖斌卿，李心丹，徐雨茜，陈垣桥.流程、合规与操作风险管理［J］.管理科学学报，2017，20（12）：117-123.

险。在国际上，美国金融监管部门将声誉作为监管的重要部分，要求监管人员有效地评估银行的声誉状况，并指出声誉风险是监管者在风险评估中必须考虑的基本指标。2009年8月25日，银行业监督管理委员会发布的《商业银行声誉风险管理指引》中关于声誉风险的定义是：由商业银行经营、管理及其他行为或外部事件导致利益相关方对商业银行负面评价的风险。2014年，保险监督管理委员会发布的《保险公司声誉风险管理指引》对保险业声誉风险进行了界定。此外，中国会计师协会将商业银行声誉风险定义为，失去个人声誉的可能性或危险，在很多方面对组织构成威胁。声誉的丧失会影响竞争力、利益相关者的信任和忠诚度、媒体关系等，声誉甚至是一个团体或组织存在的诸多基本条件之一。根据经济学人智库（Economist Intelligence Unit，EIU）的研究，欧洲领先的管理者认为声誉风险是企业运营的主要威胁和组织的市场价值。企业声誉风险是指由企业经营、管理及其他行为或外部事件导致利益相关方对企业产生负面评价的风险。

1994年宝洁公司损失1.57亿美元，其亏损的原因是信孚银行向宝洁公司销售复杂的汇率与利率互换交易。因此，宝洁公司起诉信孚银行欺诈，宝洁公司起诉成功后，信孚银行名声扫地，业绩持续下跌，最终导致其衰落，后来被德意志银行收购。声誉在某种程度上可谓是企业的无形资产，声誉损失对于企业的危害是巨大的，不仅会损害企业的形象，导致消费者流失，业绩减少，甚至还可能使企业走向灭亡。

在《哈佛商业评论》的一篇文章中，罗伯特·埃克勒斯（Robert Eccless）、斯科特·纽奎斯特（Scott Newquist）和罗兰·沙茨（Roland Schatz）确定了三种声誉风险的影响因素：一是当组织的声誉与其现实之间存在差距时，风险就会增加；二是消费者的期望发生变化，风险会增加；三是当一个组织内部无法对环境变化作出反应时，一个"高度重要的声誉风险来源是不同业务部门和职能部门作出的决策协调不良"。此外，声誉风险可能来自组织自身的沟通活动，包括他们对社交媒体提出的声明的反应。

声誉风险主要产生于企业经营过程中业务操作上的失误、违反有关法规和其他问题，其与操作风险和合规风险存在必然的密不可分的联系。合规风险是导致声誉风险产生的主要和直接诱因之一。因此，不能孤立地看待声誉风险，关键是要关注企业是否具有一个合理、有效的治理机构，一个识别、监测和控制有关风险的制衡机制以及完善的企业激励机制,这一制衡机制和激励机制涵盖企业内部有效的合规风险管理机制。

四、市场风险

1988年的《巴塞尔资本协议》只考虑了信用风险,而忽视了市场风险,尤其是对许多新的和复杂的场外衍生产品市场风险未能给予足够的重视。但20世纪90年代一系列的重大风险事件使巴塞尔委员会意识到了市场风险的重要性,随后加快了将市场风险纳入资本监管要求范围的步伐。

企业的市场风险,是指由于市场及相关的外部环境的不确定性而导致企业市场萎缩、达不到预期的市场效果乃至影响企业生存与发展的一种可能性。如利率、汇率等市场价格的变化,使企业资产负债表各项目头寸不一而受损。巴塞尔委员会认为市场风险的主要类型有股票风险、利率风险、汇率风险和商品风险。对于企业来说,市场风险可导致企业投资活动失败,引发投资风险等一系列的问题。市场风险一旦大规模发生,不仅会给企业带来损害,还会给投资者带来极大的损失,甚至给整个市场带来灾难性的破坏。广大投资者很难进行市场风险的管理,必须通过政府规范市场,打击恶意操纵市场的各种违规行为,进行综合治理,使市场在公开、公平、有序的条件下运行。企业自身要加强风险防范,及时做好预防措施。

合规风险是指企业未能遵守法律法规等相关规定和准则而可能遭受监管处罚等风险,相对而言,市场风险则是指由于某种全局性的因素引起的投资收益的可能变动,这些因素来自公司外部,是公司无法控制和回避的。影响企业市场风险的因素主要包括以下几点:一是消费者需求的变动。现如今消费者的需求处于不断变化之中,消费者对某企业的商品需求发生变化,因而可能导致企业的市场风险。二是竞争对手的行为。随着市场经济的发展与完善,市场竞争的程度日益加剧,企业不仅面临着原有竞争对手的压力,而且面临潜在竞争对手的威胁。目前,市场竞争的类型已由单纯的价格战争转变为价格竞争和非价格竞争并存,很容易让企业处于被动状态。三是政策、法规的变动。例如,政府通过产业政策来鼓励某些产业的发展,而随着产业结构的变化以及政府产业战略重点的转移,原来属于鼓励发展的行业可能会被取消优惠而使这些行业的厂家遭遇风险。四是不确定与不对称的信息。信息的积累与传递可以通过作用于生产经营过程而使其他生产要素得到充分合理的利用，以实现和扩大其他生产要素的价值。但是，信息不确定与不对称将会导致企业决策失误，可能造成企业在市场中失败。

五、财务风险

财务风险是包含企业可能丧失偿债能力的风险和股东收益的可变性。随着债务在企业资本结构中所占比重的提高，企业支出的固定费用将会增加，结果使企业丧失现金偿付能力的可能性也增大了。企业财务风险还涉及股东可能得到的收益的相对离差。总之，企业的财务风险包含了企业丧失偿债能力的可能性和股东未来收益的可变性。这两方面都同企业的经营风险，即预期营业收益离差直接相关。[①] 财务风险是指企业由于不同的资本结构而对企业投资者的收益产生的不确定影响。财务风险来源于企业资金利润率和接入资金利息率差额上的不确定因素以及借入资金与自有资金的比例的大小。借入资金比例越大，风险程度越大；反之则越小。

财务风险与合规风险有较大区别。合规风险来源更加广泛，一般是指违规后遭受惩罚的可能性，而财务风险是指由于内外部环境的各种难以预料或无法控制的不确定性因素的作用，使企业在一定时期内所获取的财务收益与预期收益发生偏差的可能性。企业的财务风险贯穿于企业生产经营的全过程。它包括筹资风险、利率风险、投资风险、资金回收风险、流动性风险。导致企业财务风险产生的因素有很多，既有来自企业外部的因素，也有企业内部的原因，而且不同的财务风险形成的具体原因也不尽相同。企业产生财务风险的一般原因有以下几点：企业财务管理宏观环境的复杂性是企业产生财务风险的外部原因；企业财务管理人员对财务风险的客观性认识不足；财务决策缺乏科学性导致决策失误。财务决策失误是产生财务风险的又一主要原因。避免财务决策失误的前提是财务决策的科学化。

当今世界因财务风险而倒闭破产的公司，甚至是特大公司也不少见，如

---

① 王文元. 新编会计大辞典 [Z]. 沈阳：辽宁人民出版社，1991.

2001年"美国500强"的安然公司破产案就是一例。因此,忽视财务风险带来的后果是严重的。企业财务机构应当建立一个合理有效的合规风险管理体制,尽量避免发生违规事件。

【案例 2-1:乐视网事件的风险分析】

乐视成立于2004年,创始人贾跃亭。2017年10月14日,乐视网巨亏16亿元。7年盈利几乎亏完,面临危机,贾跃亭财富缩水400亿元。对这一事件有以下几点风险分析。

1. 公司战略不当,成本控制失调

公司战略不当体现在经营模式和盈利模式两方面。贾跃亭的设想是能够实现七个子生态的互通,可实际上他所主打的每一个业务都缺乏一定的竞争力,在相应的行业内都已有佼佼者,而乐视却只是二三流的水平。

2. 高估盈利能力,盲目扩张

乐视网的现金流量表显示,2015年开始,乐视网筹资活动和投资活动产生的现金流量净额都呈现急剧扩张的趋势,而业务经营活动产生的现金流量净额却出现同比下跌的状态。乐视的融资规模很大,但投资规模更大,融资速度跟不上投资速度,这是导致其资金链短缺、供应链不足的重要原因。

3. 高负债率造成财务风险

乐视从成立到跌落神坛的几年间,有1/3的时间都处在高负债率的状况,如表2-1所示。

表2-1 乐视网经营情况

经营情况	2016年第一季度	2016年第二季度	2016年第三季度	2015年	2014年
资产负债率	65.72%	79.67%	72.34%	77.53%	62.22%
流动负债比率	104.24%	178.51%	183.53%	189.74%	139.06%
流动比率	1.38	1.5	1.25	1.22	0.81
速动比率	1.20	1.26	1.04	1.07	0.65
现金比率	0.55	0.65	0.38	0.49	0.12

从表2-1中可以看出,乐视在2014年到2016年第三季度资产负债率最低为62.22%,已超过资产负债率的最高值,直接反映了乐视的偿债能力较

弱。如果乐视在经营时一年内到期的短期债务过多，就意味着企业将面临巨大的现金支付压力，一旦财务失控，企业将马上陷入困境，筹资能力也会急剧下降，资金链断裂，无法支付到期债务，潜在债务危机将会爆发。

4. 股价风险

基于乐视"上天入地"的股价表现，乐视网提醒投资者注意八大投资风险，包括公司实际控制人可能发生变更的风险；部分关联方应收款项存在回收风险；贾跃亭先生、贾跃芳女士未履行借款承诺导致公司现金流紧张的风险；公司现有债务到期导致公司现金流进一步紧张的风险；公司部分业务业绩存在重大不确定性的风险；公司对外投资的风险；募集资金用途改变的风险；以子公司股权质押并对外担保的风险。

5. 流动性风险

现金流在企业经营中的作用类似于血液对于人体运行的作用。近三年里，乐视网的业务规模快速扩展，营业收入和资产规模都大幅增加，但现金流的增加情况却并不理想。主要问题是经营活动产生的现金流量较为正常，投资活动使用的现金增加较多（与并购业务中使用部分现金支付有关），筹资活动产生现金流的情况非常不理想。对比乐视网的营业收入快速增长的情况，公司正面临着比较严重的现金流短缺的财务风险。

6. 筹资风险

截至2015年9月30日，乐视网的资产负债率已经达到75.72%，与同行业相比，已经是较高的负债率。如果乐视网继续选择债务融资工具进行融资，则公司的资产负债率会进一步升高，作为一家轻资产的互联网上市公司，过高的偿债风险显然是不利于乐视网发展的。

第二节　合规风险识别与评估方法

合规风险管理是企业内部主动管理合规风险的一个动态过程，合规风险管理的流程一般包括对合规风险的识别、评估、测试、应对、监控以及合规风险报告等。合规风险的识别是指对企业内部合规风险的存在或发生的可能性以及合规风险产生的原因进行分析判断，并且通过收集和整理所有合规风险点形成列表，便于对合规风险进一步评估和监测。合规风险的评估和测试是指在合规风险识别的基础上，应用一定的方法估计和测定发生因合规风险而可能导致法律制裁、监管处罚、重大财务损失和声誉损失概率和损失大小，以及对企业运营产生影响的程度。合规风险的应对是指根据合规风险的性质、程序以及企业对合规风险的承受能力，确定应对策略并制定相应的合规风险管理计划和合规管理程序等。合规风险的监控是指持续追踪已识别的合规风险、监测残余的合规风险，识别新的合规风险，对不可接受的合规风险实行有效控制的过程。合规风险的报告是指按照企业内部规定的报告路线，及时、全面、完整地向管理层报告企业经营过程中涉及的合规风险状况。

合规风险的识别与评估并不是两个完全独立的过程，风险的评估建立在识别的基础上，而风险的评估能够进一步校验风险识别的成果。总体来看，合规风险的识别与评估流程大致如下：（1）收集所有的合规风险点，根据企业管理层设定的经营目标和合规风险管理目标以及经营活动的性质和特点，参照相关法律法规以及监管要求，对企业所有的合规风险点进行盘点和排查，从而形成合规风险列表，并不断加以补充和扩展；（2）分析合规风险形成或产生的原因；（3）对合规风险进行"高、中、低"分类；（4）划分"固有风险"和"剩余风险"，固有风险是指管理层未采取任何措施之前的风险可能性或影响，剩余风险是指在管理层作出风险应对措施之后滞留的风险；（5）形成整体的合规风险评估报告并进行预警提示。下文将介绍三种合规风险识别和评估的方法。

一、触险要素评估法[*]

（一）风险识别的过程

合规风险识别的过程是由点到面、点面结合的过程。一方面，通过案例可以学习到行政执法机构及司法机关对哪些组织因为违反了哪些法律规定而予以惩处，或者爆发了哪些事故、丑闻而遭受声誉和财产损失，并将这些经

---

[*] 陈立彤. 合规风险识别与评价指引 [Z/OL]. [2018-08-21]. 中国合规网, http://www.complianceinchina.com/A-v.asp? ID=1601.

过实证了的风险——识别出来；另一方面，要举一反三把适用本组织的法律法规、政策、公司相关规定等以及本组织为了做好合规管理工作已经制定且还需要制定的内控机制——总结并确定下来，内化为组织的合规义务。组织总结并确定合规义务的过程其实就是对本组织所面临的风险全面梳理的过程。但由于风险是客观存在却并未发生的，因而合规义务是否得到履行往往并没有一个绝对的答案，还需要合规识别人员进行判断。

1. 触险要素

触险要素是指那些可能引发风险发生的要素。包括但不限于违规行为、内控模块缺失等。识别触险要素的方法：识别触险要素时需要把与合规义务不一致的、导致不合规效果的要素概括出来，同时对具有典型意义的触险要素进行列举。

2. 风险与触险要素代码

风险与触险要素代码是检索合规风险与触险要素的重要工具，当一个公司的合规风险及引发风险的触险要素的清单比较长时，用代码进行检索往往比较方便。

当一个公司有很多分公司和子公司，特别是海外公司用中文以外的语言进行交流时，集团公司和分公司以及子公司采取相同的代码来指代同样的风险和触险要素能够帮助交流和对话。

3. 风险实证

风险实证是指通过案例研究等方法对合规风险和触险要素直观和客观地进行说明和验证，它是确定重大合规义务并对合规风险做有效评价的基础。

风险实证的来源是过去已经发生的事实，包括但不限于案件、案例、调查结论、经过核实的举报内容等。这些具有实证意义的历史数据，其可以明确地告知和提示哪些触险要素会引发合规风险、哪些合规义务人会产生违规行为及其他触险要素。

4. 重大合规义务

一个合规风险会有很多外部和内部的法律规定，相应地，也有很多控制性合规义务。因此，一个组织在确定与合规风险相关联的合规义务时，要根据轻重缓急把那些重大的合规义务确定下来。

重大合规义务有如下特点，它们与控制风险高度相关、具有非常强大的强制性和义务性，一旦违反这些义务就会引发风险或者让风险管控失去控制。

5. 实质性合规义务

实质性合规义务是指在法律及规定当中，通过禁止性和义务性规定所归纳出来的义务，在进行合规审核时，要根据实质性义务做实质性测试。

实质性合规义务一般有如下两个特征：第一，它的来源是禁止性规定（如法律或者公司禁止的行为）或者是义务性规定；第二，违反了这个规定会给合规主体和义务人带来法律责任、经济或者名誉上的损失；第三，实质性合规义务具有普适性——所有适合的合规义务人都必须遵守。

6. 控制性合规义务

控制性合规义务是指根据内控制度所确定的义务。内控制度是为了让合规义务人遵守实质性合规义务、避免合规风险的发生而制定的内部控制制度，从而也是控制性合规义务的来源。在合规审核时同样要通过控制性义务做控制性测试。

控制性合规义务来自组织已经制定的以及没有制定但应当制定的内控制度所确定的控制措施，是组织为了达到管理某个合规风险的目的而为相关合规义务人所预先设定的行动方案。

控制性合规义务有两个来源：①组织为了管理某个合规风险已经制定的内控制度；②组织为了管理某个合规风险应当制定但却没有制定的内控制度。

7. 具体合规义务人

具体合规义务人是合规义务的具体执行人。合规义务如果不能落实到具体的义务人，那么会出现权责不分、互相扯皮的现象。合规管理的精准化可以把组织有限的合规资源用到最需要合规管理的节点、部门和人员。这里所说的合规义务人可以是一群人（如一个部门），也可以是一个人或者一个岗位。

（二）风险评价的过程

风险评价是指对已经识别出的风险进行评价以确认它的风险敞口。风险评价既是对风险敞口定量的过程，也是就风险管理分配资源的过程。

如果说合规风险的识别是由点到面的过程，那么合规风险的评价也是一个由面到点的过程。合规管理的工作内容之一就是把那些很有可能发生或者极有可能发生的风险进行量化，从而为组织量化风险管理打好基础。

1. 风险敞口

风险敞口是指一个风险在多大程度上会使得组织裸露在危险当中。一个组织会面临各种各样的合规风险，把那些有可能给公司造成较大损失和冲击的风险识别出来予以管控，是合规风险评价所要解决的问题。

2. 评价风险的维度

评价风险的维度也就是衡量风险敞口的维度，通常包括风险严重程度、风险发生可能性和风险发生频度。因为风险发生频度的高低往往决定了风险发生可能性的高低，即把风险发生频度与风险发生可能性合二为一。

3. 对风险敞口的衡量

对于风险敞口的衡量是把衡量风险严重程度的系数乘以衡量风险可能性的系数所得到的结果。

风险敞口 = 风险严重程度的系数 × 风险可能性的系数

二、风险源识别与评估法[*]

在此方法体系下准确识别企业合规风险需要把握三个步骤：一是识别引致合规风险的风险源；二是识别合规风险源的分布情况；三是匹配合规风险源对应的"规"并定义具体合规风险。

（一）识别合规风险源

引致合规风险的合规风险源是权力。企业组织内部的内控失灵问题、舞弊甚至违纪违规、腐败贪污和贿赂犯罪等问题，96% 出现在以下"八项权

---

[*] 樊光中. 如何准确识别企业合规风险（中篇）：如何识别合规风险源的分布情况［Z/OL］.［2018 - 08 - 21］. 企业合规风险内控与效能管理研究（微信公众号），https：//mp. weixin. qq. com/s/rivZua9nlXBWW21MxTlj1Q. 樊光中. 如何准确识别企业合规风险（下篇）：匹配合规风险源对应的"规"并定义具体合规风险［Z/OL］.［2018 - 08 - 21］. 企业合规风险内控与效能管理研究（微信公众号），https：//mp. weixin. qq. com/s/AB1AR3dL4HvXmHS63UCcGQ.

力"分布的业务领域和岗位。没有权力，不合规行为发生缺少了第一条件。

不合规行为发生"铁三角定律"＝权力＋不良动机＋业务机会

在公司，不同的岗位有不同的职责，并且职责有多有少，每项职责发生的业务频次也各不相同。在岗位职责中，有的职责对应一项权力，并且这样的权力是舞弊、腐败和商业贿赂等不廉洁高风险的诱发主要因素。以下八个方面的权力是企业在生产经营过程中行使的权力，在这些权力行使的过程中，最容易导致腐败风险发生，最容易产生违反法律法规、违反企业制度、违反企业遵从的道德价值准则的行为，识别了以下八个方面的权力在生产经营业务中的分布情况，就能够找到合规风险。

第一项权力——审核权。识别是否有审核权，如决策权、审批权等具有审核性质的核准工作，或者本人作为其更高分管领导，能够直接影响和改变权力的行使，如本人是公司上级集团的部门、公司领导。

第二项权力——市场客服与销售权。识别是否有市场客服与销售权，例如，向客户介绍产品、服务范围、销售政策、价格优惠条件，签订销售合同，售后服务（维修、保养、置换等）以及其他销售性质的业务活动，围绕客户在决策、采购、放行、计量、财务资金和与这些活动密切相关的关键商务信息所实施的活动，或者作为其分管范围，能够直接影响和改变这些活动的行使，例如，市场客服与销售直属分管领导、公司上级集团的部门、公司领导。

第三项权力——人事权。识别是否有人事实权，如雇佣、招聘、任免、考核、人员奖励与处罚、职称评定、岗位选拔等人事活动，或本人作为其分管范围，能够直接影响和改变权力的行使，如人事直线分管领导。

第四项权力——采购权。识别是否有采购实权，如确定供应商、分包商、租赁商合格名册、确定采购方式、采购策划、确定采购文件、确定投标人、确定价格和中标人、分包商、租赁商选择、签合同、合同变更等与采购有关的业务活动，或本人作为其分管范围，能够直接影响和改变权力的行使，如采购分管领导。

第五项权力——放行权。识别是否有物料设备进出放行实权，如质量检测、安全管理、仓储管理、品控管理、物料设备使用管理、技术审核、专业评审、专业认证、监督权、进出门管理等进出、放行、许可、专业技术复核性质的业务，或本人作为其分管范围，能够直接影响和改变权力的行使，如质量、技术、安全直线分管领导。

第六项权力——计量权。识别是否有工作量、物资计量实权，如货物计数、采购结算、开具验收单、物料领用、消耗计量、工作量计量、分包量计量、容积测量、计时计件等计数计量业务，或本人作为其分管范围，能够直接影响和改变权力的行使，如物资、设备直线分管领导。

第七项权力——财务资金权。识别是否有财务实权，如收款、付款、费用开支、费用报销、后勤账务管理、津贴福利管理等经手钱财业务，或本人作为其分管范围，能够直接影响和改变权力的行使，如财务、资金分管领导。

第八项权力——拥有关键信息权。拥有关键信息往往由人员在履行前面七项中一项或者一项以上的时候产生的拥有关键信息权力。识别本人是否拥有、知晓、掌握、创造关键商业信息，如公司内部商业秘密、工作策略、工作战略、重要人事安排、重要工作部署、采购分包其他投标人、标底、预算等信息。

以上八个方面的权力，即"八项权力模型"，是企业生产经营过程中最容易导致不合规风险发生的权力，识别了以上八个方面权利在岗位职责中的分布，就可以将合规高风险识别出来，进一步采取合规风险管理措施，有效管理合规风险，实现合规风险抓早抓小防患于未然的目的。

（二）识别合规风险源的分布情况

识别合规风险源的分布情况目前有两种方法：一种是围绕岗位职责内容，识别岗位人员掌握的权力和权力内容清单；另一种是围绕业务流程每个步骤的工作任务，识别流程每个步骤环节责任执行人员掌握的权力和权力内容清单。这里介绍第一种识别合规风险源的分布方法：围绕岗位职责内容，识别岗位人员掌握的权力和权力内容清单，即岗位关键权力——合规风险源识别法。

按照识别表和岗位关键权力形成企业内部权力分布地图，运用"八项权力模型"识别岗位职责内容中授予的具体权力内容清单，企业上下其他各岗位人员按照其岗位的职责内容，识别各岗位上拥有的权力，形成权力内容清单。完成后，各岗位人员自己保存一份，另一份报企业合规风险管理职能部门进行统计汇总。企业合规风险管理部负责将各岗位报送的岗位权力识别情况进行汇总，形成企业各岗位权力分布统计表。

（三）匹配合规风险源对应的"规"并定义具体合规风险

1. 匹配合规风险源对应的"规"

根据岗位人员掌握的权力和权力内容清单，匹配合规风险源对应的"规"，实质就是找到针对这个权力的所在国家、监管机构、行业协会等制定的强制法律法规准则等，所在社会公序良俗、道德规范和这项权力行使过程中对企业的利益相关方的承诺，并且必须一项一项将权力内容清单匹配对应的"规"。企业内部日常要建立和持续维护一个数据库，即企业合"规"数据库。企业合"规"数据库包括三个子数据库：一是与本企业生产经营有关的国家、部委、所在省市发布的法律法规以及企业所在行业的特别规定条例、行业自律规定等，对企业的行为约束具有强制性；二是企业要遵循的所在国家、社区的公序良俗、道德规范、文化习惯等，有的对企业的行为约束具有强制性，有的是企业自己向客户、监管方、合作伙伴、企业员工等主动承诺的道德选择；三是企业自己向客户、监管方、合作伙伴、企业员工等主动承诺的产品、服务的技术、质量、环境等方面的服务水准。

2. 定义具体合规风险

找到合规风险源，也就找到了对应风险源的"规"的具体内容了，我们就可以找出企业的某项业务运行过程中可能会遇到的合规风险，即我们可以定义具体的合规风险内容了。准确定义合规风险，能够帮助企业管理者制定科学的合规风险管理措施。企业各关键岗位上分布的权力在企业生产经营活动中，会由岗位上的人频繁行使，权力行使可能出现的具体合规风险被定义后，企业管理者即可以对照具体的合规风险内容，有针对性地确定应对合规风险策略（包括风险回避、风险转移、风险面对和风险降低），并制定具体的化险措施。

三、合规指数评估法*

"合规指数"是通过大数据平台和文本挖掘，获取、整合企业内控合规管理各类信息，通过一定规则和算法编制的指数。它可以及时动态反映合规风险状况，从而实现对合规管理情况的量化、比较、分析和预测。

（一）合规指数的构建方法

以经济学和数理统计理论相结合的方式来考量合规管理，运用统计指数理论的基本原理，采集目前影响合规管理的相关数据，整合共享银行现有的各类内部控制和风险管理信息资源，统一取数口径，将风险指标量化后按类进行整理，最终合并为若干板块、多项重点指标，并将它们作为构建合规指数的基础数据。通过数据测算和分析比较，确定以层级分析法作为各类风险权重测量的方法，编制指数模型与热图，将不同风险折算成统一、动态、可比较、易发布的数值，运用灯号法①来直观地反映指数的颜色区间。

（二）合规指数的构成

通过对统计指数理论和内控合规管理理论的深入研究，充分论证、统一认识，明确了以内控合规管理理论为前提，以统计方法和指数理论为手段，以动态反映企业内控合规管理情况为目标的合规指数研究思路，搭建合规指数的分类框架，例如，案件与风险事件类、外部合规检查类、内部合规检查类、员工行为异常类、重要管理类指标，力求基本涵盖内部控制和合规管理的相关内容，同时又突出各类指标间的影响程度差异，既反映机构维度情况，也反映业务维度情况。

---

* 中国工商银行内控合规部课题组，惠平，王增科，董丽，陆宇，刘迪.商业银行合规指数研究与应用 [J]. 金融论坛，2016，21（5）：59-68.

① 灯号即将形成的合规指数划分为一定的数值区间，分别用蓝、黄、橙、红以反映该数值区间风险存在的严重程度。

第三节　合规风险评估应用

供应商虽非企业内部组成部分，但由于其为企业提供商品或服务，将对企业的合规产生间接影响。因此，对供应商合规风险进行评估与控制，能够对企业整体的合规进行把关，防止由于供应商不合规对企业造成负面影响与损失。

一、联想集团对供应商合规风险评估[*]

联想集团不断推进绿色供应链的建设与实施，支持企业在可持续方面的主要承诺为：确保环境保护合规、防止污染及降低对环境的影响、努力开发领先的环保产品以及持续改善全球环境表现。

联想集团的绿色供应链体系包括"绿色生产+供应商管理+绿色物流+绿色回收+绿色包装"五个维度和"绿色信息披露（展示）平台"。其中，在供应商管理环节，对供应商进行严格把关，确保供应商的合规（主要是环境表现方面）。

（一）制定《供应商行为操守准则》

在推动自身合规的同时，联想集团严格要求供应商合规，以行业规范要求相关供应商，为确保自身合规增加一道防火墙。

联想集团于2015年制定实施了《供应商行为操守准则》，并将其导入公司的采购流程，对供应商实行全面的管理、评估和监督。制定了与《电子行业行为准则》（Electronic Industry Code of Condult，EICC），在劳工、环保、健康安全、道德和管理方面要求一致的采购政策和流程，要求供应商建立以EICC为标准的操作规范，协助供应商制定运作模式，定期总结、分享和推广

---

[*] 中华人民共和国工业和信息化部节能与综合利用司.企业绿色供应链管理典型案例［Z/OL］. ［2019－01－20］. http：//www.miit.gov.cn/newweb/n1146285/n1146352/n3054355/n3057542/n5920352/c6472072/content.html.

经验和成果。

同时，要求占联想集团采购支出超过95%的一级供应商遵守EICC，并通过正式合约和独立的第三方EICC审核来直接核实供应商尽职调查结果。在采购订单的条款、条件以及其他正式协议方面，联想集团要求供应商遵守法律、法规及多项其他可持续发展的规定。2016年，联想集团采购支出的77%来自属于EICC成员的供应商，大多数供应商获得ISO9001、ISO14001、OHSAS18001的正式认证。

（二）引进《全物质声明解决方案》

环境保护合规是联想集团合规工作的一大重点，除关注自身的环境表现，联想集团主动提高自身站位，积极打造绿色供应链，从行业高度全面推进绿色设计和绿色制造。

自2014年以来，通过引进并优化业内领先的材料《全物质声明解决方案》（Full Material Declaration，FMD）和GDX/WPA系统平台，联想集团大力推动供应链开展全物质信息披露，变革产品有害物质合规模式，提高环境合规验证效率，为产品废弃拆解、逆向供应链、材料再利用等提供依据，实现了有害物质的合规管理。

截至2016财年，手机和平板类产品全物质信息披露程度达100%，笔记本类达100%，台式机和服务器类达92%。此外，联想集团基于此全物质信息披露平台获得的大数据分析，计算机类产品降低有害物质种类使用约1%。

（三）供应商定期培训

自2008年以来，联想集团定期举办全球供应商环境标准与法规大会，通过宣贯联想集团全球环境政策、方针、目标与指标，推动供应商全面合规、携手供应商提升自身环境表现。2017年，来自300家联想供应商的近500位代表参加了在乌镇和上海举办的大会。联想集团对供应商合规的严格要求与评估，很大程度上强化了自身的合规性，确保能够达到合规目标。

二、华为技术有限公司对外贸易合规风险评估[*]

在全球化趋势不断深化的时代,对外贸易活动频繁,由于各国存在不同的法律法规,因此某一对外贸易活动可能合国内的"规"却不合国外的"规",这可能会为企业带来不必要的经济损失或为别有图谋的经济团体带来"可乘之机"。

在进行对外贸易的过程中,华为技术有限公司遵从出口管制法规,注重对外贸易合规风险的评估,并发布了《关于遵从出口管制法规的声明》。

(一)控制机制

华为技术有限公司以全面控制原则指导公司内部出口控制机制的建立和实施,将公司的出口管制义务置于公司的商业利益之上。

如果华为技术有限公司认为,要出口的有形或无形的产品、技术和服务可能被客户或最终客户用于发展或制造大规模杀伤性武器、运载工具或未经授权的常规军事装备,不利于接受国家和地区的和平与稳定,或是落入恐怖组织手中。华为技术有限公司将依据全面控制原则,自愿实施严格的出口管制措施,并拒绝出口相关产品、技术和服务。本着"视同"出口管制的原则,华为技术有限公司还会认真进行内部监控和规范,以防员工接触到某些个人或组织可能会恶意使用的敏感技术或信息。

华为技术有限公司还对任何可能在业务运作过程中要使用的中介,如报关行、货运代理人或托运人进行核实,以免产生潜在的扩散转移风险。作为一家国际化科技企业,华为技术有限公司意识到在按照政府要求确认敏感性客户,按照国际、国家标准区别产品编码、产品最终用途的实际举措上,需要进一步与相关组织和出口控制专家等建立和保持密切联系,以获取相关技术信息、寻求专业指导和权威建议。

(二)组织机构设置

在组织机构方面,设立了贸易合规委员会和贸易合规办公室,均由法务

---

[*] 华为技术有限公司. 关于遵从出口管制法规的声明 [Z/OL]. [2019-01-25]. https://www.huawei.com/cn/about-huawei/declarations/export-control.

主管领导。贸易合规委员会有权否决存在问题的交易。

（三）公司制度设置

在公司制度方面，华为技术有限公司制定了公司出口管制管理制度，建立出口审查的标准流程，保存相关文档信息，进行出口管制法规和制度的宣传和培训，加强公司内部审计，并落实参与出口管制的各部门责任。公司在现有信息管理系统的基础上，按照国际惯例建立敏感产品和敏感客户的数据库，数字化辅助管理公司出口管制的日常工作。

（四）对合规的持续关注

为遵从中国政府以及包括美国在内的各国关于出口控制的法律法规的最新规定和相应的国际承诺，公司每年进行一次《关于遵从出口管制法规的声明》的审核，根据相关法律规定进行重新修订。

由于对对外贸易合规的重视，华为公司有效规避和减少了贸易风险，不断提升华为公司在国际市场的持续竞争力，为其长期发展提供了有效的保障。

三、中铁一局集团有限公司项目合规风险评估

项目是指一系列独特的、复杂的并相互关联的活动。企业业务、工作均可划分为一个个项目，通过逐个项目的完成实现总体的完成。因此，项目合规风险的评估是企业整体风险评估的一大重要组成部分。

为规范中铁一局集团有限公司投资项目的合法合规审核工作，建立有效的合法合规审核体系，中铁一局集团有限公司针对整个集团公司及其所属各单位在境内实施基础设施投资项目、房地产投资等项目制定了《投资项目合法合规审核指南》。该指南覆盖了中铁一局集团有限公司投资项目的多个方面，包括对投资环境的审查、项目资料完整性和真实性审查、项目合法合规性审查、项目公司合法合规性审查、融资责任合法合规性审查、对投资回收保障方式的合法合规性审查、对投资退出机制的审查七个方面的合法合规性审查。

（一）对投资环境的审查

在审核投资项目时，应重点关注对投资环境的选择。应重点针对项目所

在地政府信用、财政能力、是否受到国家有关投资政策的限制、依法行政水平及行政效率、风俗习惯、宗教信仰等进行深入了解。

（二）项目资料完整性和真实性审查

应重点审查投资项目资料的完整性，核实项目资料的来源，确保项目资料的真实性。

（三）项目合法合规性审查

规定了整个项目流程中，多个角度的合法合规性审查，包括投资项目实施程序、投资项目取得方式、投资项目参与主体、投资项目运作模式、投资项目方式的审查以及尽职调查。

（四）项目公司合法合规性审查

主要规定了项目公司的组织设置、对公司进行合法合规审核的重点审核项目。

（五）融资责任合法合规性审查

主要规定了融资责任合法合规性审查，高度重视项目融资责任和风险分担的原则及配套的融资实施方案，以及融资方案审核的重点关注因素。

（六）对投资回收保障方式的合法合规性审查

主要规定了对项目投资回收保障的合法合规性审查应重点关注的因素。

（七）对投资退出机制的审查

将投资项目的退出分为投资项目实际实施前退出、项目实施过程中退出和项目结束后退出，并提出投资项目审核的重点关注因素。

中铁一局集团有限公司制定的较为全面的《投资项目合法合规审核指南》，能够有效保障集团公司投资项目的合法合规，降低由于不合规带来的财产损失风险。

四、某医院赞助商合规风险评估

赞助商合规风险评估主要体现在赞助商对被赞助方提供赞助的过程中，各赞助项目、提供形式、账务处理、事项真实性方面的合规。其中，最常见、最典型的是医药器械商或药品生产商为医院及医务人员、学术年会的赞助。

某医院是一家已有 50 余年历史的集"医、教、研"为一体的国家三级甲等综合性医院，在西南片区同类医院中规模最大，医院现有教职员工 3500 余名，博士研究生导师 26 名、硕士研究生导师 180 名，高级职称专家 268 名、享受政府特殊津贴专家 14 名。对于医药器械商、药品生产商的赞助，医院严格控制，防范相关合规风险。

(一) 禁止学术会议赞助

某医院禁止医药器械商、药品生产商对医院学术会议的赞助；禁止与私立医院联合举办学术会议。仅接受与公立医院联合举办学术会议，若提出方为其他公立医院，须由院方提出申请，不能单由某处室、部门直接申请。

整个学术会议举办过程中不得出现任何医药器械商、药品生产商标志或广告。

(二) 禁止私人赞助

某医院禁止医药器械商、药品生产商为医务人员提供私人赞助，例如，赠送礼品、赞助旅游，以及提供其他赞助服务，避免贿赂的发生。

(三) 禁止私人交易

某医院医务人员若外出授课演讲，需要对方机构向院方提出申请，禁止医务人员接受医药器械商、药品生产商的邀请。若医务人员擅自受邀，宣传医药器械、药品，将会按严重程度给予处分。

(四) 控制处方开具

对于各科使用的专科药品，均须上报医院进行审核，才能在处方中开具。对于单位价格较高的药品，医院的处方系统自动限制医生每次及每月对每张就诊卡（就诊卡与身份证一对一绑定）开具该药品数量的上限。某医院每月会统计当月开具处方药品金额最高的十名医生并公布名单。

某医院采取的各项措施，能够有效防止医药器械商、药品生产商对医院及医务人员的不合规赞助，防范合规风险的发生，且有效推进了反腐倡廉的建设。

第三章

合规管理制度

第一节 合规管理制度概述

一、合规管理制度的界定

企业合规管理制度是对企业合规管理工作的制度性内容的统称,一般包括企业经营者的合规目标,以及涉及各个职能部门的制度性和规定性要求。企业合规管理制度是企业员工在生产经营活动中需要共同遵守的行为准则和规范以及规章制度的总称。企业合规管理制度的表现形式或内容一般包括合规行为准则、制度规范、各项合规专项管理办法、合规管理的工作流程、管理表单等管理制度类文件。从制度设计角度出发,合规管理制度与企业的其他管理制度并无不同,大部分适用于其他类型管理制度的原则和做法也同样适用于合规管理制度。

合规应该符合企业长远发展的需要,但是往往会与企业的短期目标产生冲突。如何调和这种冲突,以及如何在合规与短期目标之间进行妥协,这些问题都对企业及其管理人员提出了巨大的考验。一方面,合规管理制度需要保持一定的弹性和实践性,以适应企业内部和外部的环境状况;另一方面,制度与执行的严重脱节以及制度的朝令夕改又会让合规管理制度不被尊重而最终无效。因此,合规管理制度应当以公平、正义和尊重为出发点,同时这也是合规管理制度在企业内外最终要实现的目标。在这里,公平是指公平地对待企业内部的所有成员和外部相关方,不应为其提出过于沉重或者在实践中难以实现的义务。

由于合规管理制度中原则性条款较多，且执行标准大多为定性而非定量，因而执行者发自内心地接受这些制度是其得以执行的关键。合规管理制度中的程序性规定可能流于形式，因为执行者可能仅仅是为了得到期望的结果而完成某些流程。因此，合规管理制度必须体现公平、正义并且尊重这样的普遍价值才能获得相关方的认可和接受。

二、建立合规管理制度的意义

企业作为社会最主要的微观经济主体，无论是何种所有制结构，都是以营利为目的。因此，当合规计划与企业营利目标之间产生冲突，一些企业很有可能会选择降低行为标准。考虑到这种情况，政府应当有所作为，完善相关法律法规，为确保合规经营提供相应的制度保障。同时，政府还可以发布和推荐自愿性的行为准则，鼓励合规。

有了完善且执行到位的法律，加上政府对合规经营的有效推动，企业即可通过实践合规经营的行为而受益。相反，如果无视这些标准，公司即使可以获得短期的利润，但是却可能面临抵触法律的风险。公司即使没有直接受到法律的制裁，但是其销售可能会因为消费者的联合抵制，甚至因为政府颁布的进口禁令而大幅度减少。这些公司的经理人也可能会面临严重的个人风险，如被罚款、遭监禁，甚至在某些国家被判处死刑。股东有可能损失股息，甚至是所有投资本金，而企业员工则有可能失业。

因此，越来越多的企业都认识到保持合规经营的重要性，而要确保合规，企业首先需要明确"规"的内容和范围，即在企业内必须确定哪些标准是其应当遵守的。

第一，企业需要制定行为准则和相应的行为规范用以明确公司价值观、确定符合公司期望的商业道德要求。这些行为准则和行为规范的首要目的是阻止违法、违规和不道德行为发生。事实上，它不仅能够严令禁止不道德的或欺诈行为的发生，还可以引导员工积极地工作，如有关创新的实践。然而，由于并不是每个员工都了解最新的法律状况并知道按照法律怎样去做，因而建立行为准则和指南不仅意味着公司应当起草一份关于公司价值观、道德指引或类似的文件，更重要的是还应将其纳入企业战略发展规划，适用于所有雇员及商业合作伙伴，以使所有员工具体且明白地了解怎样做才符合法律规定。

第二，在当前经济全球化的背景之下，跨国公司首先应当想到的是东道国所有适用的法律和法规。这些法律法规是公司首先必须了解并遵守的。不遵守法律可能导致受罚，并会对公司、员工、股东和其他利益相关方产生不利的影响。同时，跨国公司还会通过追求国际公认的标准而提高其国际经营的能力。这将有助于公司遵守东道国的法律法规，尤其当这些法律法规吸收了国际标准。这也有助于公司在当地法律还不完善的国家，甚至在法律还不够充分或未得到有效执行、监管薄弱的区域更有效地开展经营。

第三，企业通过建立合规管理制度可以明确企业所支持和反对的行为模式。由于其书面性特点，合规管理制度有自然的严肃性和稳定性。当遇到相关方询问时，书面的合规管理制度是企业履行合规承诺的直接证据，除非有其他证据证明企业的合规管理制度实际并未被执行。合规管理制度还是审计和改进的基础。实践中的做法可能偏离书面的制度，但只有在书面制度存在的情况下才能确定偏离的发生，并相应地纠正实践中的偏离或者修改制度以适应实践的发展。

三、合规管理制度的原则和框架

合规管理制度设计首先要考虑各种影响和制约的因素，包括企业产品和市场、人力资源情况、技术系统条件等。合规管理制度设计就是要在这种令人眼花缭乱的目标、竞争环境、法律政策约束、内部经营条件、内部传统经验、业务流程、生产类型、生产的内外环境中进行，同时，还要对合规管理制度进行不断摸索与完善。

（一）建立合规管理制度需要考虑的因素

企业的合规管理制度的内容与范围应与企业的生产经营活动密切相关，即与企业所处的行业与经营的范围都有很大关系，而且许多国际组织出台的企业行为准则也通常是企业制定政策标准的范本。因此，在设计和制定合规管理制度时，应全面考虑企业所处国家或地区、行业、企业自身三个层面上的风险特征、要求和现实情况，制定出一套既能保障企业履行合规义务、符合相关合规要求，又能帮助企业用正确的方式运营、发展、实现企业目标的合规管理制度。

首先，要充分了解企业所处国家或地区的社会、政治、经济、文化、法律监管环境及发展趋势，这一点对于跨国公司等涉及海外或者其他地区业务的企业而言尤为重要。各个国家不仅文化、习俗、经济发展水平各不相同，法律法规的要求也有颇多差异，甚至大相径庭。企业如果没有充分准备，很容易违反他国相关法律法规。

其次，要了解企业所在行业的市场情况、竞争环境、客户需求和发展方向等，并重点剖析相关行业的政策和规范。除了政府颁布的行业政策规定，也要重视行业协会或其他行业自律性的规范。在许多国家包括中国，行业协会有着广泛的影响力，其制定的行业规则得到全行业的认可和遵守。只要是有利于促进行业公平、公正、有序的竞争，企业在建立合规管理制度时也应将行业自律性的规则和要求纳入考虑的范畴。

最后，还是要落实到企业自身上。建立合规管理制度的最终目的是更好地保障企业的长远发展和利益。合规管理制度必然要立足于企业的目标、规模、发展策略、治理结构、业务模式和面临的风险，同时也要结合企业相关方的需求以及企业内部的治理政策和流程。

企业合规制度的建立还要考虑企业自身规模以及发展阶段的问题。通常小型企业或创业期的企业是没有能力和动力去建立合规管理制度的，因为这类企业发展变化很快，有很强的不确定性，大多尚在为生存而努力，敢于冒险。同时，考虑到成本的问题，小型企业可能没有办法负担较高的合规管理费用。但当企业发展到一定规模，业务模式和发展战略已趋于稳定时，如何保证企业健康、长久的发展就成了必然选择。一方面，由于政府、行业的监管压力；另一方面，违规成本可能过于高昂，企业不仅可能要承担声誉、经济上的损失，甚至可能因为某一次的违规行为而使多年的努力灰飞烟灭。因此，中大型企业会有较强的意愿和需求推动合规制度的建设。

企业的相关方范围较广，包括企业的投资方或股东、董事会、监事会、工会、客户、商业合作伙伴、行业监管机构、与企业相关的政府职能部门以及管理部门等。这些相关方的需求和期望也应该反映在合规管理制度之中。

(二) 建立合规管理制度的基本原则

为确保合规管理制度能够在企业的日常运营活动中得以贯彻落实,就必须把合规要求与企业内部的其他管理政策、流程密切结合起来,使合规管理制度不仅切实可行,而且贯穿于企业的日常业务活动之中。建立健全合规管理制度,可以参考以下几项原则。

1. 风险导向原则

风险导向是最重要的原则。合规制度应根据已识别的合规风险,有的放矢,重点针对中、高风险领域制定具体、清晰的政策要求。特别要注意避免合规制度"大而全"的模式,合规管控的范围如果过大过细,往往会失去重点,起不到真正的风险防控作用。例如,防止腐败和欺诈是合规工作的重点内容之一,其中广受关注的一个话题是礼品和邀请的管控。很多企业设计了复杂的事前审批流程,甚至每次商务招待都需要合规/监察部门和企业最高管理层的批准。但实际上,绝大多数商务邀请都是日常业务需要,合规风险并不高。企业可以根据商务邀请的性质、预算等进行分类或分级管控,制定明确的指导原则和参考标准,日常的商务招待可以由员工或成本中心负责人自行控制,大型或特定类别的商务邀请则需要合规部门或管理层的审批。

企业应该根据自身特点、业务模式识别出具体的合规风险领域和环节,把合规制度的重点放在中、高风险点上。例如,大额的销售、采购订单、政府相关的招投标项目、超高的销售折扣、非常规的付款方式、赞助、捐赠。正如美国司法部和证监会发布的《反海外腐败法》中所强调的"花费过多时间管控普通的业务招待和馈赠,而没有关注大型政府投标,对商业顾问的可疑付款或给代理商和批发商的过高折扣,可能意味着企业的合规管理体系是无效的"。

2. 公正、公平、公开原则

任何好的管理制度都应该做到对成员一视同仁,作为行为规范和标准的合规制度更应如此,公正、公平、公开是最基本的原则。在合规标准面前,不应该有特权或例外,任何人的违规行为都应该有一致、公正的评判和处罚标准。此外,本着权利义务对等原则,层级越高或对人、财、物、技术、机密信息有控制权的岗位,合规要求应该更严格。合规制度中应该对这些关键岗位制定明确的要求和监督措施,如入职前的背景调查、工作计划和业绩考核中的合规目标、转岗或升职前合规记录的检查等。合规管理制度制定完成后,应该通过企业的制度审批流程,并由企业最高管理层或治理机构向全员公布。所有合规制度的内容应该向全员公开,并保证员工能够快速、便捷地随时获取相关内容。

3. 与企业经营活动相结合原则

企业合规管理制度必须融入企业的日常运营、管理活动,并与其他管理制度有机地结合起来。实践证明,在对业务活动的合规风险环节有清晰认识的前提下,广泛听取员工和管理层的意见,甚至邀请不同部门的员工参与到合规管理制度的制定过程中,可以有力地保证合规管理制度的有效性和实用性,并且更容易得到员工的认可和遵守。同时,合规管理的要求与其他部门的衔接与配合也很重要。例如,企业可以针对高合规风险领域规定强制合规咨询范围,在制定过程中,主动与相关业务部门讨论管控的具体目标和标准,这种事前协商式的方式不仅有助于业务部门更好地理解合规管理制度的目的和意义,也有助于制定合规制度的人员更好地了解业务活动的实际需求、流程设计和控制点,从而能合理、准确地定义强制合规咨询的范围。同时,合规部门在制度颁布之前应与财务、采购等相关部门充分沟通合规管控要求并达成一致,使其在预算审批、采购订单审核等环节检查是否已得到合规咨询意见。这种制度与实践相结合,相关部门密切配合、协同管控的方式才能保证合规管理制度的要求可以真正落地实施。

4. 适度合理原则

合规管理制度的意义在于如何将企业的合规风险控制在一个适度、合理的范围,而不是盲目、不计成本地制定过于严苛的管控标准。更要避免形成"草木皆兵"的合规管控文化,这样容易使员工产生对合规管理的抵触和排斥,甚至会使合规变成一部分员工不作为的借口。

在企业实际运营中,不同地区、行业存在很多法律法规盲区。尤其是对于跨国经营的生产、能源和技术类企业，不同国家对生产、作业、安全等立法标准和要求高低不同，如果企业在所有开展业务的国家或地区采用一套相同的标准，那么在有些地区会出现企业标准高于当地法规标准，可能造成合规过度投入。这种情况下，用风险管理的"最低合理可行原则"（as low as reasonably practicable，ALARP）指导合规管理可以是一种选择。最低合理可行原则是当前国外普遍采用的风险可接受水平指导原则，通过投入相当的资源，将风险降到可容忍的合理水平以内即可。可容忍的合理水平是指，满足相关法规要求和公司确定的风险容忍标准，投入合理，达到合规，则可以接受，以最小的经济成本获得最大的合规安全保障。如果要继续降低风险，则要考量实施的难易程度，权衡为此需投入的时间和成本等资源与期望达到的效果。过度投入与效果不成比例，额外投入对风险的进一步降低效果不显著，则意义不大。

（三）建立合规管理制度的框架

在明确了合规管理制度的考虑因素、指导原则的基础上，下一个重要环节就是设计企业的合规管理制度架构。合规管理制度需要明确企业实现合规的总体原则和行动承诺，明确所要求的职责和绩效水平以及行动评估标准。合规管理制度不应是孤立的文件，而是由不同层次的管理制度文件构建的一整套制度体系。

通常来说，可以从三个层次搭建合规管理制度的框架：合规纲领准则、合规管理规范、合规管理工具和程序。

1. 合规纲领准则

企业的合规纲领主要是指公司行为准则，其中规定了公司合规经营的大政方针，规定了企业每一个员工都必须遵守的合规基本原则，是最重要、最基本的合规制度，是其他合规制度政策的基础和依据。

一般来讲，企业的董事会负责制定公司合规大政方针并监督合规风险管理。董事会审批公司的合规政策，包括有关组建常设有效的合规部门的正式文件。董事会或董事会下设的委员会对公司有效管理合规风险的情况每年至少进行一次评估。董事会有责任确保公司制定适当政策以有效管理公司的合规风险。监督合规政策的实施，包括确保合规问题都由高级管理层在合规部门的协助下得到迅速有效的解决。有些公司中董事会则将这些任务委托给董事会下设的相关委员会。

企业合规大政方针体现在内部的《行为准则》中。董事和所有的管理者及员工都需要在他们所签署的劳动合同中包括一项特殊条款，即承诺遵守公司的《行为准则》。准则往往以公司章程的价值观为基础，对商业诚信作出无条件的承诺，即坚持道德的商业行为。准则适用于整个集团公司，包括所有工作场所和工作职位。准则大部分内容一般来源于公司内部制定的相关政策、标准和程序的核心内容，是员工行为基本规范。

【案例3-1：中兴通讯股份有限公司合规工作计划】

反腐败合规作为中兴通讯股份有限公司的公司级合规项目之一，由合规管理部这一独立的合规管理团队负责，受全球首席合规官（担任项目经理）领导。首席合规官可直接向公司合规管理委员会（包括公司所有的高级管理层）汇报。另外，反腐败项目的进展、合规宣传和其他事宜都可通过合规公共邮箱，及时地向中兴通讯股份有限公司的管理层（包括所有高层）推送。

中兴通讯股份有限公司的合规工作主要包括以下几点。

1. 政策和程序

《中兴通讯反腐败和反贿赂政策与合规指引》（以下简称《政策与指引》）适用于公司在全球范围内的经营活动，包括所有经营部、事业部、子公司、代理、经纪公司、承包商、咨询公司、合伙人以及其他以公司名义开展商业活动的代表的经营活动，还包括任何合资企业和公司作为最大股东或行使管理控制权的其他企业的经营活动。《政策与指引》规定了公司的原则性政策和重点风险领域的具体政策和合规程序。

为确保政策的有效实施，反腐败和反贿赂相关的合规管控要求已通过互联网技术解决方案嵌入了相关业务活动流程中，使其得以强制实施。相关业务活动流程包括但不限于供应商或其他业务合作伙伴的认证、投标、采购、销售和费用报销流程等。

2. 培训和宣传

反腐败培训和宣传是中兴通讯股份有限公司反腐败合规体系最重要的部分之一。中兴通讯股份有限公司要求所有董事、管理干部和员工必须参加每年开展的全球反腐败和反贿赂在线培训和测试。

根据中兴通讯股份有限公司的合规管理政策，特定的管理干部还应在任前、在任、轮岗或离任前参加合规考试和评估，包括反腐败和反贿赂相关合规知识的培训和考试，从而提高管理人员的反贿赂合规意识和能力。

3. 审计和监督

中兴通讯股份有限公司已经建立完善的反腐败反贿赂审计监督机制，用于监督和评估反腐败相关的政策的实施，并为此提供持续的提升和改进。合规管理委员会由独立的审计团队全权负责监督、审查反贿赂合规政策在公司所有业务活动中的落地实施。

2. 合规管理规范

这类制度主要是为企业日常运营活动中的主要合规风险领域提供具体指导原则和标准，包括只针对特定主题、特定合规风险领域制定的具体要求和规范，可以适用于全体员工或特定服务单位。

合规管理规范一般不仅体现强制性法律法规的要求，而且体现非强制性的国际相关准则、行业标准及商业道德标准。内容包括但不限于：商业行为的举报、商业行为举报的处理、违规行为、健康与安全、酒精和药物及烟草的管理、就业平等、人身骚扰、个人信息及隐私、与政府合作、与社区协作、政治捐献及政治活动、环境与管理、行贿与贿赂、利益冲突、礼物与招待、出差、竞争与反垄断、商业合作伙伴合规管理、聘用第三方、贸易管理、保护公司财产、记录和报告的准确性、信息系统、内部交易、外部沟通、知识产权等合规问题的一系列制度。

除此之外，企业还需要针对特定行业或地区特有的合规要求制定合规管理制度。不同行业或地区的合规标准千差万别，企业需要根据相对应的国家或地区法律法规、行业监管要求等，结合企业自身的特点和发展需要，制定相应的合规风险管理制度。例如，金融行业的反洗钱政策，银行、通信、医疗等行业的个人信息保护政策。

3. 合规管理工具和程序

这类制度是对前两类制度的补充和提升，并为员工提供评估具体合规问题的参考和工具。

评估一个企业的合规政策是否有效，必须要保证合规政策中的相关规定有相应的执行措施，并将相应的要求和标准融入企业现有的业务流程。另外，必须针对企业识别出的特定风险，在流程中设立合理的管控。在实践中，各个企业的合规政策可以不同形式来落实，可以针对政策制定相应的标准操作流程（standard operation procedure，SOP），也可以将具体的标准和要求融入现有的相关业务流程。

合规政策告诉员工什么是应该做的、什么是不该做的或禁止做的。标准操作流程则告诉员工具体该怎么去做、标准是什么、由谁来决定等。例如，企业的捐赠捐助政策提出了相关的捐赠要求和原则、企业会对什么样的事件进行捐赠、捐赠应注意的原则；又如，不能和现有的业务进行挂钩对应这些要求，企业可以制定一个捐助捐赠的标准操作流程，包括具体的捐赠标准、审批的流程、具体需要提供的相关文件、审批人、支付形式等。相关的权利义务和合规原则也应清晰地在捐赠合同中体现。

企业应建立控制措施和程序，应建立、记录、实施和维护程序，从而为合规政策提供支持，并将合规义务转变为实践。在制定这些程序时，应考虑：①将合规义务纳入程序，包括计算机系统、表格、报告系统、合同和其他法律文件；②与企业中的其他审查和控制职能部门不冲突；③持续的监控和考评；④评估和报告（其中包括管理监督），以确保员工遵守程序；⑤具体的安排，以发现、报告和逐级上报不合规案例和不合规风险。

企业还应当在业务操作流程中加入相应的控制措施。企业应采取有效的控制措施以确保对合规义务的履行以及对不合规行为的预防、发现和纠正。应精确设计控制措施的类型和层次，以实现企业的活动和运营环境所涉及的合规义务。在可能的情况下，这些控制措施应融入企业的常规流程。这些控制措施包含审批、警示和异常报告。针对相应的政策要求和合规风险，企业可以在操作流程所使用的系统中设立审批人、风险警示和异常报告。

第二节　合规管理制度设计

合规管理制度需要根据企业的规模、性质和复杂性及其运营环境来确定，具体说明以下相关内容：企业合规管理的内容和范围；合规与其他职能部门的融合度，如治理、风控、审计和法务；合规与运营政策、程序和流程的融合度；合规职能部门的独立和自主程度；管理和报告合规问题的职责；管理与内部和外部利益相关方的关系原则；关于行为和责任的必要标准；不合规的后果等。

企业需要结合自身的特点、发展程度以自身所处地区、行业和领域建立特定风险导向的合规管理制度。公司也可以结合自身业务模式，根据经营所处的国家和地区现行的法律，制定针对特殊话题的合规管理制度。本节仅就最基本的合规管理制度展开讨论。

一、合规管理办法

作为指导员工行动的纲领性文件，公司的行为准则一般都会提及企业具体进行合规管理应当遵守的基本要求，但是行为准则的要求比较原则性和概括性，因此，要推动企业合规经营的具体执行，应基于行为准则的要求制定具体的合规管理规范或者办法，以便更加细致、全面和规范地提供给员工更为落地和可操作的指引。以礼品为例。

（一）礼品和邀请的定义

礼品是指为了表达善意而免费提供给外部人员的有形物；而邀请是指邀请外部人员参加或出席某一活动时，为其免费提供食宿行等的行为。设计公司的礼品和邀请政策时，首要需要考虑的是，究竟什么样的礼品和邀请是公司需要通过此合规政策进行管理和规制的。受美国《反海外腐败法》的影响，许多国际公司在设计礼品和邀请政策时，会考虑将"任何有价值的好处"作为定义礼品和邀请的基础。

(二) 礼品和邀请的适当性

表达尊敬或者谢意的小礼物或者是简便的餐食和娱乐活动，在商务交往过程中展现的尊重往往是合适的。这一原则对于公司对外提供礼品和邀请及公司人员接受外部礼品和邀请都是适用的。因此，在设计礼品和邀请政策时，很重要的一点就是以通俗易懂的语言告诉员工，什么样的礼品和邀请以及在什么情况下适合提供给外部人员。

基本上，以下几个因素是可以涵盖在政策中以供员工参考来判断提供礼品和邀请以及接受礼品和邀请是否适当。

①商业目的：是否存在正当的商业目的；②商业印象：是否可能导致礼品和邀请的接收方为了赠予方的利益而滥用权力；③接收方身份：有些接收方，如政府官员，出于其自身的特殊身份，任何情况下收受礼品或是接受一些娱乐性质的邀请，在其所受管制的制度环境下是严格禁止的，因此要考虑礼品的赠予和邀请的提供是否会将接收方置于不利境地；④费用合理：费用是否合理而不会显得过于奢靡；⑤恰当记录：是否在公司的账簿或有关载体中有恰当的记录。

(三) 礼品和邀请的管理办法

礼品和邀请政策中除了应包含指导员工判断适当性的原则之外，还应提供员工判断合规风险的行为指南。

在提供礼品或邀请时，以下情形通常伴有较高风险：在业务决策或批准悬而未决时提供礼品或发出邀请；频繁地向同一对象提供礼品或发出邀请；无论价值多少，提供任何币种的现金、银行卡、信用卡、购物卡或任何其他形式的现金等价物以及珠宝或贵金属等；在商务旅行邀请中安排过高比例的娱乐或休闲活动；在邀请中包含某些在商务场合中不妥的活动。

同样的，员工在收到礼品或邀请时，以下情形因其具有较高风险通常需要提醒员工警惕：当前需要由员工作出与提供方或者提供方所在机构相关的业务决策，或者这样的业务决策可能受到员工的影响；礼品、邀请或者其他馈赠的市场价值超过限额；员工在过去较短时间内不止一次收到同一提供方或其所在机构的礼品；商务旅行邀请中安排有观光、娱乐或休闲活动，且与整体日程相比其比例过高或者其性质不适合商务场合，如绕路到旅游景点游玩；按照当地文化，该礼品、邀请或者其他馈赠的性质是不妥当的；该礼品、邀请或者其他馈赠惠及员工的配偶、其他家庭成员或朋友。

当然，在以下情况下，礼品和邀请均是严格被禁止接受的：现金，无论多少；昂贵的贵金属、珠宝等物品；礼品或邀请是员工以明示或暗示的方式索取的；任何法律或规章明文禁止的。

礼品和邀请政策中还应提供公司合规事务负责部门的联系方式，建议员工在处理相关事务发生疑问时，可以向其主管或者合规事务负责部门咨询。尽管可能不是对所有公司都适用，但是许多国际大公司，都会在政策中规定礼品和招待价值的审批上线，超过一定价值的礼品或招待，都需要一定层级的管理层批准方可提供。而且如出现任何事后申请，非经高级管理层（如首席财务官）的批准，员工不可进行事后报销，如无法获得批准，则由申请员工自行承担。这个价值参考额的设定需要考虑公司所在国家与地区，以及现行法律法规的要求适当制定和调整。

同时，应要求员工将相关信息准确全面地进行记录。为确保记录的完整和准确性，政策中也可提供记录样式，要求记录的信息应当但不限于收送礼品或邀请的人员姓名、代表的单位或公司、时间、地点、预计的价值和实际发生的价值等。

在礼品和邀请的内部控制上，一般公司会在支付流程上进行把控，如要求申请人在提出报销支付的同时提供合规部门的审核意见，对于未得到合规部门的审核意见的报销申请，视为事后申请，如未取得相应级别管理层或合规部门的特别同意不予报销，以防范不正当支付的发生。

【案例3-2：中国交通建设股份有限公司的反商业贿赂政策】

第一，员工应充分认识到公司在商业上的成功应基于市场竞争力、业绩以及产品质量、服务质量和技术质量。在任何情况下，员工不得在任何经营活动中，通过任何形式的贿赂等腐败行为或其他性质相同的不当行为获取商业成功。

第二，不得出于影响商业行为或决策、取得不正当利益或干扰独立判断等目的，提供、许诺、授权、给予、接受任何形式的贿赂、商业或财产性利益、现金支付或有价馈赠。也不允许员工通过亲属或其他委托人开展上述行为。

第三，不得为了获取或维持商业机会或其他利益，提供、承诺或给予金钱、服务、礼物或其他有价值的物品（包括招待）。也不允许通过亲属或其他委托人开展上述行为。

第四，不得因为将业务给予某个人或某组织，而收受来自承包商、供应商给予的金钱、服务、礼物或其他有价值的物品（包括招待）。也不允许通过亲属或其他委托人开展上述行为。

第五，在与政府或其附属机构开展业务时，特别是在寻求政府批准、特许、准入或相关审批的情况下，员工应遵循公司的道德标准、合规政策和要求。

第六，在特定的社会习俗及文化下，员工可以在商务活动中交换象征性的礼物、非现金礼节性纪念品或提供友好的接待。但如果是出于影响商业决策为目的，则不得给予、提供、接受相关的礼物、纪念品、招待（包括金钱、贷款、邀请和付款或报销）或其他任何形式的特殊待遇。也不允许通过亲属或其他委托人发生上述行为。

二、合规行为准则

对于一个企业的合规管理体系而言，行为准则的地位是至高无上的。它是一切合规工作开展的总的原则性指导文件，是对企业和全体成员一切行为具有约束力的标准。任何其他的合规制度与流程必须基于行为准则这个总的原则来制定和补充完善。也正因为行为准则独一无二的地位和重要性，合规从业者在制定企业的行为准则时要经过审慎、全面而深入的调研，综合分析企业所处的外部环境，包括法规政策、政治与经济形势、社会文化环境、利益相关方的期待，还要全面了解企业内部的各种因素，例如，企业的核心价值观、战略目标、现有政策规范、企业结构和治理框架、风险形势以及其他现实条件如企业规模、行业特点、企业文化。在全面深入的内外部环境条件综合分析的基础之上，所制定的行为准则才能既体现合规的基本要求，又与企业现实情况贴合，同时符合外部的法规及发展形势要求等，才能真正发挥指导一切合规工作，为合规目标的达成以及企业长期健康发展保驾护航的保障作用。

通常情况下，企业行为准则主要包含以下几个方面的内容：①企业的核心价值观、合规的目标以及两者之间的内在联系；②合规的内涵；③企业最高的治理机构对合规的立场态度，如"零容忍"；④行为准则的适用范围，通常适用于企业及其全体成员；⑤行为准则的地位，通常是高于一切其他内部政策流程等；⑥企业适用的合规行事标准，如法律、行业标准、道德标准等；⑦企业成员适用的合规行事标准，如法律、行为标准、道德标准等；⑧违规的应对方式、违规的后果等。

其中，企业以及全体成员适用的合规行事标准是行为准则的主体内容，在制定时，应在综合考虑企业内外环境、企业价值观以及企业所有业务活动现行有效的法律基础上制定，体现企业面临的主要合规风险并明确提出企业及成员行为应对标准。行为准则的内容尽量简洁并提纲挈领，只针对企业及成员的经营行为及工作行为做原则性描述，指出企业明确的合规期待，力求让全体成员一目了然地清楚一切商务活动中应遵循怎样的道德标准，而无须对流程与操作细节做具体描述。以汽车企业为例，行为准则可包括：与政府机构和政府官员打交道的行为标准、商业行为中的廉洁自律、有关质量的标准、企业社会责任、环境保护、反腐败、与竞争者和商业伙伴以及与外国政府和客户打交道时的行为应对等。

行为准则的发布面向全体适用对象，即全体企业成员。无论以何种方式发布，都要尽可能使全体成员以最方便快捷的方式获取行为准则的全部内容。发布行为准则的同时，企业应做好针对行为准则内容的宣传和培训，全体成员认识行为准则的重要性和权威性，并理解行为准则的具体要求。当然，行为准则作为权威合规制度，需要与最新的内外部要求保持一致，这就需要行为准则的制定者对内容进行不定期更新、完善。

【案例3-3：博世公司的合规行为准则】

博世公司是德国的工业企业之一，从事汽车与智能交通技术、工业技术、消费品、能源及建筑技术的企业。1921年，罗伯特·博世先生曾亲笔写道："从长远来看，诚实守信的经营方式总能带来最丰厚的利润，诚实守信的经营之道在商界获得的赞誉比人们普遍认为的要高得多。"博世公司至今仍然奉行：可靠诚信、负责、公平、合法的经营理念。

《博世公司商业行为准则》提出：合法、负责、公平地开展商业活动，是我们公司一贯秉承的最高信条，它同时也是博世公司价值观不可分割的组成部分。众多的规范和准则都包含对博世公司员工在业务活动方面的规定。我们必须时刻牢记这些规定并照章行事。本商业行为准则汇总了这些规定中的重要内容，以便我们遵守这些规章制度。

基本原则：守法、合规、负责和公平的商业行为。

博世公司承诺从事的商业行为、采取的措施、订立的合同和其他业务活动，都遵守合法性原则。不会欺骗客户、政府或公众，也不会参与第三方实施的欺骗行为。

遵守合法性原则还包括支付应缴纳的税款和关税、遵守相关的竞争法和反垄断法、严禁贿赂和洗钱行为、遵守现有技术标准、获取必要的政府许可、遵守出口管制法律法规以及尊重第三方法律权力。确定合法性原则的出发点，不仅是考虑到违法违规可能导致诉讼、罚款或索赔等后果，并会造成巨大的负面影响，更多的是出于对合法性原则的认可，而无关乎博世公司是否从中受益。合法性原则和博世公司价值观优先于客户需求或其他商业利益。

每个员工都要在工作范围内对其自身行为是否守法负责，并从合法、负责、公平等方面不断地审视工作环境。如果不确定如何决定才符合合法、负责和公平的原则，应当咨询上级领导、合规或者法律部门。一旦违反《博世公司商业行为准则》，除了法律规定的制裁外，同时还会受到纪律处分，最严重者，将会面临解除劳动合同并赔偿相关损失的后果。

公司鼓励员工向公司管理层举报违反《博世公司商业行为准则》的行为。此外，还可以随时联系合规部门，也可以通过合规热线进行举报。博世公司提倡实名举报，当然匿名举报也是可以的。所有举报信息都是严格保密的。对于善意提供举报信息的博世公司员工或合作伙伴，不会因此遭受不利影响。这也适用于经调查后发现举报内容并无事实依据的情况。

当公司管理层接收到员工或第三方提供的疑似违规行为举报信之后，必须通知相关专业部门共同处理。涉及法律事务的，会移交给法律部处理。

在接到疑似违规行为的举报后，博世公司会立即着手开展内部调查。举报信息一经核实，应当采取必要的改进措施。

总之，行为准则是对合规管理制度精神的高度浓缩，内容上应体现企业对最高道德标准的明确立场，体现合规工作的本质要求，提出企业和个人应遵循的主要是非标准。发布行为准则时，应确保员工能够以比较容易的方式读取到其全部内容。同时，开展足够的宣传活动非常必要，以便全体员工认识到行为准则的重要性和权威性。此外，行为准则的内容应结合最新的情势有所更新。

三、合规计划

公司经营的合法性对公司的业绩和未来发展至关重要，任何不合规的行为都可能对公司声誉造成不可挽回的损害。在世界各地的不同法域内，当公司对其雇员的不合规行为负有责任时，拥有成熟、完善的合规制度将变得十分重要（甚至可能获得处罚上的减轻）。有效的企业合规计划之目的，不是简单地获取更有利的判决或较低幅度的罚款，而是通过培育良善的企业合规文化，防患于未然，杜绝员工任何的不合规及舞弊行为。本书将简要介绍设立和执行企业的合规计划时需要考虑的一些关键领域。

（一）评估相关风险

一般来说，企业面临的特定风险取决于它所涉及的行业及其规模。在一项合规计划被正式实施之前，要准确、彻底识别所有潜在风险，并持之以恒地坚持，因为新的风险总会出现。因此，企业经营者需要准确理解所有适用的法律，并且留意可能无意识违反这些法律的情况。

（二）建立并遵守行为准则

合规计划的设立方法因公司而异，因为每家公司都有自己独特的文化、风险和目标。行为准则是限定和巩固公司价值观内容及合规计划有效性的基础，概括了相关法律要求下企业员工的行为标准，以及不合规行为发生时的法律后果。行为准则的内容需要全面彻底以及便于理解，以便员工在日常行为中遇到不确定因素时能够参照遵守行为准则。为了高效地促进形成企业的合规文化，行为准则必须具有普适性，员工无论层级高低都必须遵守相同规则。如果员工觉得制订合规计划只是为了避免公司涉诉，他们可能缺乏内在的动机激励，可能会为其违反行为准则的行为辩解。

（三）筛选和培训员工及第三方

培养员工的道德操守和合规意识始于招聘过程。需要对潜在员工进行筛选，以识别过去的不当行为，并评估他们是否适合公司及其文化。在受聘后，培训课程可有效地向雇员灌输守法和合规的意识。这些培训将向员工表明，公司对合规问题是严肃认真的，并在相应地动用资源执行。培训活动中的具体行为和真实场景的模拟应该集中演示什么是可接受的行为，什么是不可接受的行为。在雇用第三方和选择供应商时，也应采取类似的措施和进行适当的调查，包括尽可能进行培训。

（四）监控行为及内部调查

合规计划需要监控员工的日常行为，以妥善处理潜在的不当行为。监管者需要足够的权威和独立性来发现和处理不合规行为，既可以采取非正式的方式，如谈话和突击检查，或者采取更为正式的手段，如针对员工表现的综合评估。如果确实有必要，还可以采用具有"侵略性"的方法进行：如检查员工的电子邮件和电话，以及查看视频监控。

监控的具体方法将取决于公司的文化和任何不合规行为的潜在严重性。经过适当筛选的第三方审计人员（包括外部律师）也可用于监控不合规行为。一旦发现不合规行为，就需要进行内部调查。这些可以完全由内部或由外部法律顾问参与，而内部调查既可以单独进行也可以与政府及司法机关的调查同时进行。建议公司为特定的不合规行为建章立制，以确保行为准则的一致性。

（五）建立报告和检举机制

一个良好运行的合规计划要求建立所有员工都可以匿名报告不合规行为的机制，从而确保合规计划的运行不受公司高层的不当干预。例如，为举报人设立热线电话，可以鼓励举报人安全、放心地说出其他监控举措可能遗漏的不合规行为。这样的热线也能防微杜渐，将不合规行为扼杀在摇篮里。因此，公司管理层需要认真对待员工的举报，并积极跟进，从而让员工信赖举报机制的有效性。

（六）惩罚不合规行为

整个合规计划最重要的是对任何发现的不合规行为作出处理。如果合规计划的运作不能对不合规行为进行充分的惩罚，合规计划将不被信赖，也不太可能培育公司良好的合规文化；果断而持续地惩戒不合规行为应当是公司对合规计划的承诺。对于严重的不合规行为，解聘和辞退是最常见的惩戒措施，应当尽快适用。对于较为轻微的不合规行为，可以进行警告并记录在案，这样能够强调对长期不合规行为的影响。对于更严重和涉嫌违法犯罪的不合规行为，公司应将调查工作移交有关机关，并与之充分合作，当然，这可能会让员工面临罚款或判处刑罚。

（七）反思、回顾和改进

在整个合规计划的构建、实施和运行过程中，公司必须不断地反思其文化，并审查其合规计划中存在的任何低效和不足之处，从而完善相应的规章和机制。合规是一项贯穿于公司整个生命周期的持续工作；新的风险会出现，新的员工会承担新的任务，新的法律会颁布，公司的合规文化也会受到新的挑战。因此，合规计划必须尽可能保持稳健，不仅要惩罚任何不合规行为，更要创造一种良好的企业文化，促使所有员工都能自觉遵守法律、法规及公司的规章制度，杜绝舞弊及犯罪行为。

第四章 合规管理的组织架构

第一节 合规管理组织设立的原则

在建立了合规管理制度的基础上，协调管理职能和资源配置、强化合规职责及其组织领导是建立合规管理体系的必然要求。合规涉及公司管理的方方面面，组织的全部机构和全体成员都担有或多或少的合规责任。只有设置科学合理的组织架构，才能最大限度地发挥合规管理体系的作用。因此，合规管理组织的设立原则至关重要。

一般而言，无论是国有企业、民营企业、外资企业或是合资企业，公司内部设立合规管理机构应当遵循以下五个原则。

一、组织适应原则

一个企业设立合规管理部门会受到较多因素的影响，有区域因素（国内与国外经营环境）、行业环境因素、企业规模因素、现有组织结构和企业组织资源因素等。因此，企业在设立合规管理部门时，要根据企业经营的业务性质、地域范围、监管要求等来设置相应的合规管理机构，合规管理机构的规模要与合规管理任务相匹配。一些规模较小的公司，不一定要设立专门的合规管理机构，而是由相关业务部门履行合规管理职责。在一些公司中，法律部门、内控部门、审计部门或者财务部门可以单独或联合承担一部分合规管理职责。例如，华为技术有限公司没有专门的合规管理机构，但其法务部门的工作职责中包括合规管理职责，如在全球建立符合当地法律要求的合规体系（如税务、海关、劳工、反倾销、国际贸易合规、国际贸易壁垒）。对于组织结构成熟的企业，在设置合规管理机构时要充分利用原有架构，建立合规管理组织架构。

二、责权相匹配原则

企业在设立合规管理部门时，要对合规管理部门的职责与权力范围进行明确的界定，确保合规管理部门能够在明确的职责范围内开展工作。当合规管理部门在开展合规管理工作受到阻力时，必要时可以通过组织赋予的权力或者调动相应的资源来保证合规管理工作顺利实施。根据企业的实践经验，许多企业都把广泛的合规管理要素作为合规管理的要求，但是合规管理部门在承担具体工作职责时，会选择如反对商业腐败、第三方合规管理等一些日常性工作及贸易管制合规、反垄断合规等一些重要领域的工作，做到日常工作与重点领域的工作相结合，并根据企业发展进行动态调整。同时，为了帮助合规管理部门开展工作，需要赋予合规管理部门一定的权力，授权合规管理相关人员参与相关会议和相应业务决策等，使得合规管理人员能够获取相关业务信息，从而有效地做好合规管理工作计划。合规管理组织的建设是一项系统工程，应当覆盖公司各业务领域、各层级（包括各部门、各级子企业和分支机构）和全体员工，以及全部流程（包括决策、执行和监督）。

三、协同原则

合规管理的业务线可以分为纵向和横向两种。在纵向合规管理业务线上，不同层次的合规管理机构要明确上下隶属关系，一个下级机构只能接受一个上级机构的命令和指挥；在横向合规管理业务线上，同一层级的合规管理机构要与相关部门，例如，审计、内控、法务等建立顺畅的联系和协调机制，以实现配合一致，并且不同层级之间，合规管理机构与相关部门之间的联系和协调机制应该相同，以此确保合规管理体系有效运行。

四、独立原则

独立原则是合规管理组织设立的一个重要原则。合规管理机构的独立主要体现在直达决策层的报告渠道、适当的权力和充足的资源三个方面。合规管理机构的报告不应当经过其他职能部门或业务部门转达,不能够受到其他职能部门或业务部门的影响,必须如实、不夸张也不打折扣地呈现在决策层面前,决策层讨论后作出决定,合规管理机构应具备适当的权力,使其能够参与公司内部的各项管理工作、能够顺利完成各项调查任务、能够有效推进各项整改措施。合规管理机构还应分配到充足的资源,使其能够拥有或调动足够多的、满足工作要求的人员和设备,从而不会因为资源问题而无法及时完成工作或降低工作质量,也不会因为资源问题而受制于公司内部部门而丧失独立性。

五、成本效益原则

合规管理组织的设立还应当遵循一个基本原则,那就是成本效益原则。一个公司经营的根本目的是使得公司利益最大化,很多公司由于经营规模较小,投资收益较少,没有能力再设立一个部门。因此,合规管理组织的设立和存在模式还需要考虑到公司的成本效益。

第二节 合规负责人

合规负责人是公司合规管理工作具体实施的负责人、决策者和日常监督者,对公司合规管理工作负具体管理责任。在证券行业,合规负责人被广泛称为"合规总监",并正式出现在证券监督管理委员会的《证券公司合规管理试行规定》中,目前几乎所有证券公司都根据监管要求聘任了合规总监。在银行和保险业,被直接称为合规负责人。巴塞尔银行监督管理委员会发布的《合规与银行内部合规部门》也使用"合规负责人"的称谓来描述该职位。① 在非金融行业,有的将其称为"首席合规官",如西门子公司。根据公司的性质、规模、合规管理工作的业务量,合规负责人可以由专人担任、兼职或外包,意思是公司可以设置专门的合规负责人,也可以由董事会、管理层兼职,如由总法律顾问担任合规负责人。除此之外,公司还可以聘用外部的合规专家担任合规负责人。一般而言,合规负责人的职责主要包括以下几点:①贯彻执行公司董事会、监事会和最高管理层对合规管理工作的各项要求,全面开展并具体实施合规管理的各项工作;②协调合规业务与公司各项业务之间的关系,监管各个业务部门、公司所属各个机构执行公司合规管理要求的情况,及时解决合规管理中出现的重大问题;③领导合规管理部门,完善组织队伍建设,做好人员选聘培养,监督各级合规管理部门认真有效地完成工作任务。但合规负责人的具体职责还得依据公司的具体业务加以界定。那么,如何界定合规负责人的职责呢?

一、外部特征

当前,在公司快速扩张、运营日益复杂和市场瞬息万变的情况下,政府的监管力量变弱,难以有效地跟进监管,但公司不合规的现象层出不穷。因此,合规负责人的出现便成了公司与监管部门之间的一座桥梁。监管部门可以对合规负责人作出一些硬性规定,使得公司的合规体制成为内外同时监控的治理体系,从而减少不合规现象的发生。合规负责人要担负起公司合规风险的发现者、纠正者、报告者等职责,当公司存在合规风险时应当予以及时报告并且及时与外部监管机构沟通,找出解决对策,确保公司的良好发展。因此,我们说合规负责人在公司与监管机构之间充当类似于"准第三方"的角色,承担起代表监管部门对公司监督、制衡的作用,通过合规负责人的履职行为,外部监管无形当中在公司内部自然延伸。这表明政府的监管权力通过合规负责人的嫁接已经渗透到公司肌体内,外部监控与内部监控交织在一起,并以外部监管的压力促动内部监控的实施,形成更

---

① 巴塞尔银行监督管理委员会于 2005 年 4 月发布的《合规与银行内部合规部门》第 25 段。

为强大的监控力量。

一方面，在没有合规负责人以前，监管部门的一名监管人员要负责多家公司的监管，监管人员往往顾此失彼，难以应对繁重的监管任务。但当各公司导入合规负责人之后，监管部门可以将许多监管事务通过责任机制交由合规负责人承担，不需要事必躬亲，以此方式弥补监管资源的不足。另一方面，企业内部组织结构复杂，对外承担责任的主体并不明晰，监管部门为落实监管要求有时不得不应对企业内部多个部门或不同层级的人员，推诿或无人负责的情况常有发生。设置合规负责人后，监管部门等于找到了一个总责任人或总代理人，合规负责人成为公司与监管部门联系的纽带，便于监管部门落实对企业的监管要求。

此外，与董事会的内部监控面临着同样的问题，就是监管部门与公司和经营层相距过远，信息不对称，监管滞后的现象较为严重，通过合规负责人履行职责，监管部门的监管位置大大前移，能够及时掌握公司动态，采取有效的事前控制措施，提高监管的有效性。然而，合规负责人对监管部门负责，在很大程度上构成对传统的董事诚信义务和责任的冲击。过去，对董事诚信责任的追究，往往需要等待股东诉讼和司法判决才能确定。而现在，合规负责人作为内部监控人，对于发现的公司违法违规行为或风险隐患，在完成对董事会的报告义务后，其职责便履行完毕，剩下来的事便交给董事会处理。董事在获悉此信息后，需要履行诚信义务，对报告事项及时加以处置，不加处置或处置不当而导致公司利益受损的，董事要承担诚信责任。如此，监管部门可以行政权力介入对董事的问责，不必等待股东诉讼的发生，导致董事诚信责任的触发点前移。综上所述，当我们明确了合规负责人的外部特征，作为公司与监管部门的"中间人"，合规负责人的相关职责也便明确了。

二、内部关系

合规负责人在公司的内部关系问题上，我们应当理清楚合规负责人到底是对谁负责任。原则上来说，被选任的合规负责人首先应该对选任的机关负责。从公司治理层面来看，如果将合规负责人视为内部监控机制中的一个角色，则合规负责人应该对董事会负责，只有这样才能对经理层形成权力的制衡。目前，我国金融监管部门和金融机构对这个问题的认识是模糊不清的，这可以从相关合规文件的规定以及金融机构的具体做法上得到验证。

保险监督管理委员会在《保险公司合规管理指引》第 11 条规定，保险公司的合规负责人对总经理和董事会负责。银行业监督管理委员会在《商业银行合规风险管理指引》第 13 条规定，高级管理层的职责包括任命合规负责人并确保合规负责人的独立性。证券监督管理委员会在《关于指导证券公司设立合规总监建立合规管理制度的试点工作方案》中要求，试点公司合规总监对内向公司董事会和股东负责，对外向监管机构负责。然而，在试点工作结束后发布的《证券公司合规管理试行规定》对该问题做了模糊处理，允许由公司章程酌定，导致各证券公司在具体做法上各行其是。

在选任程序上，保险监督管理委员会和证券监督管理委员会分别将合规负责人、合规总监定位为公司高级管理人员，因此保险公司和证券公司的合规负责人、合规总监是由董事会决定其任免，而银行业监督管理委员会并没有将银行合规负责人定位为公司高管，自然也就不需要由董事会聘任。由此可见，银行的合规负责人是由经理层任命的，属于经理层人员，合规负责人应当直接对经理层负责。

保险公司合规负责人需要同时对总经理和董事会负责，属于双重负责制。在证券公司合规体制建设的实践中，证券监督管理委员会认可合规总监可以对董事会负责，也可以对经理层负责，甚至还可以同时对董事会和经理层负责。情况如此混杂，说明金融监管部门对合规体制、合规总监的法律定位是不清晰的。如果合规负责人只对经理层负责而不对董事会负责，则说明合规体制在该金融领域只相当经理层风险管理的手段，与公司治理无关。如果合规总监既对经理层负责又对董事会负责，则有悖于公司治理和内部监控的基本原理，难以起到对经理层的监督和制衡作用，仍然只是风险管理的手段。只有合规总监对董事会负责，才能在制度上说明合规体制已被纳入公司治理的范畴。

合规总监的定位不清，实质上反映的是目前金融监管当局对合规体制认识上的局限性和片面性，没有从治理的高度去认识合规体制的重要性，以致难以发挥合规体制在完善公司治理和内部控制方面所应有的作用。同理，在非金融行业中，合规负责人也理应对董事会负责，与经理层齐平，起到监督与制衡的作用。因此，如果我们理清了合规负责人在公司内部的关系，明确合规负责人的负责对象，那么合规负责人的职责也就一目了然了。

三、独立性与履职保障

合规负责人能否发挥其在合规体制中的核心作用并有效地履行其职责，在很大程度上取决于其能否取得独立的地位和充分的履职保障。先从合规体系较为完整的金融行业来看，目前除银行外，证券公司和保险公司的合规负责人均被定位为公司高管，这个定位无疑是很正确的。将合规负责人定位为高管，一方面，主要是为了确保其独立履行职责。合规负责人只有与经理层处于对等的地位，才能够对董事会作出建议，对经理层实施监督，对各部门进行指导，才能全面履行其合规职能。另一方面，合规负责人作为公司高管，还应当与那些负责经营的公司高管区别开来。由于合规负责人主要履行对公司及其工作人员的经营管理和执业行为的合规性进行审查、监督和检查的法定职责，承担着对公司行为和发展的监督义务，为确保合规负责人能够独立履行职责，应该限制甚至禁止合规负责人兼任与其履行合规管理职责可能产生任何利益冲突的职务。例如，银行业监督管理委员会的合规文件规定，合规负责人不得分管业务条线。证券监督管理委员会的合规文件规定，合规负责人不得兼任负责经营管理的职务，不得兼任与合规管理职责相冲突的职务，不得分管与合规管理职责相冲突的部门。[①] 上述规定表明，合规负责人的独立性必须得以维持，否则将导致设置合规负责人的初衷落空。为合规负责人提供必要的履职保障，也是维持合规负责人独立性的重要方面。

与银行业监督管理委员会和保险监督管理委员会仅针对合规部门作出规定不同，证券监督管理委员会主要是针对合规总监的履职保障作出规定，这

---

① 《证券公司合规管理试行规定》第 8 条、第 23 条。巴塞尔银行监管委员会 2005 年 4 月发布的《合规与银行内部合规部门》第 25 段。

反映了他们彼此间对合规负责人制度设计的思路不同。在证券行业，合规部门完全依附于合规负责人，成为合规负责人履行职务的协助部门，因此对合规负责人作出的规定，自然也适用于合规部门。合规负责人的履职保障，包括知情权、调查权和报告权等职权方面的保障，人、财、物等资源保障以及考核机制的保障。

例如，《证券公司合规管理试行规定》第22条规定，合规总监和合规管理人员工作称职的，其薪酬待遇应当不低于公司同级别管理人员的平均水平。虽然上述合规文件对合规负责人的独立性和履职保障作了明确规定，但是合规负责人毕竟是一个外力催生的产物，合规负责人的独特地位和职能又会对证券公司既有的管理体制带来冲击，在证券公司对合规管理尚普遍缺乏认识的情况下，上述试行规定所规定的履职保障能否变成现实，的确不容乐观。

对合规负责人提供的履职保障是否充分以及履职保障措施是否得到真正落实，应该成为监管机构对证券公司合规管理有效性评价的重要内容。而在非金融行业，这类问题则更加严重，虽然随着不合规现象的普遍出现，非金融行业也逐渐重视合规管理并出台《合规管理体系指南》等文件，但合规负责人的独立地位及履职保障也没有得到保障，履职过程可能受到阻碍。因此，合规负责人的职责要想有效地履行，确保合规负责人的独立性是关键。

第三节　合规团队

在企业越来越需要合规管理的同时，合规团队也将越来越被需要。合规管理需要较高的专业知识、经验和技能，这离不开专业的培养与训练。如果一个企业里有一支优秀的合规专业团队，那它将是管理层的强力助手，让管理层确信企业的运营在正常的轨道上，推动企业更平稳地发展。但并非所有的企业都有必要且有能力组建一支优秀的合规专业团队，应当依据公司本身的性质和规模等，进行合规风险评估。依据其评估的结果，如果认为有必要建立合规专业团队，则应当建立有相应职业能力的合规专业团队。在没有建立合规专业团队的企业里，合规职能也并不是空白的。在这些企业里，承担约束和控制职能的部门和团队将承担合规专业团队的工作。例如，华为技术有限公司是由法务部来承担合规职能的。

值得注意的是，即使企业中组建了合规专业团队，但企业治理机构和管理层对合规的领导职责不能减少，也不能将职责全都交由合规专业团队，应当分清并有效地履行其相应的职责。可以说，董事会、监事会和管理层也是合规团队中重要的一员。

一、合规管理的职责分配

企业合规，人人有责。一个企业要想实现合规目标，需要企业的全体员工参与，并且人人都应理清自己所应负的责任。在合规管理的过程中，董事会、监事会及管理层都负有极其重要的责任。要保证合规管理的有效性，我们首先要理清他们在合规管理中的职责。

（一）董事会的职责

一般来说，董事会是公司的首要负责人，是股东会这一权力机关的业务执行机关。主要负责公司业务经营活动的指挥与管理，对公司股东会负责并报告工作。作为股东利益的代表，董事会对公司经营活动的合规性负最终责任，对公司合规治理和合规管理负总责，对公司的违规和员工的违规给股东造成的损失承担管理责任。

在合规管理中，董事会应当确定合规的基调，确立全员主动合规、合规人人有责、合规创造价值等合规理念，提高全体员工的合规意识，促进公司自身合规与外部监管的有效互动。其对合规团队的主要职责包括但不限于以下几方面。

①董事会应当向合规团队分配适当的权力和责任，保证合规管理体系设计的合理性、一致性和充分性，保证公司合规管理体系符合国际标准，公司合规管理不存在根本性错误。②董事会应当给予合规团队清晰明确的支持，保持合规团队拥有直达的报告渠道，使其能够将公司的合规管理情况及时准确地传达到决策层，避免形势误判。③董事会应当给予合规团队

足够的资源,使其有接触高层决策者的机会,并有机会在早期为决策流程做贡献,能够与组织全部层级之间建立联系,能够完成合规任务所需的全部文件资料和信息。④董事会应当向合规团队授予一定程度的抗衡权,使其能够在相关决策流程中展示合规的任何后果。⑤董事会应当确保合规团队拥有独立行动的权力,特别是当合规融入业务流程中时,不会因为优先级冲突而受影响。

(二) 监事会的职责

监事会是公司内部的监督机构,其主要是监督董事会与管理层,防止他们滥用职权,侵犯公司及股东的利益。作为公司内部的监督者,合规管理的有效运行离不开他。也有法律文件明确规定了监事会对合规管理的职责。《公司法》第53条规定了监事会、不设监事会的公司的监事行使七项职权,其中四项职权与合规管理相关,包括:

①检查公司财务,如从公司财务数据中发现不合规情况,应及时、明确指出;②对董事、高级管理人员执行公司职务的行为进行监督,对违反法律、行政法规、公司章程或者股东会决议的董事、高级管理人员提出罢免的建议;③当董事、高级管理人员的行为损害公司的利益时,要求董事、高级管理人员予以纠正;④像股东会会议提出提案,针对公司合规管理中存在的制度性缺陷和问题进行及时纠正。①

从以上相关规定,我们可以看出,监事会作为内部监督机构保障了合规团队的独立性和公司合规管理的有效运行。

(三) 管理层的职责

企业管理层也可称为领导层,受董事会的委托,负责企业的日常经营管理。其主要职能是制订企业经营目标、方针、战略,同时协调好各组织机构的工作和相互关系,确定它们的职责和权限。

作为企业日常经营管理的负责人。管理层应当明确自己的合规职责,宜负责其职责范围内的合规,这包括②:

---

① 王志乐. 企业合规管理操作指南 [M]. 北京:中国法制出版社,2017:141.
② 《ISO 19600:2014 合规管理体系指南》。

①与合规团队合作并支持合规团队，鼓励员工也这样做；②个人遵守并被看到遵守方针、程序、过程、参加和支持合规培训活动；③在运营中识别和交流合规风险；④积极承担并鼓励监视、辅导和监督员工以促进合规行为；⑤鼓励员工提出其所关注的合规问题；⑥积极参与合规相关事件和问题的管理和解决；⑦提高员工合规义务的意识，并指导员工满足培训和能力要求；⑧确保合规写入职位描述；⑨将合规绩效纳入员工绩效考核（如关键绩效指标、晋升准则）；⑩将合规义务纳入他们职责范围内的现有业务实践和程序；⑪与合规团队协力，确保一旦认定需要纠正措施，则实施；⑫对外包业务进行监督，确保合规义务被纳入考量。

合规关系到企业的生存与发展，是管理层职责的自然组成部分，管理层在履行职责时，必须要考虑到合规的问题，并且应当有意识地主动考虑合规问题。例如，负责业务的总裁在管理公司业务的同时也应当注重业务中的合规管理。合规管理的目标是建立和维护企业运营所需的良性秩序，让业务活动沿着正常的轨道运行，使大多数员工的行为符合管理层的预期。但企业内部分工细致，管理层很难做到熟悉每一个员工，更难做到熟悉企业运营的所有细节，也缺乏合规相关的专业知识。因此，管理层应当协同合规团队一起对企业的相关合规事务进行管理，更好地促进企业合规管理的发展。

（四）合规团队的职责

合规团队的存在保证了企业合规管理的有效性。一般情况下，合规团队应与管理者合作，主要负责以下事宜[①]：在相关资源的支持下识别合规义务，并将那些合规义务转化为可执行的方针、程序和过程；将合规义务融入现有的方针、程序和过程；为员工提供或组织持续培训，以确保所有相关员工得到定期培训；促进合规职责融入职位描述和员工绩效管理过程；设定适当的合规报告和文化体系；制定和实施信息管理过程，如通过热线、举报系统和其他机制进行投诉和/或反馈；确立合规绩效指标，监视和测量合规绩效；分析绩效以识别需要采取的纠正措施；识别合规风险，并管理与第三方有关的

---

① 《ISO 19600：2014 合规管理体系指南》。

合规风险，如供应商、代理、分销商、咨询顾问和承包商；确保按计划定期对合规管理体系进行评审；确保合规管理体系的建立、实施和维护能得到适当的专业建议；使员工可以得到与合规程序和参考资料相关的资源；对合规相关事宜向组织提供客观建议。

二、合规团队的模式

企业建立合规团队有以下三种模式：专职合规团队、兼职合规团队、外包合规团队。

（一）专职合规团队

专职合规团队模式是合规专业团队的核心模式，企业要建立独立的合规专业团队需要很大的投入，本节后续部分将会重点介绍专职合规团队。

（二）兼职合规团队

兼职合规团队是指企业中没有建立专职的合规团队，合规管理的职责由企业中现有的各个团队额外承担，其与在团队的岗位职责描述中增加合规责任不同，它是企业额外赋予其他团队的职责，而团队岗位职责中的合规责任是企业采取的合规措施之一，提醒相关人员就合规问题向企业承担责任，这些合规责任并不是额外附加的，而是一直存在的，因此不能称之为兼职。

根据企业的成本效益原则，以及考虑到目前合规管理还在探索之中，市场缺乏合规管理专业人才及合规管理经验，大多数的企业便优先考虑采用兼职合规团队模式对企业的合规进行管理。但在兼职合规团队的模式下，我们应当注意以下三个问题。

1. 兼职合规团队的专业问题

兼职合规团队没有经过系统的合规培训，没有足够的专业知识与技能，也缺乏相关的合规管理经验，这无疑是兼职合规团队的一大弊端。

2. 兼职工作与本职工作的角色冲突

合规团队的工作需要保持一定的独立性且团队的工作内容具有支持和制约双重属性。而兼职合规团队在此就受到了一定的限制，不能够完全地保证合规团队的独立性。例如，企业中市场经理的主要职责是组织各种市场推广活动，如果他同时兼职处理合规中的举报案件，则有可能收到与自己有利益牵扯的举报，那么他就有可能利用职权谋取私利，影响合规的有效性和独立性。再如，审计部门的审计人员若是兼职合规管理职责，那么在对合规管理履行效果进行审计的时候，涉及自身的履职情况又如何审计？因此，兼职合规团队不能完全确保合规管理的独立性，极大地影响了合规管理的有效性。

3. 兼职工作与本职工作的优先级冲突

兼职合规团队的本职工作可能与合规工作存在优先级冲突。合规管理在企业中是无处不在的，但带给企业的效益是长远甚至是隐形的。合规工作的有效性一直表现为不应当发生的合规危机没有发生，这是很难提供直接证据以证明其绩效的，因为没有发生合规危机可能有很多种原因。兼职合规团队可能更愿意花时间在可以正面地、客观地证明其绩效的本职工作上。由此，导致其对合规工作不上心，没有将合规工作落到实处。

综上所述，兼职合规团队要想将合规工作做好，需要解决以上三个基本问题，让兼职合规团队承担与其能力和岗位相适应的部分合规职责。与此同时，企业可以利用兼职合规团队将合规理念注入企业全体员工。例如，选拔培养优秀人员作为兼职合规团队中的一员，宣传合规理念，做到"企业合规，人人有责"。

（三）外包合规团队

外包合规团队模式是指企业聘请外部第三方的个人或团队来承担企业的合规管理职责。外包合规团队是将企业自身的合规管理职能的主要部分或者全部外包，外包方人员的工作行为视为本企业的行为。

近年来，国内合规服务的市场正在逐渐形成，越来越多的外部合规服务机构开始为企业提供专业的合规服务。相对于企业内部的专职合规团队，外部合规服务具有一定优势，也存在一些问题。其优势主要有以下三点。

一是客观。外包合规团队不参与企业内部的职业机会竞争或者内部利益阵营之间的斗争，由此更容易给出客观、中立的第三方意见。

二是经验丰富。外包合规团队一般可能会为多家企业服务，将会面临各种挑战与难题，但正因如此，外包合规团队的经验才会更加丰富，在处理合规管理问题上将更有效。

三是专业能力强。外包合规团队是非常专业的团队，其会招纳专业的合规人员，并且会不断地进行知识更新。他们会系统性地密切关注政策和法律的变化，对所服务的行业的最新动态了解得较快，将会有效地为企业避免合规风险，并且其在合规服务方面也能掌握最新的工具和方法。

事物是有两面性的，存在一定的优势当然也会存在一定的劣势。其存在的主要问题也有三点。

一是模式化。当外包合规团队接触的企业客户多了以后，可能会对服务对象企业进行分类，在分类的基础上提供大同小异的服务。然而，每家企业都有其独特的企业文化及企业运作模式，外包合规团队的模式化服务可能会减少其对企业的针对性和个性化服务。

二是商业化。随着合规服务越来越被需要，市场上出现许多外部服务提供者在合规方面并无专长，其过去专注的领域是法律服务、内部控制或者审计等，当他们发现合规服务市场在增长时，没有投入足够多的力量去深入学习合规管理，就把过去的工作内容改头换面包装成"合规"服务，但其本质仍是原有服务。

三是对服务对象了解不够深入。外包的合规团队需要在有限的时间之内了解其服务的对象，并且也只有通过有限的信息去了解，不能够时刻深入企业内部，了解企业业务运作状况。与此同时，外包合规团队的服务效果也可能会受到利益的影响，不能够全面地为企业的合规问题出谋划策，很多时候是流于形式，没有什么效果。

三、专职合规团队的组织形式

（一）合规部

合规部是专职合规团队的主流组织形式。合规部是企业内部部门之一，与其他内部部门相并列。合规部的负责人应当有足够的专业能力和丰富的合规管理经验，并且企业应当给予其在企业内部较高的影响力。在早期建立合规管理体系的跨国公司中，专职合规团队的最高负责人一般被称为首席合规官，而合规部的存在地位可以依据首席合规官的三条汇报线来确定。

1. 首席合规官汇报给董事会或者董事会的专门委员会，如审计委员会

这种汇报线使得合规部处于独立地位，不受管理层及其他业务部门的干扰，如图4-1所示。

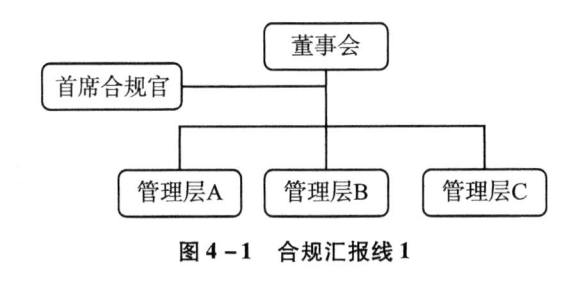

图4-1 合规汇报线1

2. 首席合规官汇报给企业管理层的最高负责人，如总裁或首席执行官

这种汇报线使得首席合规官成为管理层的成员，使合规部处于与最高管理层平级的地位。这种地位的优点是便于合规部了解企业日常经营中的实际情况和未来的发展方向，并能够及时地给出合规建议。如图4-2所示。

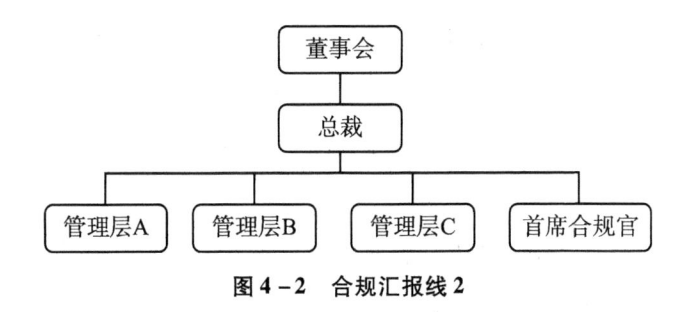

图4-2 合规汇报线2

3. 首席合规官汇报给分管企业运营的管理层成员，如副总裁

这种汇报线路降低了合规部的级别，但将会使合规部在日常基础上保持与各业务部门的密切联系。如图4-3所示。

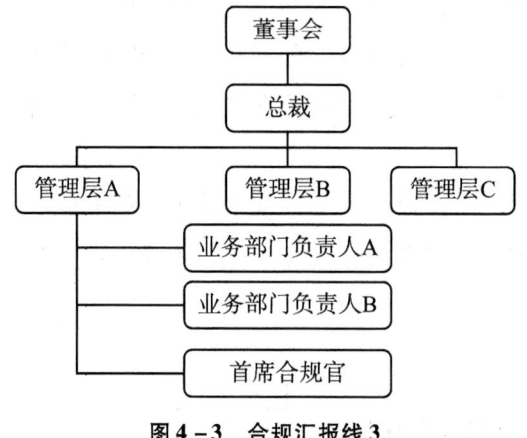

```
           ┌─────────┐
           │  董事会  │
           └────┬────┘
           ┌────┴────┐
           │  总裁   │
           └────┬────┘
    ┌───────────┼───────────┐
┌───┴───┐  ┌────┴───┐  ┌────┴───┐
│管理层A │  │管理层B │  │管理层C │
└───┬───┘  └────────┘  └────────┘
    ├──────────────────┐
    │          │业务部门负责人A│
    │          ├──────────────┤
    │          │业务部门负责人B│
    │          ├──────────────┤
    └──────────│  首席合规官  │
               └──────────────┘
```

图 4-3 合规汇报线 3

设立合规部的优点在于，企业合规管理部门的独立性强，合规团队专业能力强，合规工作也做得相对专业。当然，这样的设置要求企业投入大量的资金、人力等资源；对合规管理人员职业技能要求高，既要懂合规专业知识，又要懂具体的业务知识；合规管理部门与其他部门之间的沟通协调能力也要求较高，但这样的设置提高了合规管理的有效性。

（二）合规委员会

企业可以在董事会中设立合规委员会，由 3~5 个具备法律、财务、人事管理背景的董事组成。在不设董事会的公司中，合规委员会应由执行董事牵头，领导法律、财务、人事管理方面的最高管理层成员。在不设董事会也没有执行董事的公司中，合规委员会可由公司总经理、最高管理层成员组成。

在合规委员会组织形式下，企业会设立首席合规官，由首席合规官带领的团队是合规委员会的常设机构或者执行机构。如果企业里多个部门共同承担合规专业团队的职责，则负责对这些部门统一协调管理的管理层成员相当于首席合规官，并组织这些部门按照相当于合规委员会的模式开展工作。

（三）法律合规部

在很多企业开始认识到合规管理的重要性之后，会选择扩大内部某个现有部门的职责，使其包括合规管理职责。大多数企业把法务部或者法律事务部的管理职能与合规部门管理职能统一到法律合规部门职能之中,由法律合规部对企业的法律事务工作和合规管理工作进行统一管理,这是由于合规义务主要源于法律规定,于是法律事务部成为承担该职责的首选。这种形式的优点在于,部门设立相对容易,投入成本相对较低,公司在设立合规管理部门时可以利用公司现有的法律部门的资源,因为大多数公司在成立合规部之前都有法律部门。

另外,合规管理工作与法律部门工作配合容易,因为合规管理部门有效开展工作的前提须对外部法律法规、监管等规定有正确的理解,在一个领导之下,合规管理部门与法律部门之间的沟通也相对顺畅。在这种安排下,企业的总法律顾问将同时担任首席合规官,法律顾问可能同时兼任合规官,企业也可能在这个部门内分设法律和合规两个团队。这样虽然维持了企业整体组织架构的稳定性,但也带来了一个问题,那就是合规可能会被视为法律事务部的子功能,企业的合规管理过于强调防范风险而在为企业积极创造价值方面缺少活力。

同时,按照这样的方式设置合规管理部门,开展工作时与其他部门的沟通协调要求较高,需要合规管理部门与业务部门密切配合,对合规管理人员职业技能要求高,既要懂合规专业知识,又要懂具体的业务知识。采用此种组织形式的公司有参与国务院国有资产监督管理委员会合规管理试点工作的中国中铁股份有限公司,其在原有的法律事务部下增设了合规处,法律事务部变更为法律合规部。

还有另一种法律合规部,即由法律、审计、风险管理、合规等职能部门共同组建的"法律合规部"。企业采用这样的类型往往是在原有的法律、审计部门基础上增加合规管理人员,组建具有法律、审计、风险管理职责在内的法律合规部。此类型有助于合规管理部门与法律部门、审计和风险管理部门之间的信息沟通,方便合规管理团队了解到法律部门在工作中遇到的法律风险、审计中发现的风险等。但这样设置对法律合规部负责人的领导力提出了很高的要求,法律合规部要做好业务与合规风险管理的平衡。采用此种组织形式的公司有参与国务院国有资产监督管理委员会合规管理试点工作的招商局集团,其就组建了此类型的法律合规部。

近年来，GRC 模式逐渐兴起，GRC 模式即企业治理（governance）、风险（risk）和合规（compliance）部门组合在一起，目前有不同的做法。GRC 最直接的益处是节约企业资源，提升效率。[①] 治理、风险和合规这三个部门都需要从企业业务部门获取信息并制定相应措施，需要业务部门采取行动。通过这三个部门之间的协同合作，可以减少业务部门的重复工作，并减少这三个部门制定的措施之间发生冲突的机会。该模式大大提升了合规管理部门整合公司资源的能力，有很强的独立性，方便了合规部门与审计部门、风险管理部门的沟通，合规部门在合规风险评估时可以和审计、风控等部门结合起来共同开展工作，实现风险管理工作成果共享。这样的设置对合规部门的领导力提出了很高的要求，同时也需要企业提供较多的资源支持，还需要与法律部门等其他部门加强沟通，平衡业务与合规风险管理的关系。目前，大众汽车与上汽大众公司就是采用了 GRC 模式。

合规管理部门设置并不限于以上类型，具体要根据公司业务类型、组织结构、组织资源而定。例如，英国石油公司（BP）在集团层面设置"道德与合规部"进行合规管理，同时配以法律各领域专家提供日常的法律专业支持，来保证公司各部门的合规专业有效运行。英国石油公司除了有在道德与合规部门工作的全职合规工作人员，在每个业务与职能部门及其每一个下属地区部门，都由一位部门领导兼任本部门的"道德与合规联络人"。其职责是确保各项合规制度在本部门的有效实施，并且就日常工作中的合规问题进行处理和解答。这种安排能够有效提高本部门领导的合规意识，以及高效率解决日常合规问题。

（四）专职合规团队的角色定位

理论上来讲，一个团队的任务和职责决定着该团队在企业中所扮演的角色。而专职合规团队却恰恰相反。由于其受到团队中个人能力和企业原有组织结构的限制，专职合规团队的角色定位反而影响其承担的任务和在企业中发挥的作用。根据跨国公司过去十几年的实践，专职合规团队有以下几种不同的角色定位。

[①] 胡国辉. 企业合规概论［M］. 北京：中国工信出版集团、电子工业出版社，2017：68–69.

1. 监察者

专职合规团队一般由董事会或者最高管理层任命，通常情况下不参与企业日常的经营管理，但要对其他团队也包括管理层进行监督，监督其在完成工作任务中的尽职情况和廉洁情况以及是否有不合规现象的发生，在发现问题时直接向合规负责人报告。专职合规团队作为监察者是有一定弊端的，其不能够融入企业业务活动，获取的相关业务信息是有限的，对企业的积极贡献不大，而且会造成企业员工感觉自己不被信任。

2. 检查官

与作为监察者的专职合规团队不同，在部分企业中，专职合规团队的主要任务是调查违规行为。尤其是一些总部位于欧美的跨国公司中，欧美总部的合规负责全球分支机构的合规管理体系运营，而在中国地区总部负责接受源自本土的举报并组织调查。这些企业中的专职合规团队很少就业务活动提供主动的咨询和建议，更多的是依赖举报、监督和调查的手段。

3. 督导人

督导人一般是由企业支付费用聘请的独立第三方，虽然与企业签订服务协议，按照双方协议的内容开展工作，但督导人并不向企业负责，也不向企业报告工作，这在美国《反海外腐败法》的执法中并不陌生。即使督导人向企业提供建议或者报告，其地位也比较超然。督导人会对企业的合规管理体系出具第三方意见，美国执法机关可能参照这些第三方意见对企业的合规状况作出评判。在督导期结束后，有些公司会聘请原来督导人团队的成员进入企业，成为企业专职合规团队的成员。此时，督导人的角色会发生变化，但很多督导人在工作中仍然非常强调自己的独立性，并随时准备向监管机构报告在企业中发现的违规行为。在某些行业中，如证券行业，政府监管部门会强制性地要求企业设立合规岗位，并对这些合规岗位的责任和职权进行规范。这些合规岗位的承担者是企业的员工，但监管部门赋予他们随时报告企业违规行为的权利和义务。

以上这些专职合规团队的定位是企业近些年在合规管理的探索中的普遍定位，但不能够成为专职合规管理团队的准确定位。企业的运营天然地伴生合规风险，即使企业停止运营，部分合规风险仍会延续。因此，企业在合规方面的需要是内生性的，而专职合规团队的任务就是把这种内生需求激发出来，转化成企业的行动力和竞争力。合规不能解决企业发展中遇到的所有问题，甚至不能帮助企业杜绝违规事件的发生。俗话说，收益伴随着风险。很多时候，企业为了生存发展，不得不在"合规"的边缘摸爬打滚，但专职合规团队可以帮助企业在发生违规事件时以成熟的方式应对，使企业不至于太被动。

（五）合规专业人员的任职资格

合规管理工作是一项烦琐且复杂的工作，需要有足够的专业胜任能力和丰富的企业管理经验。因此，合规专业团队对任职的人员有较高的要求，主要体现在以下几个方面。

1. 基本素养

合规专业人员应当具备诚信、公平和正义这三方面的基本素质。合规不仅包括法律层面的合规还有道德层面的合规，合规的工作内容也不限于制定制度并监督制度的执行，它会涉及大量的基于诚信、公平和正义作出的主观判断。合规专业人员在工作中可能遇到一些舞弊、欺诈、贿赂等负面的案例和信息。此时，合规专业人员应当具备良好的心理素质，不能为一己私欲而损害公司的利益，应当有能力全面地看待问题并进行权衡。合规工作的效果通常是隐性的，因为它更多地体现为企业内外良性的秩序和避免违规事件的发生。因此，合规专业人员应当有足够的耐心，对工作不能懈怠。与此同时，合规专业人员应当具有一定的社会阅历，可以应对工作中的各种突发状况。

2. 专业知识、技能

合规专业人员应当具备专业的合规知识，并不断地更新自己的知识库。同时还应当具备合规管理经验和技能。合规专业人员应当有意识地不断提升自己的专业知识，熟练运用合规管理技能，丰富自己的经验。

3. 业务知识

合规专业人员应当对企业的主要业务内容、业务术语和业务流程有基本的了解。如果一个合规专业人员连基本的业务知识都不懂，又如何知道哪些业务是否合规呢？因此，合规专业人员在工作过程中接触相关业务知识时，应当有意识地主动学习。

（六）专职合规团队的独立性

合规团队的独立性是保证合规有效性的重要性质。专职合规团队的独立性是相对的，而非绝对的。在企业的内部，所有的团队都具有相对的独立性。专职合规团队的独立性体现在以下三个方面。

1. 组织独立

在一个企业中，专职合规团队可能与其他部门存在潜在的工作内容上的冲突，应当避免将合规专业团队的组织架构嵌入这些部门。例如，企业中的市场、销售部门是为企业创造利益的部门，其目标就是帮助企业实现利益最大化，但实现利益最大化的同时也伴随着各种风险。而合规专职团队若是与这两个部门合并，其一不能保持独立性，其二还会引发工作内容上的冲突。因此，企业在设置合规团队的时候应当考虑这一点。

2. 人事独立

通常情况下，专职合规团队由董事会直接任命，不经过管理层，并且直接向董事会、董事会下设的合规委员会或审计委员会直接报告。这样保证了专职合规团队在人事上的独立性，使其不会受到管理层的干扰。但是很多情况下，这样做也存在一些弊端，会给合规管理工作的开展带来麻烦。例如，这种组织结构会在专职合规团队和其他业务团队以及企业管理层之间制造疏离感，使其难以深入了解业务，从而影响工作的有效性。除此之外，董事会等机构对合规专业团队的支持和管理是非日常性的，也是非常态性的，这对于专职合规团队的处境是不利的。因此，专职合规团队的独立性不能是绝对的，而应当按照实际情况相对独立。

3. 职业道德

专职合规团队人员应当遵守职业道德，保持自身的独立性。如果企业涉及严重的违规行为，而企业的治理机构和管理层无意纠正这种违规行为，专职合规团队应当明确地指出违规行为的存在及其性质和后果，帮助企业治理机构和管理层面对现状。不能协助企业刻意隐瞒、掩盖违规行为或阻碍监管机构的调查。

第四节 合规管理的组织结构

合规部门的组织结构总体分为两种：集中化的组织结构和分散化的组织结构。

一、集中化的组织结构

集中化的组织结构是将所有负责合规管理工作的人员都放在一个独立的合规管理条线。该结构的主要特点是在企业内部形成一个独立的合规部门体系，即在总部设立正式的合规部门，直接领导各分支机构的合规部门。该模式可以分为两类：一类是成立单一、完全独立的合规部；另一类是合规职能与法律、内控或者风险管理职能等合一，形成法律合规部或者风控合规部等。

该模式的优点在于采取了垂直化的管理框架，有利于企业合规风险管理的高度统一，有利于合规管理程序和政策文件的传达落实，并能及时发现和有效处理跨部门的合规薄弱环节。该模式的缺点是：由于所有合规政策、合规风险管理计划及合规管理程序等主要由总部负责制订后向下传达，各分支机构层面参与程度相对较低，容易导致总部制订的合规政策、合规管理计划及合规管理程序等在内容上有脱离实际的可能性，也容易导致各分支机构缺乏当事人意识和主动性，容易产生被动合规和合规管理流于形式的问题。

集中化的组织结构的报告路线有两种：一种是矩阵式的报告路线，即向上一级合规主管报告的同时，向合规部门所在分支机构行政主管报告；另一种是条线式报告路线，即只向上一级合规部门主管报告。

【案例 4-1：德意志银行合规管理架构】

1. 合规部门设置

德意志银行于1993年设立独立的合规部门。由于德意志银行是美国的上市公司，其合规总部设在纽约，合规人员超过200名，在全球银行业中亦属较高比例。德意志银行采取的是集中化组织结构，其在董事会下设由总法律顾问牵头的合规委员会，合规主管要向该合规委员会报告工作。合规部门由集团合规政策、地区合规管理和产品合规管理三大模块组成。集团合规政策模块包括咨询与政策制定、培训、操作监控三个团队；地区合规模块包括美洲、亚洲、德国和中东欧、英国和西欧、日本五个团队；产品合规模块分为全球市场、资产管理、私人财产管理等团队。

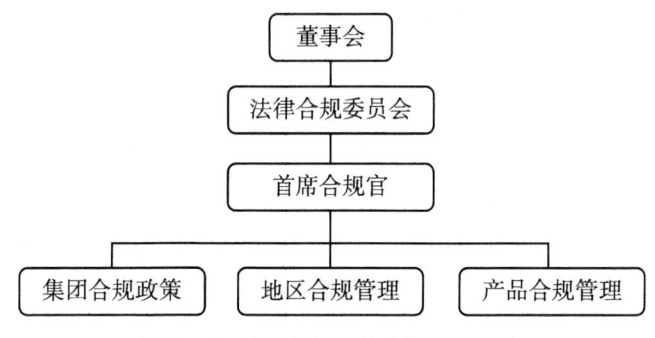

图 4-4　德意志银行的合规组织架构

2. 合规管理的报告路线

德意志银行的中国区合规部经理向北亚区合规总监汇报，北亚区合规总监直接向亚太区（除日本）合规总监汇报，然后再上报全球合规总监和董事会。同时，为保持合规工作的独立性，协调好与各业务部门及管理层的关系，一方面，合规人员积极参与银行管理活动，例如，中国区合规管理既是中国区业务管理委员会成员，也是分行管理委员会成员，通过参与不同层面的管理层会议，了解业务开展状况，参与决策；另一方面，合规人员通过参与审阅向监管机构报送的定期和不定期的报告、新产品审批、定期各业务部门及管理层会谈，及时了解业务情况，以有效地实施合规风险控制。

```
     ┌─────────────┐
     │   董事会    │
     └──────┬──────┘
            │
     ┌──────┴──────┐
     │ 全球合规总监 │
     └──────┬──────┘
            │
     ┌──────┴──────┐
     │亚太区合规总监│
     └──────┬──────┘
            │
     ┌──────┴──────┐
     │北亚区合规总监│
     └──────┬──────┘
            │
     ┌──────┴───────┐
     │中国区合规部经理│
     └──────────────┘
```

图 4-5　德意志银行的合规管理报告路线

二、分散化的组织结构

分散化的组织结构采取分权形式的合规管理组织结构，即负责合规管理工作的人员分布在不同业务部门或业务条线。该模式的特点是：在总部设立合规部门，但在分支机构层面不一定设立独立的合规部门，而是在各分支机构或者业务条线上建立业务部门的合规体系，即在各分支机构以及业务条线上设立合规员的岗位，各部门负责人担任合规员，承担所属部门的合规责任。

该模式的优点在于能够在正确识别和充分把握各分支机构或者业务条线所特有风险的基础上，进行适当有效的合规管理，并且各分支机构或业务条线作为直接责任人，其当事人意识和主动性较强。该模式的缺点是当分支机构的合规管理未能发挥有效作用时，其他部门和总部不容易及时发现和干预，且由于分支机构需要配备资深员工担任合规员，在一定程度上增加了用人成本。同时，该模式也存在矩阵式和条线式两种报告路线。

【案例 4-2：汇丰集团及汇丰银行合规管理架构】

1. 集团合规政策

汇丰集团本部设在伦敦，英国金融监管机构（FSA）是其主要监管机构。汇丰集团制定了合规政策，主要包括：遵守诚实、正直和公平交易的高标准；在每一个开展业务的区域，严格遵守相关的法律法规及行业标准；及时地揭发任何可能出现的违规问题。

2. 集团合规部门的设置

汇丰集团成立了法律和合规事务部，负责合规建设。其组织架构及报告路线如图4-6、图4-7所示。

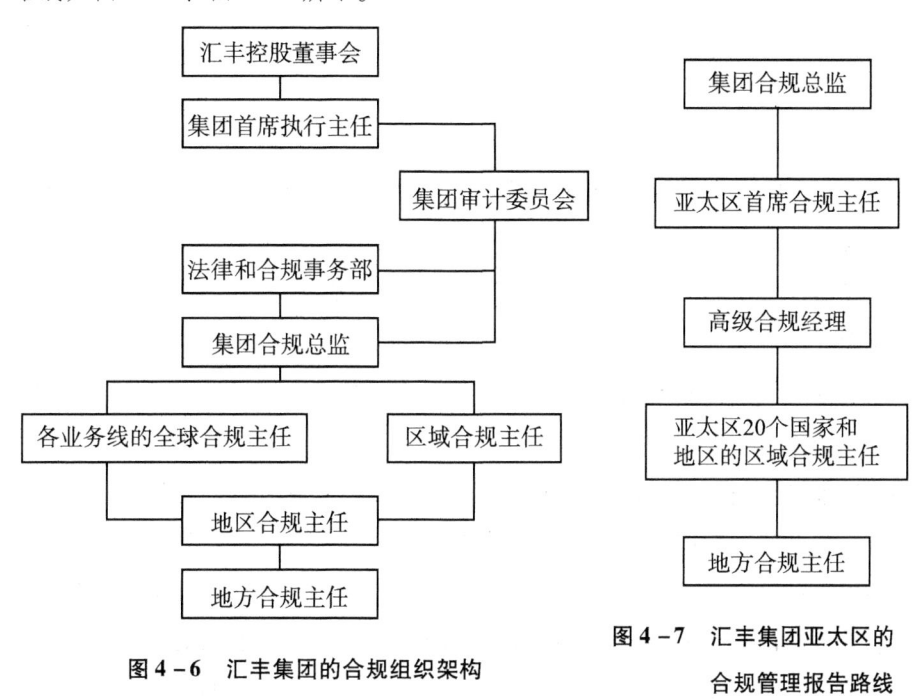

图4-6 汇丰集团的合规组织架构

图4-7 汇丰集团亚太区的合规管理报告路线

由上图可以看出，汇丰集团合规管理采用分散化组织结构及矩阵式报告路线。

3. 汇丰银行合规部门设置

汇丰银行在香港总部设立了合规部和法律部负责合规管理工作，在中国区设立了法律和合规事务部，来统一管理中国区所有分支机构的合规和法律事务，并设有中国业务合规总监。香港汇丰银行在北京分行设立了合规部。香港汇丰银行法律和合规主管对董事会主席负责，同时接受汇丰集团法律和合规总监的指导，工作上保持极大的独立性。香港汇丰银行在香港地区设立40余名专职的合规或法律工作人员；在东南亚地区，每一国家设有一名专职的区域合规主管；在东南亚地区的分支机构，设有兼职的地方合规员。香港汇丰银行设置合规员，主要面向银行业务种类和业务量，如在商业银行、保险、证券、电子商务等重要业务领域，都设有专职合规员。

4. 汇丰银行合规报告路线

汇丰银行明确了合规管理的报告路线。各部门负责人对本部门的合规负有责任，各分行行长是分行的合规主任，负责本分行的合规工作，并向所辖区域的上级业务总监进行汇报；各业务总监对下属业务条线的合规工作负责。例如，公司的业务总监对公司的业务合规工作负责，财务会计和税收方面的合规工作由财务部负责，中国业务总裁对整个中国区的合规工作负责。各级合规员仅对本级主管负责。地区兼职合规员可向区域专职合规员请示业务中遇到的合规问题。如果有向当地监管部门报告的重大合规事项，区域专职合规员、法律和合规主管就需事先报告上级合规主管人员。

总而言之，在有效的合规管理体系下，合规管理部门要与其他职能部门对共同构筑起"三道防线"达成共识。合规管理"三道防线"是指业务部门、职能部门与调查审计部门共同开展合规管理，以业务部门作为合规管理的第一道防线，职能部门作为合规管理的第二道防线，调查与审计部门作为合规管理的第三道防线。这三道防线中，各个部门在合规管理中承担的职责是，本部门的负责人是本部门合规管理的第一责任人，对本部门员工在开展业务过程中要承担合规文化的倡导，合规制度与流程的贯彻实施和监控，对合规咨询和疑虑要进行解答，对于违规行为采取适当惩处措施等职责。各道防线除了承担以上职责外，还有以下职责。

第一道防线：业务部门在合规管理中的职责。业务部门在合规管理方面要配合合规管理部门的工作，积极组织本部门员工参加合规管理培训，主动与合规管理部门沟通部门中存在的合规风险。

第二道防线：职能部门在合规管理中的职责。职能部门包括了法律部、人事部、战略规划部等部门，这些部门要与合规管理部门密切配合，共同推动公司的合规管理工作，包括制定合规制度流程、设计合规管理工具、提供合规培训等。

第三道防线：调查审计部门在合规管理中的职责。这些部门包括了审计部门、调查部门、纪检部门等，这些部门承担着公司合规风险的发现、合规问题的提出、改进措施的提出以及监控相关改进结果等职责。

合规管理的组织架构会随着企业规模的变化、经营的复杂程度、业务的性质及其区域分布的不同而不同，但其核心理念是不变的。在不断优化合规管理组织架构的同时，要保持合规管理职能的独立性，以充分发挥合规管理在企业管理流程中的基本控制作用。与此同时，应当注意海外分支机构的合规管理。近年来，我国许多跨国企业因违反境外相关法律法规而受到处罚，海外分支机构的合规管理迫在眉睫。海外分支机构的合规管理应当按照前文所述的组织架构进行设置，保证组织架构的完整，同时应当及时识别更新归口管理业务领域的合规标准规范，更新合规管控措施，执行合规管理制度和程序，收集合规风险信息，落实相关工作要求。在汇报路线上，应当采取适合企业的合规管理汇报线，保证总部及时了解海外分支机构的合规状况。

【案例4-3：中国交通建设股份有限公司海外业务合规管理体系】

1. 合规经营的需要

受自身原因、市场环境及合规监管等因素影响，中国交通建设股份有限公司海外业务面临合规经营的重大挑战。一方面，目前中国交通建设股份有限公司业务遍布上百个国家和地区，但多集中在经济欠发达的亚非拉国家，这些国家经济、法律制度不够健全，市场营销环境不够规范，加之集团员工合规意识薄弱，对当地法律法规的了解不够全面，生产经营过程中极有可能出现违规行为。另一方面，当前海外合规监管环境日趋严格，世界各国及一些国际组织对企业合规行为愈来愈重视，多方联合对企业的不合规行为进行强力打击。

2. 合规管理体系的建立

中国交通建设股份有限公司海外事业部于2015年7月正式成立海外法律合规部，在各部门的协同配合下，以实现非洲银行提前对中国交通建设股份有限公司解除制裁为重点，以建立健全中国交通建设股份有限公司海外法律、合规管控体系为目标，充分发挥部门职能和优势作用。中国交通建设股份有限公司海外合规体系已成功覆盖非洲区域所有驻外机构，成为合规体系建设走在最前列的央企，公司品牌影响力和软实力大幅提升。海外合规体系的初步建立，不仅实现了非洲银行提前一年解除制裁、世界银行如期解除制裁，为公司海外发展扫清障碍,也为公司建立世界一流企业奠定了合规体系基石。制定了《海外业务合规风险管理办法》,对合规管理内容、合规职能组织体系,合规官的履职、任免、考核和培训,合规工作信息传达与沟通,重大合规风险上报与应对等内容作出了详细规定。此外,针对海外业务员工行为、第三方聘用、采购、投标、合同签订、业务招待、捐赠与赞助、业务付款共八个高风险领域,设置合规审批、审查等预防控制程序,形成制度与操作流程紧密衔接、配套使用的体系性文件。

3. 构建合规管理组织架构

设立包括决策层、经营管理层、职能部门直至海外办事处的合规管理组织机构,赋予各层次机构应负的职责与权限。在集团、集团所属单位及海外分(子)公司、办事处三个管理层级设立合规官。合规官按照合规风险管理职能报告路径,就重大合规事项向上级合规官进行独立汇报和沟通。组织机构的设立遵循独立性原则,承担合规风险管理职能的部门和人员不得承担市场营销、采购等可能与其合规职责发生利益冲突的职责,保证处理问题时的公允性和客观性。公司正式组建了涵盖非洲区域及国家层级的合规机构,确定了两百余名合规官及合规人员;成立了中国交通建设股份有限公司海外合规管理委员会,就海外合规业务开展的重大问题进行决策和部署;多次组织各层级合规培训,培训覆盖56个国家的77个驻外机构,覆盖人数超过3000人;编制并正式下发了4个中英双语版的合规业务模块在线培训课件,合规理念逐步深入人心,合规文化悄然落地。

第五节 合规部门的职责

合规管理部门总体上要承担以下工作职责:发现组织的合规义务,评估与预判合规风险,制定组织的合规目标,实施合规风险管理计划和采取风险控制的措施,开展合规绩效评估和进行合规报告,管理不合规事项并促进组织合规管理体系的持续改进。具体来讲包括以下几个方面。

一是持续关注公司总部所在地(国)和经营所在地(国)法律法规、行业监管要求和国际准则的最新发展，正确理解法律法规、监管要求和国际准则的规定及其精神，准确把握法律法规、监管要求和国际准则对公司的影响，及时为最高管理层提供合规建议。

二是利用相关资源，识别合规职责，并将其转化为可行的方针、程序和流程，同时及时将新识别出的合规职责融入现有方针、程序和流程。

三是组织制定合规管理程序以及合规手册、员工行为准则等合规指南性文件，评估合规管理程序和合规指南性文件的适当性，为员工恰当执行法律法规、监管要求和国际准则提供指导。

四是制订并执行"风险导向"的合规管理计划，包括特定政策和程序的实施与评价、合规风险评估、合规性测试、合规培训宣贯等。

五是推动将合规责任纳入岗位职责和员工绩效管理流程。建立合规绩效指标，监控和衡量合规绩效，分析绩效，识别改进行动。

六是建立合规报告和记录系统，制订实施资料管理流程，例如，投诉反馈热线、举报系统和其他机制。

七是确保按计划、周期评估合规管理体系，实施充分且具有代表性的合规风险评估和测试，包括通过现场审查对各项政策和程序的合规性进行测试，询问政策和程序存在的缺陷，并进行相应的调查。合规测试结果应通过合规管理报告路线向上汇报，以确保各项政策、程序和实施细则符合法律法规、监管要求和国际准则的要求。

八是建立并保持与监管机构日常的工作联系，确保在建立、实施和维护合规管理体系流程中能够获得适当的专业建议。同时，跟踪和评估监管意见和监管要求的落实情况。

以上是合规部门总体上应当承担的职责，而在具体的实践过程中，以下几方面应当是合规管理部门的重点职责。

一、合规审查

合规审查具有强制性的特征，在企业中，合规审查应当适度使用，并非是审查越多越好。有的企业倾向于在大量业务流程中置入合规审查，这种合规审查泛滥的局面实际上不会提升企业合规管理体系的有效性，反而因为不分重点地投入合规管理资源而降低合规管理体系整体上的有效性。合规审查的对象一般包括：新的企业制度的制定；已有企业制度的调整；业务模式的重大调整和变化；敏感业务活动；高风险交易；外包业务。

（一）企业制度合规审查

企业制度是企业管理中经常用到的工具，对企业管理有相当重要的作用。对企业制度进行合规审查主要涉及以下四个方面：①制度内容的合规性。即从企业的合规义务出发，对制度的内容进行审查，发现和修改有可能导致企业违反合规义务的条款。②制度之间的一致性。即审查不同制度之间的不一致或相互冲突的问题。③制度制定程序的合规性。未经适当程序制定的制度可能会被认定为无效。在有些企业中，存在制度制定过程随意性太大的现象，也可以通过合规性审查予以控制。④制度对合规管理体系的影响。在某些情况下，审查某项制度本身从合规角度没有问题，但是该制度对企业整体的合规管理体系可能造成不利影响。

（二）业务模式合规审查

业务模式的调整和变化会影响企业承担的合规义务，并带来合规风险的变化。对业务模式的合规审查集中在以下两个方面：①确定业务模式变化对合规风险的影响，尤其是其中导致合规风险增加的影响。②确定企业现有的合规管理体系是否足以应对上述影响，如果现有合规管理体系存在不足，需要如何调整。

1. 敏感业务活动合规审查

敏感业务活动应当根据合规风险评估结论中高合规风险业务活动的范围确定。接受合规审查的敏感业务活动范围不宜过大。范围过大会导致业务活动效率下降，而且会造成合规部门在工作中力量分散、重点不清。随着合规审查的开展，企业内部对敏感业务活动的风险意识可能明显提高，敏感业务活动可能变得不再敏感，这时，企业应当考虑取消合规审查，由内部控制部门对风险进行管理。

2. 高风险交易合规审查

高风险交易是指有较大可能性存在违规风险的交易，一般出现在企业对外销售产品或服务的交易中。高风险交易可以基于交易方、交易结构、交易规模等因素确定。高风险交易的合规审查涉及对具体交易的全面审查。在审查中，合规专业团队与相关业务团队要密切配合，就疑点问题获得进一步的信息，并充分排疑。

3. 外包业务合规审查

有些企业可能会将合规敏感的业务活动外包给第三方，希望以此规避承担合规义务。有些时候，这种做法可以成为合规危机发生时企业逃避承担责任的手段。因此，应当注意外包业务，及时对其进行合规审查。

二、合规咨询

（一）主动咨询

主动咨询是指合规部门参加管理层和业务团队的各种业务主题会议，并在会上或者会后提供合规建议。合规部门应当根据合规风险评估的结果有选择地参加业务会议。其在会议中的任务包括：①报告企业合规管理体系运行的状况；②有针对性地提示合规风险和合规风险的变化；③了解业务和业务的变化；④就与合规相关的问题参与会议讨论并从合规角度提供专业意见。

（二）响应咨询

响应咨询是指合规部门响应企业中管理层、业务团队或者员工就合规问题进行的相关咨询，合规部门应当从合规的角度及时给出相应的建议。对于复杂的、合规风险高的问题，还应当出具书面意见并保留记录。

三、合规报告

合规报告是合规部门的一项重要的职责。一般来说，合规报告分为常规报告和不合规报告。

（一）常规报告

常规报告即企业日常需要出具的合规报告。它又分为以下五种报告：一是合规部门报告，即合规部门制作的关于合规管理体系或者某些要素的报告；二是业务团队合规报告，即业务团队制作的关于所负责业务活动中合规相关事项的报告；三是管理层合规报告，即管理层向董事会提交的合规体系运行状况和尽职报告；四是董事会合规报告，即董事会向股东会提交的合规管理体系运行状况的报告；五是企业合规报告，即企业向公众发布的关于合规管理体系运行状况的报告。在这些常规报告中，业务团队合规报告的内容、形式和报告周期都比较灵活，其他四类合规报告一般为周期性报告。

（二）不合规报告

当企业知悉潜在的不合规情形后，应当启动调查机制，并随着调查的进展形成不合规报告，以备日后查验，并作为其他相关工作的依据。

中度以上的不合规情形才有必要形成书面的不合规报告，轻微的不合规情形可以及时提醒和改正，无须制作书面报告，否则企业会陷入文牍之中。对于何为中度和严重的不合规情形应由企业自行定义。

不合规报告应由不合规情形责任人的直接经理负责制作。不合规情形涉及多个责任人时，由其共同的上一级经理制作或者由共同经理指定非责任人制作。对于处理周期较长的不合规，报告人应当在初步了解情况后即制作报告，并在有关键性进展时补充更新报告，如此形成关于处理过程的完整报告。应当避免在全部处理完后才开始制作报告，一方面周期过长，另一方面可能发生报告人根据处理结果倒推不合规情形起因的舞弊情况。

不合规报告应当报送上一级经理，同时报送合规部门，由合规部门对报告进行质量监控。合规部门可以决定报告的传达范围。合规部门发现报告质量存在问题时，应当及时反馈给报告人及其上一级经理。

四、合规沟通、培训与教育

合规部门应当定期或不定期对企业全体员工进行合规沟通、培训和教育，确保全体员工存在合规意识。但我们应当注意例行公事的沟通、培训和教育是没有任何效果的。

（一）合规沟通

合规沟通的形式包括口头沟通和书面沟通。合规沟通可以是单向的，即由发起方向接受方传递信息，也可以是互动的，即在发起方与接受方之间进行信息交流。

单向合规沟通一般是由合规部门、管理层向全体员工进行合规文化的宣传，应当在日常的基础上进行，以便于培养全体员工的合规意识。

书面沟通一般是合规部门制作员工合规手册、合规制度等，也可以是合规部门与管理层或员工之间形成的书面沟通，其书面沟通的内容可以发布但需要进行审核，这些沟通的记录可以作为企业文化建设的证据。

（二）合规培训与教育

合规部门应当承担组织开展合规培训和教育的职责。其受训范围应当包括以下几类。

①全体员工的合规培训。每名员工每年应当至少接受一次合规培训。全体员工的合规培训应当是普遍培训与重点培训相结合。普遍培训是指对全体员工进行行为准则的培训，相当于从合规意识上进行一次提醒和强化。重点培训应当以合规风险评估结果为依据，根据不同的部门、岗位、业务活动进行综合设计。

②新员工合规培训。新员工入职时应当接受合规培训，首先要理解企业的合规文化，其次是要知道如果有关于合规的问题，应当如何寻求帮助。

③管理层合规培训。管理层对合规普遍有比较好的理解。基于在企业里所处的地位，管理层能够看到更多问题，也进行了深入的思考，因此对合规培训的深度要求更高，在培训中需要有更强的互动性。

合规部门在合规沟通、培训和教育的过程中，保持完整的记录是非常重要的。当发生违规事件时，企业可以用这些记录证明本企业已经对涉事员工进行了充分的合规沟通、培训和教育。最后还要进行培训效果评估。目前，较常见的做法是问卷调查，但问卷的内容多数针对的是培训者的表现，对受众接受培训的情况则很难获得真实的反馈。因此，我们可以用测试或者知识竞赛的方式进行考评。例如，浙江吉利控股集团有限公司就对其员工开展合规知识竞赛以考察员工的合规意识。

以上只是合规部门的最基本的职责，还有违规举报和稽查、风险管控等基本职责就不一一列举了。根据企业性质、规模等不同合规部门的职责，会有所不同，并且其职责是烦琐的。因此，合规部门的人员应当依据企业业务的实际情况灵活履职，围绕合规部门的主要职责开展工作，保证企业的合规管理制度得到有效的执行。

【案例4-4：宝马集团的合规管理*】

宝马集团要求全体员工都有义务以负责任的方式行事，并遵守相关的法律和规范。因此，负责任并且合法的行为是宝马集团成功的基础，也是其企业文化的固有组成部分。

为了系统地应对合规相关的风险和声誉风险，宝马集团的管理委员会设立了一个合规委员会，合规委员会受命建立了一个通行宝马集团的全球合规管理体系。在2016年，为了强化本土的合规管理，宝马集团在其69个子公司下设立了合规团队。

宝马集团合规委员会由如下部门的负责人组成：法律事务部、公司和政府事务部、内部审计部、集团报告部、组织发展和集团人力资源部。宝马集团合规委员会周期性地向管理委员会报告所有与合规相关的事务，确保当发生重要事件时，管理委员会能够被立即通报。同时，宝马集团合规委员会主席向审计委员会报告宝马集团合规活动的状况。

宝马集团合规委员会主要负责管理和监督与防范违规相关的活动。活动包括培训、通知和沟通措施、合规控制以及跟进违规案件的处理。其在集团具体履行了以下职责（节选）。

①制定合规相关的制度。在2016年，宝马集团的合规委员会制定了新的宝马集团《反垄断合规制度》，这个制度强制适用于宝马集团全球的员工，避免非法限制竞争。同时，修改和扩充了宝马集团《法律合规准则》，解释了法律合规对宝马集团的重要性，并且全面阐述了与合规相关的业务领域。合规委员会还将这份文件印刷成了小册子供集团全体员工查阅，并在网站上提供这份文件并翻译成九种语言的文本。

②合规报告。宝马集团合规委员会周期性地向管理委员会报告所有与合规相关的事务，包括对宝马集团合规管理体系的改进状况、调查行动的细节、

---

* 部分内容节选自宝马集团2016年年报中的合规报告。

已知的违法事件、运行的处罚和实施的改正和防范措施等。宝马集团合规委员会办公室负责将合规委员会的决议转变成措施，并付诸实施，并向管理委员会主席汇报工作。

③合规培训。自宝马集团合规管理体系建成以来，共有超过32 500名经理和员工接受了有关重要合规问题的培训。培训资料用德语和英语放在一个互联网平台上，培训结束还有测试，完成培训会得到一个证书，所有经理都必须完成培训。

④合规沟通。宝马集团合规委员会还经常与员工进行合规沟通。在一些有销售和金融业务的本土市场提供合规辅导，这通常是数日的外场研讨会，目的在于强化特定组织单元对合规的认识，加强总部的合规委员会与分散的合规办公室之间的联系。

⑤风险管控。宝马集团合规委员会对其全球的340个业务单元和职能部门进行了合规风险评估，在此基础上拟定了合规措施，并确定了这些合规措施的优先级。合规风险评估每年更新一次。宝马集团合规管理团队辅助超过210名合规责任人共同实施合规措施。

⑥违规举报和稽查。宝马集团的全体员工可以匿名而且保密地通过宝马集团举报热线报告公司里发生的可能违法的事件，宝马集团举报热线提供34种语言服务，可以在宝马集团员工活动的任何国家拨打免费电话接通。

第六节　部门之间的协调

一、面向全体员工的沟通

合规工作的顺利开展离不开企业各部门的协调合作，而要想企业各部门协调合作，应当确保企业全体员工持续收到和理解合规信息。因此，企业应当采用适当的传达沟通方式。沟通方式包括针对全体员工和针对员工个体两种。

一是，针对全体员工的沟通，包括合规方针和相关管理制度的建立，通过内部管理制度向全体员工明示合规要求，哪些可以做，哪些不可以做，明确地列出公司对员工的期望，不合规行为应该在何种情况下向谁反映，以及在新的合规要求出现时的风险预警。

二是，针对员工个体的沟通，主要包括发生不合规行为时的警示和纠正。国际上，一般较大的公司都设有合规专线，方便员工对合规问题进行反映和咨询。

【案例4-5：美国通用电缆公司的处罚案】

美国通用电缆公司创立于1844年，是《财富》世界500强公司之一，总部位于美国肯塔基州的海兰黑茨。2016年12月29日，美国通用电缆公司与美国证券交易委员会和美国司法部分别达成和解协议，通用电缆公司向两家监管机构缴纳了总计5500万美元的罚款并承诺在未来三年持续报告其实施强化的反腐败合规管理情况。文件显示，在2003～2015年，通用电缆公司的子公司向安哥拉、泰国、中国、印度尼西亚、孟加拉国和埃及等国的政府官员支付了1900万美元的贿赂，获得了约5100万美元的利润。

美国证券交易委员会在文书中确认，通用电缆公司在相关时间内一直有一份《道德准则》。《道德准则》禁止其员工向任何人支付不合法或者不道德的款项。《道德准则》明确提及美国《反海外腐败法》适用于通用电缆公司及其员工。《道德准则》还禁止向第三方支付过于丰厚的酬劳，尤其是如果酬劳的金额远远超过公司从第三方获得的服务本身的价值时。《道德准则》提醒员工，向签订政府合同的掮客支付丰厚的酬劳可能是非法的或者不道德的，因为这些酬劳可能流进相关政府官员的口袋或者被用于其他不当用途。最后，《道德准则》要求所有的交易要经过管理层授权，要保留能够真实、准确地反映交易情况的文书、记录和账簿，公司要有一套内部记账控制以合理地确保公司的财务报告准确、完整。

但是，美国证券交易委员会认为，通用电缆公司没有为子公司和员工提供足够的合规培训，这导致通用电缆公司的相当一部分海外子公司在通过第三方向政府客户进行销售时缺乏内部记账控制。美国证券交易委员会进一步指出，尽管公司的员工都签署了合规声明说自己理解《道德准则》的内容，但有很多员工并不知道美国《反海外腐败法》与自己相关，没有按照要求对第三方企业进行合规尽职调查，在与第三方签署的合同中没有包括合规条款，当发现交易中存在腐败贿赂嫌疑时也没有向管理层报告。

以上这个案例表明，因违规而遭到处罚的企业在合规方面并非完全无所作为，企业已建立一套看似完整的合规管理体系，但仍未能防止严重违规事件的发生。这表明，企业中的合规体系仅是摆设。企业的合规部门未能履行好自己的职责，更重要的原因是未能及时与企业全体员工进行良好的沟通，使全体员工理解合规体系、运用合规体系。

二、与内部业务部门的分工合作

合规管理并不是合规一个部门的事情，而是需要合规部门和业务部门的密切配合，这是由合规管理的特点决定的。因为合规部门并不能直接接触到业务，对业务相关的监管动态的了解并不如业务主管部门更为及时。合规管理中的"合规"应当融入整个管理体系，否则容易发生"合规"与"业务"两张皮的现象。因此，对执行合规制度过程的掌控应该是由业务部门的主管而不是合规官进行。例如，合规官认为某些事的合规风险较低，可以去做，但是从业务的发展角度上这件事能不能做还是应该由业务部主管进行考虑。

因此，某些时候，合规批准不代表业务批准，反过来说，业务批准也不代表合规批准。企业中的业务主管部门应当及时跟踪法律法规变化及监管动态，并及时向合规部门报告监管新变化，要结合业务管理情况分析识别合规风险，按不同类别评估风险发生可能性和危害大小，制订并落实本业务涉及的合规风险防范措施，并修订相关业务管理制度。综上，合规部门与业务部门应明确职责，分工协作。具体而言，它们的分工如下。

第一，业务部门应对业务的合规风险进行识别，其合规风险评估报告应提交合规部门。

第二，合规部门应当综合业务主管部门合规风险分析评估和监察、审计、内控测试等情况，对不同领域的合规风险进行综合分析评估，发布风险警示。风险警示应当明确风险类别、发生可能性、危害大小、风险防范措施以及责任部门等。

第三，业务部门应当根据合规部门发布的风险警示出具防范措施，合规部门应落实跟进，并给予指导帮助，双方配合合规调查，督促企业业务系统对违规问题整改。

表4-1 企业部分业务部门可能会与合规部门相互作用的领域

参与部门	相互作用的性质	可能与合规部门相互作用的领域
风险管理部门	合作与支持	1. 识别和评估各类风险，包括合规风险 2. 有助于合规风险的监测 3. 增强金融企业内部对合规风险的认识 4. 与合规部门合作，向管理层提建议
内部审计部门	合作与支持	1. 推动合规风险工作流程的自动化控制 2. 为总体合规风险评估提供信息 3. 监测业务做法和流程中的合规风险及其他风险 4. 围绕合规风险评估内部控制的有效性 5. 应合规部门的请求，复查合规风险的特定领域，并将其作为年度内部审计复查的一部分 6. 对合规相关问题进行专题复查 7. 参与调查合规薄弱环节和违规问题
法律部门	合作与支持	1. 持续跟踪法律法规的发展 2. 与合规部门合作，向管理层提供建议 3. 与合规部门合作，发展与监管者的交流关系 4. 支持合规部门对员工的合规培训和沟通 5. 参与调查合规薄弱环节和违规问题
质量控制部门	合作	1. 确保质量控制与合规的一致性 2. 加强合规与质量之间的联系
人力资源部门	支持	1. 通过员工手册和培训课程，帮助贯彻监管要求与行为准则 2. 协助制定有关处理合规事件措施的政策 3. 帮助管理和开发合规培训和交流 4. 在招聘敏感职位新员工方面，支持合规部门 5. 在绩效评估和薪酬系统开发时，激励合规行为，以支持合规部门
信息交流部门	合作	1. 发布内部通讯时，鼓励合规行为，以支持合规部门 2. 确保对外信息交流和公开信息披露的合规性
市场部门	支持	1. 确保市场信息发布的合规性 2. 支持合规部门监测外部环境
客户服务部门	支持	通过客户投诉报告向合规部门提供信息

三、与内部监督部门的分工合作

监督部门通常包括审计部门、监察部门和内控部门，合规部门应当与监督部门分工协作、协调配合，形成管理合力。

（一）与审计部门的分工协作

审计部门主要负责经营合规管理审计，对合规管理体系运行状况实施监督，其主要职能是对企业合规管理的执行情况，单独或结合常规审计项目进行检查，评价合规管理体系的健全性和有效性，并提出整改建议。

审计部门与合规部门的关系包括：合规部门与审计部门相对独立，合规部门接受审计部门定期和独立的检查；审计部门负责企业各项经营活动的合规性检查；合规部门为审计部门的合规检查提供方向和重点。合规部门可请求审计部门复查合规风险的特定领域，审计部门应将其作为年度内部审计的部分。

审计部门的合规检查结果是合规部门识别和收集合规风险信息和合规风险点的重要来源和依据。审计部门在检查结束后，应将有关合规检查情况及结论抄送合规部门，为合规部门识别、收集合规风险信息和合规风险点提供有效的信息来源和依据。合规部门被喻为公司内部的非现场监管部门，而审计部门则一直担负着稽核审计工作，相当于公司内部的现场检查部门，其工作具有"事后"特征，公司内部包括合规部门在内的所有组成部门，都需要受到审计部门的监督和定期、独立的检查。

（二）与监察部门的分工协作

一般情况下，监察部门负责违规举报受理、违规案件调查、违规责任追究，还可以负责建立完善各种监督机制和反舞弊工作机制，确保合规管理体系的执行到位、措施有效、保障有力。

公司应当建立统一的举报平台，鼓励员工、交易相对人及社会人士对公司、员工的违规问题进行举报。

一般情况，监察部门和合规部门的关系如下。

①监察部门按照公司有关规定负责举报的登记和受理。一般情况下，商

业贿赂方面的举报调查，由监察部门负责；而反垄断、反不正当竞争方面的举报调查，由合规部门负责，两者各有侧重。

②监察部门和合规部门应相互通报调查情况。调查结果应向举报人反馈。接受举报和进行调查的相关人员，应对举报人的身份和举报事项严格保密，不得擅自对外泄露，并要求任何单位和个人不得采取任何形式对举报人进行打击报复。对实名举报的事项经查证属实并及时纠正违规，为公司挽回直接经济损失的，对举报人按公司有关规定可给予奖励。

（三）与内控部门的分工协作

内控部门的主要职责是风险管理，例如，美国银行将风险管理分为三大部分：市场风险，即由于宏观经济因素如利率、汇率的变化对银行经营的影响；营运风险，指银行在自身业务经营中因管理疏忽造成的风险；合规风险，指银行未能完全符合法规的要求进行经营所带来的风险。由此可见，合规管理是内控管理的一部分，应各有侧重、互相配合，合规管理实际上是内部控制中合规性目标的直接保证，是在风险评估及控制活动中涉及的风险管理的前提和实施工具。

（四）与法律部门的分工协作

法律事务部是对公司的法律风险进行咨询和提供建议的部门，与合规管理部门在法律方面的合规风险管理存在某些重叠。企业可以在法律事务部门与合规管理部门工作侧重点和职责上进行清晰的划分。法律事务部主要涉及与合作单位的合同、诉讼等方面的法务工作，对重大的并购重组事项等提供法律意见等。而合规部门要识别或者协调法律事务部识别公司面临的法律合规风险，此外，合规部门还要对员工遵守企业内部规章制度、行为道德规范方面的合规风险进行管理。

四、与外部监管部门的沟通协调

企业的合规部门应当做到事前预防，防患于未然，积极应对国家的动态监管。在当今的全球市场环境下，公司应当审查其合规流程来应对来自监管部门越来越多的关注，以确保他们对可能的监管审查做好准备。公司可以通过发展与监管机构规则相一致的合规制度来降低在报告义务和遭受处罚方面的风险。公司还应当了解什么内容是监管机构希望公司的合规流程应该囊括的。一个符合法律法规的合规流程包括：书面标准和政策，其中包括对记录的保存；合规官或其他授权高级管理人员对合规相关的问题或疑虑进行报告的机制；对公司全体员工进行与合规相关政策和程序的培训，与全体员工进行有效的交流；合规部门和其他相关部门的管理监督；保留与合规相关的记录，以便当相关机构需要时能够及时提供。在公司遭遇监管执法行动时，可以采取适当措施来减少潜在的不利影响。

与监管机构及时沟通和交流建立沟通渠道，增加监管机构对公司的信任，提前请求与机构的工作人员沟通，与政府机构建立公开透明的关系。为保护商业目标，公司要制定一个有效策略，避免受到不必要的监管措施或者在诉讼中处于劣势。证明公司拥有完整的合规管理制度体系。如果公司能向监管机构展示，公司拥有良好运行的管理体系，那么监管机构将会更加信任公司，从而可能减少一些不利影响。同时，向监管机构提供良好的记录报告，证明公司在本次违规行为之前没有或至少在行业内很少发生被处罚的情况。

五、与商业合作伙伴的沟通协调

企业合规部门应当向重要的商业合作伙伴传达合规要求，包括自身的合规要求和对对方的合规要求，并在商务合同中明确约定。

例如，在通过代理人或商业中介公司获取国外市场方面，不得通过贿赂的方式进行。为做到这一点，企业应做好如下准备：第一，要考察对方的历史资信情况，特别是在合规风险较高的国家，该商业中介公司是否有过不合规行为，其对政府官员的影响力是否容易存在暗箱操作；第二，应该在合同中明确约定详细的工作范围和拒绝商业贿赂的条款；第三，应有透明的支付程序和准确的文件记录支付的用于具体事项费用明细和相关凭证，严禁以市场开发费、业务招待费等名义掩盖非法目的；第四，应当有合格的内部人员对商业中介公司进行监督配合工作。

公司应指派一位高级管理人员深入了解与公司相关的监管机构报告及其他合规性要求。通常情况下，公司的一线员工可以通过与各种客户交流了解到产品安全争议或违规情况，而当收到信息的人对信息不重视或者没有意识到相关的事故时，这些信息并没有反馈到公司高层。如果没有明确的制度要求，员工或许会因为不是他们的责任或者认为没有严重到需要报告的程度而忽视这些将来可能会给公司带来麻烦的情况。应该使全体员工明白，每一个产品的投诉或违规都存在潜在的风险。每一个投诉、索赔或事故报告应层层上传保存到合规管理相关部门，记录并彻底跟进。

公司应当对提供的产品或服务保持完整和准确的记录，并保证记录符合法律法规以及内部制度和程序的规定。例如，在向消费者销售产品的记录中应包括销售记录、采购记录、验收报告以及历史投诉、索赔、退货和其他相关信息。信息应该存储在数据库中，并且能够容易被管理人员查询、评估合规性以及向相关机构报告违规情况。

【案例4-6：西门子公司的合规管理】

1. 西门子公司合规管理体系

在2006年经历危机过后，西门子公司建立了合规管理体系，旨在企业文化中树立合规理念。西门子的合规管理体系实现了三方面相结合，即防范、检查和应对相结合。在防范阶段，西门子公司致力于制定明确可行的商业行为准则，并建立完善的合规培训和其他咨询项目。在检查阶段，西门子公司主要强调扩展交流报告渠道，并全面重组扩展公司原有的内部监管系统。在应对阶段，西门子公司纪律委员会在法律允许的范围内严格审查并处罚违规行为。

2. 西门子公司合规管理组织架构

西门子公司建立了强大的合规团队，其全球拥有650名全职合规专员，由首席合规官领导，在各个集团和地区公司中都已经任命各自的集团合规官或地区合规官，其主要负责各自责任区域内的合规计划执行事宜，并向首席合规官报告。同时，在最高执行委员会内设立负责法律与合规事务的委员，由法律总顾问担当。首席合规官向西门子董事会法律总顾问汇报工作。西门子还设立总部合规办公室，由专家律师组成，负责管理公司上下所有合规相关的法律问题。

3. 西门子公司部门间的协调

①业务相关的控制管理。西门子公司要求各个经理在进行其业务活动的同时,还要在其职责范围内进行持续的控制管理检查。②与审计部门之间的协调。在西门子公司,其审计人员应当定期检查合规计划是否在全球各个集团和地区公司内得到了贯彻和执行,并且要定期检查是否存在违规迹象。

4. 西门子公司的合规部门与商业伙伴之间的协调

合规风险多在第三方协作过程中出现,外部第三方对西门子公司合规制度的了解和执行情况对公司来说也至关重要。①西门子公司和所有供应商签订《西门子公司供应商行为准则》,对所有供应商在禁止贪污腐败、尊重员工的基本权利、供应链管理等各方面作出详细的要求,并提供西门子公司的支持渠道;②要求商业伙伴在履行与西门子公司的合同过程中使用分包商时,必须使用和西门子公司合规规定相当的条款约束其分包商;③对特定第三方进行合规培训。

第五章 合规管理的实施保障机制

第一节 实施保障机制概述

一、实施保障机制内涵

企业建立了相应的合规体系、规章和制度，为把合规管理融入实际业务过程，就需要借助有效的实施保障机制来保证相关制度的落实。合规管理的实施保障机制，一方面，有利于确保企业的各项业务行为符合外部法律和法规等相关要求；另一方面，能使合规政策的要求与实际工作相吻合，不脱离实际。

目前，合规管理的实施保障机制主要包括合规文化建设、合规培训、举报机制、追责惩罚制度、合规管理的绩效考核机制以及随着时代发展而出现的合规管理新工具。

二、实施保障机制有效的基本条件

（一）管理层的支持

董事会或类似的企业最高管理层在决定机构的合规方向上起着关键作用。当董事会确认企业需要合规时，这种行为本身已向企业的所有人发出明确且强有力的声音，并为业务和员工的行为指引了清晰的方向。

企业的最高管理层应该坚持并且让企业的员工相信，合规是一个企业长期稳定发展的基石。企业的董事会应该将合规这个理念写入企业的章程，企业的最高管理层应该在各种场合向企业员工宣讲这个最基本的价值,并通过各种有效的合规培训,使员工认同这个价值理念,自觉合规行事。

(二) 各级管理人员以身作则

各层级经理们应以身作则,遵守企业的政策、流程和其他合规要求。在日常工作中,需要言传身教,不仅提出促使企业员工接受合规的价值观念,而且身体力行自觉表现出与自己倡导的价值观和行为准则相应的行为选择。同时,可以借助重大合规事件的成功处理,促进企业成员对重要合规价值观和行为准则作出相应的行为选择。

(三) 对合规工作提供资源支持

应当为合规部门配备能有效履行职责的资源,为合规所提供的资源应当是充分和适合的,以确保合规管理真正得到落实。合规部门所需的资源包括提供合规运营和执行需要的能胜任的员工、工具、知识、技能、外部资源的支持和对合规事件处理的支持。合规的工作人员应当具备相应的资质、经验、专业水准和个人素质,进而保证他们能履行特定的职责。人才将最终决定合规管理的效果和效率。另一关键资源是信息资源,确保企业内所有必要信息尽可能多地流向合规部门,以满足其不断追踪和补充信息的需要。

第二节 合规文化建设

一、合规文化的内涵

美国著名经济学家彼得斯和沃特曼曾精辟论断,在经营成功的企业里,居第一位的并不是严格的规章制度或利润指标,更不是计算机或任何一种管理工具、方法、手段,而是企业文化。合规文化作为企业文化的重要组成部分,是指企业根据有关法律、法规和相关规章制度等规定的目标和要求衍生出来的关于企业如何达到这些目标和要求的行为方式和管理手段,它是对自律文化缺陷的改正和完善。合规文化的建设基于利益相关者理论。利益相关者理论认为，企业作为一个开放的系统，企业的相关行为都必须考虑出资者、债权人、员工、消费者、供应商、政府等众多的利益相关者的利益。例如，企业在谋求利润而选择高风险领域时，需考虑出资人和债权人的利益；又如，企业在扩张自身经营规模时需注意承担自身的社会义务，避免发生危害环境和破坏生态的行为。只有当违规所造成的损失远远大于合规的成本时，合规文化才是有益和有效的。

企业有效的合规文化，可以形成良好的合规氛围，限制和抑制潜在的违规行为，降低员工违规的可能性。合规文化是在长期经营活动中逐步形成的共同价值观、共同行为准则、共同价值取向，有效的合规文化可以使业务操作相关人员在早期发现员工的不当行为并尽快采取行动，从而将不利后果减到最小。合规文化是企业主动满足监管部门的要求，充分利用已建立的有效合规程序，主动证明自身的良好信誉，并且形成清晰的权责体系，充分利用问责机制惩处违规行为，鼓励合规尽职管理，从而形成违规问责、尽职免责、权责一体、奖惩分明的有效机制，真正体现对合规价值的鼓励和重视。

二、合规文化的基本内容

（一）不"想"违规

在员工心中形成不"想"违规的理念。通过合规理念、知识培训让员工知道什么是"规"，认同合规文化。同时，通过合规宣传提升全员的合规意识。通过制定合规手册和合规指南让员工清楚明白如何进行业务操作才是合规的，进行什么样的活动是违规的。

（二）不"能"违规

通过健全制度流程和内控管理让员工没有漏洞可钻，没有私人利益可占。让合规管理真正嵌入企业日常管理和业务流程之中，将合规风险控制在可控范围之内。加强合规部门与各个部门之间的协作，合规部门应参与业务部门的相关会议，在业务一线给予相关部门合规指引，将违规行为扼杀在摇篮之中。

（三）不"敢"违规

通过强化考核和问责，让合规经营的人得到激励，让违规的人受到惩罚。例如，通过建立"黑名单"制度、建立行业相关信息共享名单。并且在合规培训和日常会议中通过案例警示教育，让员工知道违规的后果，达到内心不"敢"违规的确认。

三、合规文化的培育

培育合规文化要重视对制度框架的构建、执行与完善，为员工合规创造一个良好的环境，还要重视制度的可执行性，使员工知道合规与违规的界限。例如，要善于发现并校正管辖范围内存在的"破窗"问题，避免环境诱使员工违规。加强企业合规文化培育，在企业积极倡导合规文化和合规理念，使"合规"成为企业一切经营活动的自觉规范指南，使得良好的合规文化在企业中蔚成风气。

2012年，美国司法部和证券交易委员会指出，一个公司具有健康的合规文化的标准是：组织是否明确鼓励合法合规的道德行为；管理层是否能够真正地认同要符合道德伦理要求，从而创造一个适当的企业文化；管理层是否通过制定实施并遵守适当的行为规范来支持公司的企业文化。

培育合规文化的一大关键是从高层做起，企业的创办人或高层领导人的价值取向必然会从源头上决定着企业的价值取向。管理者人才选拔的方法和日常言论、决策都会透露出其价值取向，对下级起着风向标的作用，久而久之会传遍整个企业。企业中存在既定的合规规章制度，管理者对其重视程度也直接影响着规章制度能否在企业中获得高度认同。因此，高层不仅需要以其日常言行垂范，还应当亲自传达合规文化的相关信息，致力在企业形成浓厚的合规文化氛围。

合规文化，人人有责。企业作为一个组织，是由个人所组成的。因此，合规文化的基本单元是个人的自觉性。企业的任何个体都不能因为个人的短期利益，损害企业的长期利益。企业中的每一个人都有责任去学习和认识相关的法律、法规和规章制度等，并自觉遵守这些规范。

强化"合规创造价值"的理念,即树立通过合规管理能增强企业在市场上的持续竞争能力,并增加营利空间和机会,避免业务活动受到限制,为企业创造价值的理念。具体来说,合规管理的价值为:一是能降低因违规而遭受监管处罚和行政诉讼的经济损失;二是有助于企业提升自身的声誉和品牌价值,使企业树立良好的品牌形象,获得更多的发展机会;三是在市场风险和操作风险方面,防止企业盲目承担非目标风险和过度风险,从而损害公司价值。因此,"合规创造价值"理念引领的合规管理部门理所应当成为企业的"价值中心"之一。

同时,我们应培养这样的理念:要建设的合规文化应当是具有生命的,而不是一个毫无生命力的框架。所谓具有生命是指我们的合规文化不应仅停留在员工守则、领导讲话和培训课程里的相关理论,还应渗透在企业的各种日常活动中,包括业务管理、运营管理和人事管理等,实实在在地影响着企业每一位员工的操作原则和日常管理决策。

第三节　合规培训

一、合规培训的内涵

培训是一种有组织的知识传递、技能传递、标准传递、信息传递、管理训诫行为。通过培训让广大员工熟悉和了解合规工作的内容和范围,知道合规是什么、为什么、怎么做,并适应企业内外部合规发展的要求。

合规培训应达到以下要求:①合规培训要具备长期性。合规部门应不断地进行员工培训,向员工灌输合规的价值,培养良好的行为规范,使员工能够自觉地按合规的要求来工作,从而形成良好、融洽的合规氛围。通过培训,可以增强员工对合规行为的认同感。②合规培训要具备专业性。对于特定的岗位需要进行专业性的培训,其中岗位规范、专业知识和专业能力的要求被视为岗位培训的重要目标。合规岗位人员上岗后也需要不断进步、提高,参加更高层次的培训,使其具备的合规方面的专业知识、技术能力达到岗位规范的高一层标准，以适应合规管理发展的需要。

企业可以根据外部管理要求和内部管理需要，由人力资源部门牵头，合规部门协助，各职能业务部门配合，制订年度培训计划。根据年度培训计划，各个相关部门针对管理岗、业务岗和综合岗的不同特点，将合规履职作为培训重点，开展分层次和有针对性的培训教育。合规培训与教育可以分为两个方面：一是对经营管理部门管理层和工作人员的教育和培训；二是对合规部门职员的教育和培训。对于新入职的员工要在正式上岗前组织以合规手册、合规制度流程为重点的培训。针对合规部门的工作人员进行提升合规管理能力的特定培训。对于中层管理人员进行提升管理能力、创新能力和识别市场合规风险的能力为重点的培训。通过上述的差异化培训，有利于提升各层级人员的合规意识和能力，真正做到"合规人人有责"[1]。

二、合规培训的价值

合规培训是帮助强化良好合规性与成功业务之间联系的战略手段，有利于提高员工认识合规的重要性，使他们进一步理解与应用外部法规与内部行为规范，掌握与自身业务密切相关的知识与价值。具体体现在以下几个方面。

第一，有助于企业奠定坚实的知识基础与良好的道德价值基础，使员工对集团开展业务所在的监管法律环境有更深入的理解，从而提高判断与决策能力。

第二，有助于减少因不懂法而导致成本极高的错误出现的可能性。

第三，有助于提高产品研发的质量与速度，这归功于法律法规与道德价值等因素在早期工作阶段的提前介入。

第四，有助于加强集团合规文化建设，使监管责任向条线管理者转移，而不仅是合规官的责任。

三、合规培训的形式

合规培训有多种形式，具体培训形式如表 5-1 所示。

一是合规职责培训。旨在帮助员工持续了解相关法律法规的发展和要求，

---

[1] 刘桂松. 农村商业银行合规管理研究 [D]. 南京：南京农业大学，2016.

提高合规能力并运用于履行职责。通过相关课程培训使员工清晰地了解自己在合规管理中的职责边界，提升员工对企业文化和行为守则的认知程度和自觉执行意识。

二是入职培训。包括为新入职员工提供必要的合规知识基础，帮助新入职员工了解企业的合规政策；根据新老员工的不同层次，合理制定培训规划。

三是基于风险需求的培训。对已发生的违法违规行为，在企业内部进行公告和警示，发挥应有的警示和震慑作用。

按风险的大小安排培训的次序为：解决审计、监察、风险或审核发现的问题；监管要求发生重大变化；业务活动复杂性和风险程度提高；意料之外的员工流动；工作方式不一致或意识薄弱。

表 5-1 合规培训的形式

培训类型	培训对象	培训内容	培训组织	培训时间
合规职责培训	全体员工	应知的合规基础知识、基本要求和基本行为规范	员工所在单位或部门	每年至少一次
入职培训	新入职员工	应知的合规基础知识、基本要求和基本行为规范	人事部门	新员工上岗前
上对下培训	直接管理的下级人员	合规知识、制度规定和风险防控要求	业务部门及领导干部	根据需要经常开展
合规专业培训	高风险领域的岗位员工	针对性的合规培训（如反垄断）	合规管理部门	根据风险状况及时组织

第四节 举报机制

一、举报机制的内涵

举报即检举、报告，它作为合规管理的一部分，是指公司员工向合规管理机构检举、控告特定人员或者机构违反法律、法规以及公司制度，依法行使其监督权利的行为。举报既可以是匿名的也可以是实名的，加强举报机制的管理有利于提高合规管理工作的效率，也能降低公司合规的成本。

诚信举报机制是构建合规文化的三项机制之一，该项机制能使一些潜在的风险、不合规的行为被预知，使得员工和管理者提高警惕，迅速采取补救措施，并在潜移默化中使"主动合规"的意识深入人心。诚信举报机制是指通过制度安排、技术保障等措施，鼓励内部员工基于个人的良知、伦理与道德判断或公共利益的考虑，对其认为是违反了法律法规、监管规定或诚信道德准则的行为和主体进行举报。

二、举报机制的功能

一是导向功能。诚信举报机制作为一种制度安排，向全体员工传导了人人须合规、不合规须受处罚的理念。而诚信举报的行为，通过公正公开的结果处理，可以大大强化合规理念的说服力。

二是保障功能。诚信举报机制及保障其发挥作用的措施安排被视为公司内部治理结构的有效补充，在公司运作信息被高层垄断时，能发挥重要的信息披露功能。调查公司帝国征信的数据显示，日本2015年度因财务报表造假等违规原因而倒闭的企业达289家，刷新了历史纪录；2016年度的件数也非常多。有效的举报机制可以帮助企业避免大幅度的违规。

三是预警功能。诚信举报机制为员工及时制止其他员工的违法违规行为提供了有效的信息反馈渠道和途径，便于员工从维护诚信精神的角度，自觉地向管理层指出存在的问题，有助于及时帮助、挽救有犯错误倾向的员工，增加企业防控风险的能力。

四是约束功能。诚信举报机制的存在对那些企图违规的员工可以产生一种外在压力。有助于在企业内部形成"不敢违规"的氛围，让员工真正做到不"敢"违规。

三、举报机制的内在要素

第一，建立流畅的举报渠道。合规管理部门应该设立专门的举报渠道，并面向公司全体员工以及利益相关者，可采取电话、电子邮件等方式。各渠道确保被各个层级的员工和外部人员充分了解。

第二,对举报人的保护机制。对举报人的姓名、联系方式等有关情况及举报的内容必须严格保密,举报材料列入密件管理;严禁将举报材料转给被举报部门、被举报人;受举报人举报或向举报人核查情况时,应当在做好保密工作、不暴露举报人身份的情况下进行;宣传报道和对举报有功人员进行奖励时,除征得举报人的同意外,不得公开举报人的姓名。

第三,筛选制度。防范无关紧要的或别有用心的举报,避免将有限的调查力量集中于虚假举报当中。而且频繁的调查将导致企业浪费财力和物力,更有可能导致企业内部人心惶惶。

第四,调查制度。建立相应的调查小组或向第三方中立调查机构寻求帮助。在调查前,要对调查人员进行相应的技能培训和签署相关的保密协议。在调查时,要收集相关资料,监控、实时跟踪举报对象,并采取正确的行动。

第五,及时反馈制度。对任何举报都必须及时予以回复,一般三个工作日是比较合适的,如果不能立即得出处理结果也必须说明原因。如举报属实,在处理完毕后应当及时告知举报人,并及时向股东和其他利益相关方报告采取的行动以及最终结果。

第六,免责制度。对于举报人的举报,除故意诬告外,公司应该对其行为免责。鼓励员工对于内部不合规现象进行举报,免除后顾之忧。

四、信息收集来源拓展

举报信息的来源不应仅局限于企业内部,还应包括企业的利益相关者,例如,供应商、顾客、相关部门。建立公开的信息举报渠道,有利于减少企业违规所带来的后果。

举报的渠道不应仅局限于信件举报和电话举报。随着科技的发展,还可以将电子邮件举报、网站举报纳入。举报者可自由选择是实名举报还是匿名举报,公司可对实名举报者给予更多的鼓励和支持。在举报和调查过程中要注意保护好举报者的隐私,避免对举报者进行打击报复的行为的发生。

五、对举报者的保护

对举报人的保护措施包括对举报人信息的保密与对举报人的保障规制。对举报人信息进行保密有助于避免被举报人得知举报人信息之后采取报复行为。奥林巴斯的员工2007年告发上司存在违规行为，随后被调动工作岗位，该员工花了10年时间才与奥林巴斯就赔偿金等达成和解。熟悉举报制度的律师光前幸一指出，"现行的制度缺乏实效性。员工往往担心遭到报复而放弃告发"。

相关研究指出，相对于发现不当行为会上报给企业的人来说，影响那些发现了不当行为而没有举报的人的原因就是其害怕被报复。于是，他们往往会选择忽视不当行为。研究也指出，如果企业能够保证举报人在举报企业不当行为之后不会被解雇，那么员工会更加愿意举报企业内部的不当行为。

因此，企业应当建立完备的举报者保护机制，鼓励和支持员工对企业内部存在的不合规行为进行举报。有效落实保护机制，免除员工的后顾之忧。为此，日本政府为加强对举报人的保护，计划在发现企业实施报复性人事安排时，采取向企业发出劝告、公布企业名字等行政措施。如果认定企业对举报人的所作所为性质恶劣，还会对企业实施罚款和拘役等刑事处罚。

六、对举报者的奖励

相关研究表明，在有明确的现金奖励的情况下，内部员工更愿意向上级举报其所发现的不端行为，奖励机制对企业内部举报行为有着激励作用。在对举报者进行奖励时也应注意方式，若是匿名举报，应避免奖励过程中暴露举报者的相关信息，造成后续不必要的麻烦。企业可根据自身情况对实名举报给予更多的支持和奖励。

【案例5-1：京东集团的举报机制[*]】

《京东集团举报人保护和奖励制度》设立每年高达1000万元的反腐败奖

---

[*] 廉洁京东. 京东集团举报人保护和奖励制度 [Z/OL]. [2020-05-26]. https://mp.weixin.qq.com/s/JRHuFDM-puq3Og1fWRD81Q.

励专项基金，对于举报违规行为并查实的举报人或举报单位进行高额奖励。同时，京东集团还正式上线了反腐败网站"廉洁京东"，该网站将连同"廉洁京东"微信公众号，一起面向所有社会公众开放，实时同步京东集团内部反腐败工作动态，鼓励公司内部员工、供应商及合作伙伴积极举报腐败行为，共同打造诚信的商业环境。

该制度对举报人的奖励包括以下内容。

①京东集团举报奖励对象原则上限于实名举报，实名举报有助于京东集团高效、快速查处腐败问题以及保障举报奖励的正确发放。京东集团鼓励知情者积极实名举报，如实客观地反映腐败问题，并根据最终的调查结果给予举报人或举报单位丰厚的奖励。

②对于个人举报，提供有关腐败行为的信息经调查属实的情况，京东集团将根据提供线索的有效性、案件性质及严重程序给予举报人5000元至1000万元人民币不等的现金奖励。

③对于合作单位举报，提供有关腐败行为的信息经调查属实的，参照《京东集团反腐败条例》第6条第2款关于个人举报现金奖励标准给予5000元至1000万元人民币不等的现金奖励，或者结合举报单位需求给予举报单位相应广告、促销等资源类奖励。

④对于提供直接及有效证据举报职务侵占类、非国家工作人员受贿类案件，并且最终被警方定性为刑事案件的举报，奖励金额最低为人民币5万元，最终查处案值越高，给予奖励越高。

⑤两人以上（含两人）联名举报同一案件的，按同一举报奖励，奖金由举报人协商分配。

⑥禁止恶意举报和诬告陷害。对歪曲事实的恶意举报或打击报复的恶意投诉不仅取消奖金的发放，而且追究当事人相关责任，若为内部员工则根据员工手册按严重违纪处理。

第五节 追责惩罚机制

一、合规问责制度

企业的合规问责制度应当包括合规责任制和合规责任追究制。相应的流程为：启动问责—调查—审计决定—复议，并全程监督实施。合规问责的重点内容主要包括以下几个方面。

第一，因违反相关法律法规、规则和规章制度所导致的违规事件以及给企业造成重大损失的事件。

第二，发现违规事件或违规操作隐瞒不上报或未主动避免事件发生，以及事件发生后未采取积极措施纠正行为，降低违规事件所带来的后果。

第三，不报、延报、谎报、漏报突发和按规定应及时上报的重大违规事件的行为。

第四，各级管理人员和合规监督人员故意或过失导致未充分尽责，以致问题未被发现，处罚未被进行，未提出整改意见的行为。

第五，各业务部门的相关人员不履行或未能正确有效履行应负的法定职责的行为。

企业应按照问责程序，依据岗位职责、合规管理程序认定和追究问责对象合规责任，并视情节大小，对相关责任人依据企业内部的纪律处分条例和人事惩处制度进行问责处罚。

二、"黑名单"制度

"黑名单"制度是指企业甚至行业将作出重大违规违法行为的员工和从业人员列入违规"黑名单"中，以起到警示作用。企业可与行业中其他企业建立共享"黑名单"，对相关员工的重大不合规行为进行记录。一方面，可有效避免由于聘任员工给企业带来太大的违规风险；另一方面，可起到警示教育作用，让员工关注自身行为和业务操作，避免同样的违规事件再次发生。

三、连带制度

当企业内发生重大违规事件时,应给予对公司造成重大的经济损失或造成不良声誉的违规事件的直属主管或相关人员连带责任处罚,连带处罚可以是经济处罚,也可以是行政处罚,以加强管理者责任心,提高管理者的执行力,减少漏洞。

连带制度可以选择实行管理者三级连带制,即以受处罚的人为基点,向上追溯两级管理责任,直接上级或间接上级。以部门第一责任人为基点;或是采取管理责任连带比例:100%、40%和20%,即100%是处罚当事人,40%是处罚直接上级,20%是处罚间接上级,也就是说,当员工处罚100元时,直接上级连带处罚40元,间接上级连带处罚20元。

四、"一票否决"制度

"一票否决"制度赋予合规部门极大的权力。如果在决策中有一票否决权,合规部门即可以因为合规风险进行单方面否决。同样,在公司相关的绩效考核里,在规定的多项任务中,有任意一项或者特定某项造成违规,则评估为整体不合格。这种指标设置,突出合规工作的重要性,对于全局工作具有积极意义。但同时意味着,一旦被否决,其他方面做得再好也无济于事,换句话说,所有成绩归零,一切"白干了"。

第六节 合规管理工具

随着时代的发展,在市场不断开放和技术工具不断创新的背景下,合规风险的表现形式越来越隐蔽。这些新的风险对合规管理技术提出了更高的要求。企业需要一个灵活的技术架构来支持其定制化的合规建设,从而满足企业的风险偏好和管理策略。因此,越来越多的新技术被运用到合规管理当中,被运用在确保合规管理的各项制度和措施能得到有效落实和相应保障当中。

然而,仍有许多企业依赖于各种不同的传统系统来管理风险,使管理决策过程复杂化，同时也阻碍了合规文化的建立。通过合规管理新技术，企业和其合规团队可以协同应对新法规和新要求带来的复杂性，保护并促进业务发展，使得企业在合规过程中，"监管"与"支持"部门与其他部门间产生协同关系。如何把先进的合规管理技术工具应用于合规管理体系的具体实施当中，合理有效地规避合规风险，实现合规风险和业务发展的平衡，这对于合规管理的实施保障而言既是一个全新的要求，也是一个严峻的考验。目前，企业中结合信息系统已研发出与自己企业特点相吻合的合规管理信息系统、制定出具有本公司特色的合规手册、合规指南等。

一、合规管理信息系统

合规管理信息系统的使用在发达国家已经比较普遍，尤其是在美国发生了安然、世通等公司的违规丑闻，美国国会出台了《萨班斯法案》后，企业为满足该法案对公司财务报告和内部控制合规的严格要求，往往会制订复杂的控制流程，因此合规管理的信息系统也就应运而生了。负责发展业务和品牌营销的部门通过合规管理信息系统可以从合规团队中收到可信且有价值的信息，例如，市场情况、竞争对手和合作伙伴的信息，或者及时的法律和监管指导等可以帮助增强企业的竞争优势或者有效应对违规风险。拥有正确的信息和数据，对于应对不确定性和管理风险、优化企业战略、提高企业绩效，以及为决策提供更好的支持服务都至关重要。

随着管理信息系统的发展，目前已在原有基础上研发出具有公司业务特点的合规管理信息系统。真正将合规管理很好地嵌入日常业务管理流程当中，便于员工的日常使用。合规管理信息系统中往往包含合规培训、合规咨询、合规评价、合规风险评估等方面，各公司在实际使用时可根据自己实际情况进行调整。

【案例5-2：中国石油天然气集团有限公司合规管理信息平台系统[*]】

中国石油天然气集团有限公司早在2015年前就已经建立合规管理信息平台系统，系统中合规管理业务主要分为预防与控制、监督与问责两部分。预

---

[*] 办公管理项目组．中国石油合规管理信息平台系统介绍 [Z/OL]．[2020-05-26]．https://wenku.baidu.com/view/94166fdbeeobeff9aff807b4．html．

防与控制中又包含了合规培训、合规登记、合规评价、合规审查、合规档案和合规风险评估与预警六大版块。监督与问责中则包含了责任追究、举报与调查和检查监督三部分。具体结构如表5-2所示。

表5-2 中国石油天然气集团有限公司合规信息平台系统功能

系统功能	版块名称	具体功能
业务功能	合规培训	自我培训、上级对下级培训、线下培训信息、培训教材发布
	合规登记	合规登记、登记情况查询
	合规评价	合规评价、合规综合评价、合规评价发布、综合评价发布
	业务资料	法律法规库、资料库、诚信合规手册、法律和资料维护
	合规风险评估与预警	风险评估上传
	责任追究	责任追究信息
	举报	内部举报
	检查监督	检查监督情况
其他功能	业务辅助	个人首页、统计报表、机构业务统计
	系统维护	直属关系维护、机构维护、AD同步、角色维护、用户维护、系统通知

在中国石油天然气集团有限公司的合规管理信息平台中主要有六种系统角色存在,分别是普通用户、关键岗位员工、部门领导、综合评价被评人、合规管理人员和合规部门主管。各种角色的用户范围和功能范围如表5-3所示。

表5-3 中国石油天然气集团有限公司合规信息平台角色设定

角色	用户范围	功能范围				
普通用户	集团公司除关键岗位员工外的所有员工	培训、登记补充有关法律和资料库	—	—	—	—
关键岗位员工	集团公司关键岗位、涉及法律风险的员工	培训、登记补充有关法律和资料库	合规评价	—	—	—

续表

角色	用户范围	功能范围			
部门领导	各级部门领导,同时也是关键岗位员工角色	培训、登记补充有关法律和资料库	合规评价	—	—
综合评价被评人	各级单位领导班子,同时也是部门领导角色	培训、登记补充有关法律和资料库	合规评价	综合评价(被评人)	—
合规管理人员	负责具体合规业务的员工	培训、登记补充有关法律和资料库	合规评价	综合评价(评价)	风险评估、档案、责任追究、统计报表等
合规部门主管	负责合规业务的主管领导、总法律部顾问	培训、登记补充有关法律和资料库	合规评价	综合评价(审核)	风险评估、档案、责任追究、统计报表等

中国石油天然气集团有限公司的合规管理信息系统中表明合规评价的内容包括合规知识掌握、合规登记报告、遵守制度规定和违规及整改情况,领导干部除上述内容以外还包括带头学习和遵守制度规定以及落实合规管理情况等。评价方式涵盖员工自我评价、上下级相互评价和综合评价。评价结果将作为干部任免、考核奖惩的依据之一,同时员工应根据评价意见持续改进。

针对此系统,中国石油天然气集团有限公司制作了相应的讲解教程,并对其中的使用步骤进行详细介绍。另外,制定了详细的系统实施阶段安排,合规管理信息平台按步骤在各地的公司进行运用。提出了相应的实施步骤、培训准备、培训和实施推广等部署安排。合规管理信息系统的运用在中国石油天然气集团有限公司整个系统中有序推进。

二、合规管理手册

合规管理手册应当根据相关法律法规、行业规则以及公司相关规章制度制定。合规管理手册制定的目的是让公司全体员工了解并遵守与业务相关的主要法律、法规和公司规章制度要求,以确保公司和员工行为的合法合规。合规管理手册应当与公司其他规章制度和业务流程等规定一并阅读,以全面了解公司对各项业务和活动的合规要求。合规管理手册的内容应根据法律法规和公司规章的颁布、修改而定期更新，修订后内容为合规管理手册不可分割的组成部分。合规管理手册及修订内容应当通过公司的办公系统或者其他方式及时向公司全体员工传达，并在公示后作为公司制度生效。

【案例 5-3：丸红株式会社的合规管理】

丸红株式会社（Marubeni Corporation）是日本具有代表性的大型综合商社，自 1858 年创立以来，至今已有 160 多年的历史。公司总部设在东京和大阪，资本金 1940 亿日元，是日本五大综合商社之一。2018 年 7 月 19 日，《财富》世界 500 强排行榜发布，日本丸红株式会社位列 130 位。

丸红株式会社社训是"正、新、和"，其中的"正"是指"公正、明朗"，"如果遇到正义和追求利益只能二者择一时，要毫不犹豫坚守正义"。基于这一标准，丸红株式会社制定发行了《合规手册》，作为丸红株式会社全体人员在执行日常业务中必须遵守的行动标准，并且每年都要求全体干部和员工以及（国内）丸红株式会社成员公司的各社长就遵守《合规手册》进行宣誓。2018 年 10 月，《合规手册》已更新至第 15 版，同时也被翻译成英文，在网上公布。丸红株式会社合规管理主要包括以下四大部分。

1. 丸红株式会社的合规声明

声明中强调丸红株式会社的每一位员工都应遵守法律法规和公司的规章制度，遵守集团"正、新、和"的精神，并将这些真正融入日常工作行为。

2. 丸红株式会社的合规体系

其中回答了什么是合规？丸红株式会社的合规体系中处于核心地位的是相关法律，第二位的是公司精神，最后一位则是较高的道德标准。

谁来实践合规？丸红株式会社认为合规是每个领导者和员工都需要遵守的，并且不仅仅是运用在自己的工作中，私人生活中也应做到相应的合"规"。

合规委员会的作用是什么？丸红株式会社的合规委员会直接对董事长负责，确保合规在丸红株式会社得到相应的独立性和重视。

首席合规官和合规工作人员谁担任？首席合规官由董事长任命，确保合规体系在丸红株式会社中得到很好的落实，首席合规官应同时担任合规委员会的主席。集团以及分公司的合规工作人员则应确保合规在各自所在的公司得到切实的实行。

合规咨询途径是什么？当员工意识到某些行为可能与合规体系要求相违背，存在违规的情况时，应及时向相关上级和部门进行汇报。《合规手册》中详细描述了合规热线、腐败举报热线，并强调了集团对于举报者的保护措施。

出现合规问题时应遵循什么程序？

识别和报告 → 调查和反馈 → 恰当的处理措施和防止再发生的措施

图 5-1　出现合规问题时应遵循的程序

丸红株式会社中的合规管理组织体系是怎样的？

丸红株式会社中社长直接管理合规委员会，合规首席主任兼任合规委员会委员长，负责指示营业部门、分公司和合规官。而营业部门的这一层则是指导、建议丸红集团成员公司。丸红集团成员公司内部针对合规设立了合规负责人、合规举报咨询窗口、相应的职务编制和合规管理中的最小单元——丸红集团成员公司的员工。

在合规委员会中内设事务局和安心咨询热线（合规委员会），公司外设安心咨询热线（外部律师）和丸红反腐败热线（行贿受贿等重大经济犯罪）。公司外设的热线主要定位于职务编制因故不起作用时的举报或咨询。丸红株式会社成员公司现已根据其业务的特性构筑了合规体制。海外机构也会根据各国的法令和行商习惯构筑独自的合规体制，同时还制定了合规行动计划并对其进行回顾评估。

3. 《合规手册》的使用方法

《合规手册》对需要清楚知道的事情、使用主体、使用范围、处理违规行为的措施作出了明确的规定。其中，《合规手册》特别强调当你意识到行为违规或是上司要求你从事违规行为时，必须及时向相关部门进行报告。没有任何违规行为是例外，并且每一个违规行为都应得到处置和相应的惩罚。

4. 需要被注意的行为

这一部分则是针对丸红株式会社在实际业务行为中所面临的问题进行有

针对性的回答，详细解答了16个主题的问题。

①尊重人权和防止任何形式的歧视、骚扰以及类似的问题。《合规手册》中回答了采取怎样的措施才能真正地尊重人权。

②反垄断的合规行为和相关法律法规。《合规手册》中强调不允许参与任何私下的垄断、无理由的限制贸易和其他的不正当贸易行为。

③禁止不正当竞争。不正当竞争包括制造和销售违法的商品、违法获取和使用商业秘密。

④遵守各类的商业法律、法规及规章。为了获取相关的许可证和必要的许可去进行商业活动需要遵守各类的商业法律、法规及规章。

⑤进口和出口的过程中需注意的问题。遵守相关的法律法规和国际贸易中的相关关系，并且进行进出口贸易时应遵循恰当的程序。

⑥安全贸易控制。遵守严苛的安全贸易管制来维护国际和平与安全，并且遵守法律。作为一家全球化公司应以恰当的方式进行贸易。

⑦产品安全管理。产品安全管理要符合相关的法律法规，确保企业掌控着产品的安全。

⑧与知识产权相关的法律。丸红株式会社重视保护他人的知识产权，确保自身没有侵犯行为。

⑨禁止贿赂和对客户进行送礼或回扣的行为的发生。在全球范围内，不对公共政府部门等相关部门提供、提出或承诺非法利益。不为获取某些业务权利进行上述行为。不对合作伙伴提供超过恰当商务合作范围内的贵重礼品和其他娱乐活动服务。

⑩禁止向反社会组织提供支持。不参与任何给反社会组织提供支持的活动，并且不与上述组织产生关联。

⑪环境保护问题。丸红株式会社尽最大的努力去建设一个可持续的社会和保护全球的环境。丸红株式会社应意识到自身作为一家优秀的企业的责任。

⑫对于内幕交易的管理。不参与任何违反内部交易条例的行为和活动。

⑬合适的信息资产管理。恰当并有效地管理信息资产（包括那些未向外界公开的信息资产）。

⑭合理使用信息和技术系统。要注意不恰当或毁坏信息和技术系统的

行为。

⑮妥善处理会计、报税及披露公司资料。相关人员要按照规定妥善处理会计、税务及披露公司资料。

⑯禁止造成利益冲突的行为。忠实履行公司业务，不得有任何利益冲突行为。

在《合规手册》中，丸红株式会社针对上述16个问题进行了详细的解答，并作出相关问题如何进行操作才是合规的回答。《合规手册》的最后还对公司内部关于合规的一些常见的问题进行了回答。

第六章 合规管理与审计

第一节 合规审计

一、合规审计概述

合规审计作为行为审计的重要组成部分，与信息审计的相关特性有所不同。郑石桥指出合规审计的审计主题是相关行为，核心要旨是鉴证相关行为是否符合既定标准（如法律法规、规章制度及合约），并将这种鉴证结果传递给利益相关者。同信息审计一样，合规审计也由重要性、审计风险、审计取证模式、审计意见等组成合规审计体系的核心构件，但是由于其特殊的审计主题使得其相关的定义和研究重点有所不同。尤家荣认为财务信息审计重要性是财务信息错误可容忍程度。郑石桥、李媛媛认为利益相关者对于特定主体的特定行为与既定标准的要求之间的偏差的可容忍的最大限度就是合规审计重要性。合规审计的重要性同财务信息审计的重要性一样也可以分解应用到具体的取证工作中。朱小平、叶友提出了审计风险损失可能论，郑石桥、李媛媛将合规审计的审计风险定义为合规审计目标未能达成或未能达成的概率并提出合规审计失败风险 = 行为偏差风险（固有风险 + 控制风险）× 检查风险 × 定性风险，并给出合规审计风险模型。孙宁、马玉、汤从华、刘惠萍都曾提出关于如何实施合规审计意见的研究。

通过上述研究可知，合规审计是根据审计主题的不同所划分的一种审计类型，合规审计将企业内部传统的作为一种审计方法所存在的合规性审计提高到了新的高度。虽然目前关于合规审计研究的核心构件基本已经具备，但是关于怎样将传统的审计方法融入实际的合规审计工作，甚至融入企业具体的事项则尚不可知。

二、合规审计的核心

（一）合规审计的重要性

合规审计是判断特定行为是否符合既定标准的一种审计模式。如果特定行为与既定标准相一致，则该行为即为合规；如果特定行为与既定标准之间存在较大偏差，则该行为即为不合规。利益相关者对于特定主体的特定行为偏差可以容忍的最大偏差程度就是合规审计重要性。如同风险导向审计一样，合理地确定合规审计的重要性程度可以提高相应的审计效率，甚至还可以降低审计风险。合规审计的重要性应用于整个合规审计的计划、执行、评价等全过程。合规审计的重要性主要分为客观重要性和估计重要性两种，他们各自的定义和特点如表6-1所示。

表6-1 合规审计重要性的类型

	类型	定义	特点
1	客观重要性	利益相关者的最大可容忍偏差	多样性、客观性、不可确定性
2	估计重要性	审计师在合规审计的各个阶段合作的重要性	—
总结：1接近2，审计风险较低；2>1，审计风险增大；2<1 审计风险降低			

1. 合规审计重要性与合规审计目标

合规审计的关键是寻找具有重要性的偏差，而某偏差是否具有重要性则需要有一个判断标准，这个判断标准就是合规审计重要性。合规审计目标越是细致，合规审计重要性判断标准越是严格。

2. 合规审计重要性与合规审计效率

合规审计重要性判断标准越是宽松，可以简化审计程序的行为范围就越广，从而审计效率也就越高。审计重要性判断标准的宽严程度是合规审计效率的基础。

3. 合规审计重要性与合规审计风险

合规审计重要性要求的审计风险越低，则要求估计重要性越是严格。

（二）合规审计的风险

合规审计主体主要是政府审计和内部审计，合规审计风险是指合规审计目标未能达成或未能达成的概率。合规审计的风险类型有四种，如表6-2所示。

表6-2 合规审计的风险类型

审计风险类型	风险主体	审计目标	目标偏离原因
审计失败风险	注册会计师	发现被审计单位存在的偏差行为	注册会计师存在过失
审计舞弊风险	注册会计师	发现被审计单位存在的偏差行为	注册会计师存在错误和舞弊
未审计风险	利益相关者	抑制被审计单位偏差行为	未委托相关机构进行合规审计
屡审屡犯风险	利益相关者	抑制被审计单位偏差行为	委托进行合规审计，但未能抑制相关的不合规行为

合规审计风险是指合规审计目标未能达成，包括合规审计失败风险、合规审计舞弊风险、未审计风险和屡审屡犯风险。合规审计失败风险由行为偏差风险、检查风险、定性风险组成。审计师业务素质、审计职业操守、审计质量是风险控制路径。合规审计舞弊风险由审计发现风险和审计报告风险组成，降低审计信息不对称是风险控制路径。合规审计的未审计风险由有真实审计需求但未审计的审计客体数量决定。风险控制路径有两个，一是搞清楚有真实审计需求的审计客体，二是增加已审计的审计客体数量。合规审计的

屡审屡犯风险由未作出处理或处罚决定的偏差行为数量、作出处理或处罚决定但未执行的偏差行为数量、作出处理或处罚决定但难以执行的偏差行为数量共同决定，严肃处理或处罚、推动审计决定执行及体制机制整改是风险控制路径。

（三）合规审计的审计意见

任何审计业务都需要将审计结果传递给利益相关者，审计意见就是审计师传递审计结果的方式。合规审计关注特定行为是否符合相关法律法规、规章制度及合约，审计意见就是相符程度的专家判断，没有审计意见，合规审计结果也就难以传递给利益相关者，进而也就难以为利益相关者提供决策信息，合规审计终极目标也难以达成。

合规审计意见可分为合理保证审计意见、有限保证审计意见。合理保证审计意见又分为标准审计意见、带强调事项段的无保留意见、保留意见、否定意见、无法表示意见五种类型。有限保证审计意见又分为事实报告型审计意见、否定意见。命题论证型取证模式支持发表合理保证审计意见，事实发现型取证模式支持发表有限保证审计意见。特定行为层级审计重要性影响项目层级审计意见，项目层级审计重要性影响单位层级审计意见。审计意见类型与审计风险相关，无法表示意见这种类型不存在审计意见，事实报告型审计意见不存在针对审计总体的审计风险，其他各种审计意见类型都存在审计风险。合规审计意见的审计期望差表现为保证程度不足或过度。

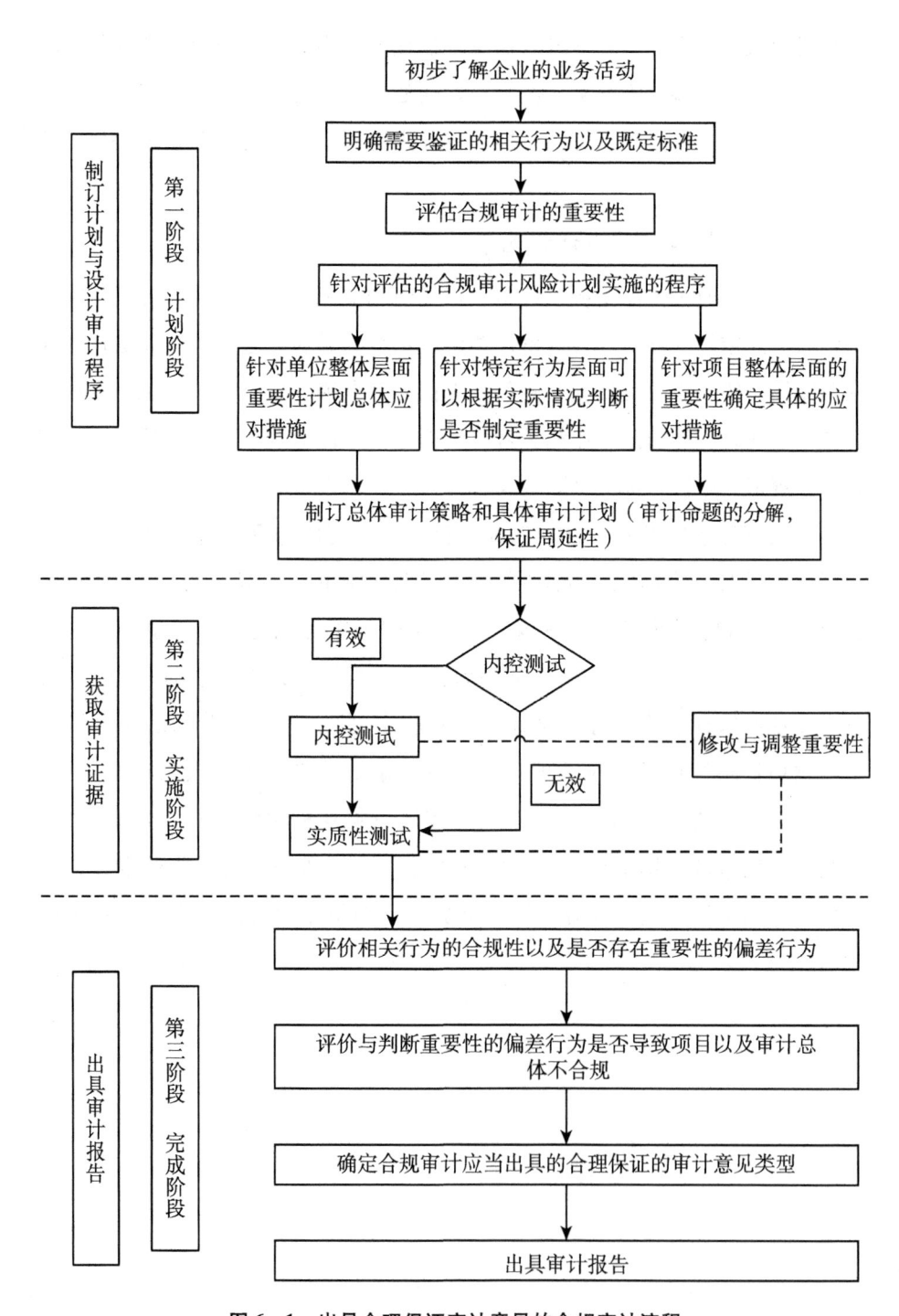

图 6-1 出具合理保证审计意见的合规审计流程

第六章 合规管理与审计

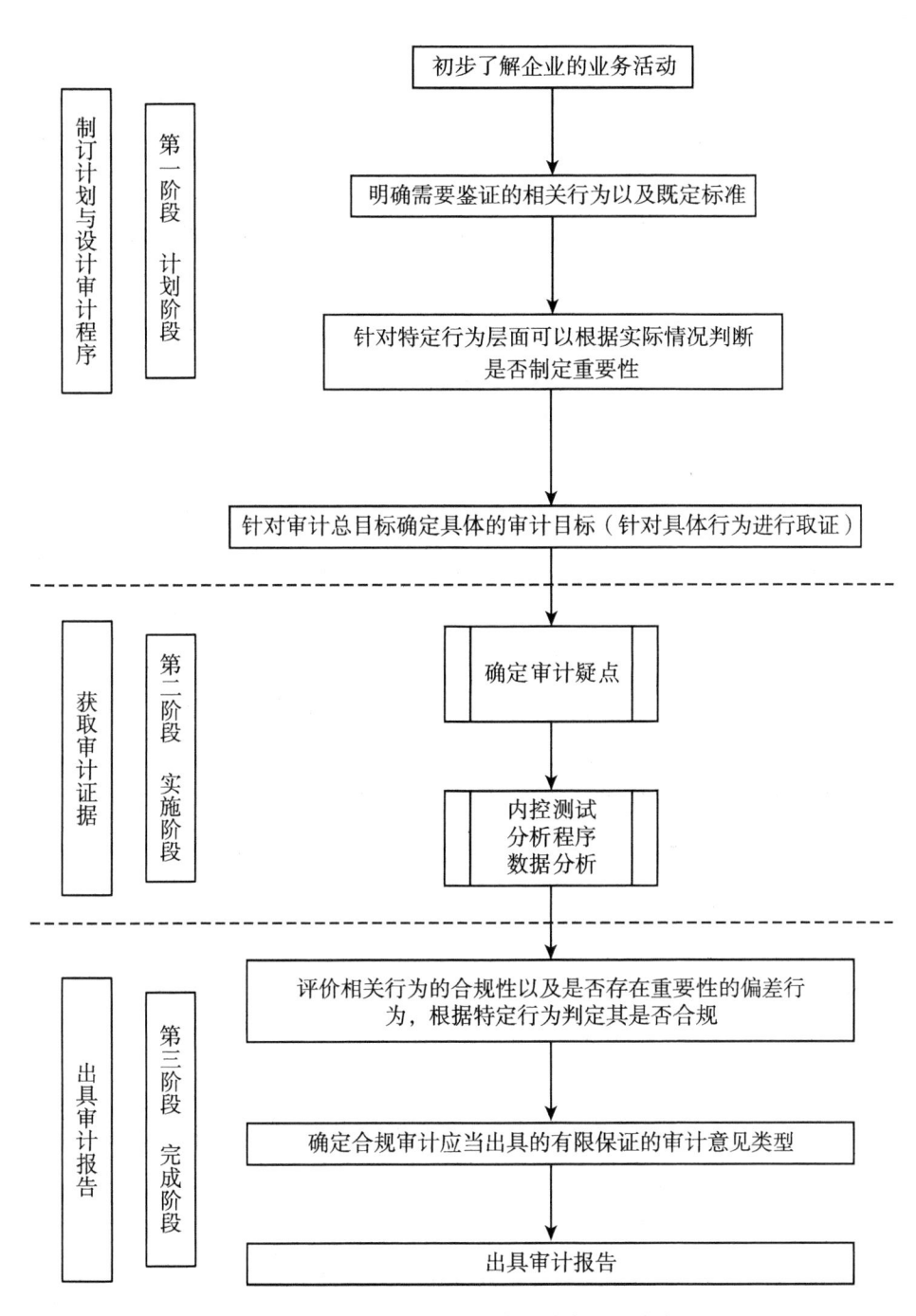

```
制订计划与设计审计程序 ┐
               │ 第一阶段 计划阶段
               │
   ┌──────────────────────┐
   │  初步了解企业的业务活动  │
   └──────────┬───────────┘
              ↓
   ┌──────────────────────┐
   │ 明确需要鉴证的相关行为以及既定标准 │
   └──────────┬───────────┘
              ↓
   ┌──────────────────────┐
   │ 针对特定行为层面可以根据实际情况判断
   │        是否制定重要性         │
   └──────────┬───────────┘
              ↓
   ┌──────────────────────────────────┐
   │ 针对审计总目标确定具体的审计目标（针对具体行为进行取证）│
   └──────────┬───────────────────────┘

获取审计证据 ┐
         │ 第二阶段 实施阶段
              ↓
   ┌──────────────┐
   │  确定审计疑点   │
   └──────┬───────┘
          ↓
   ┌──────────────┐
   │   内控测试     │
   │   分析程序     │
   │   数据分析     │
   └──────┬───────┘

出具审计报告 ┐
         │ 第三阶段 完成阶段
              ↓
   ┌──────────────────────────────┐
   │ 评价相关行为的合规性以及是否存在重要性的偏差行
   │ 为，根据特定行为判定其是否合规         │
   └──────────┬───────────────────┘
              ↓
   ┌──────────────────────────────┐
   │ 确定合规审计应当出具的有限保证的审计意见类型 │
   └──────────┬───────────────────┘
              ↓
   ┌──────────────┐
   │  出具审计报告   │
   └──────────────┘
```

图 6-2　出具有限保证审计意见的合规审计流程

三、合规审计的模式

目前，关于合规审计的审计模式更多的借助于传统的审计模式，审计模式又称审计方式模式、审计取证模式，是指为了实现特定的审计目标所采取的审计策略、方式和方法的总称，它规定了审计取证工作的切入点，规定了审计人员在实施审计工作时，从何处入手、如何入手、何时入手等问题。现行的审计模式更多的是对于财务信息审计的模式，传统的审计模式主要有账目基础审计、制度基础审计、风险基础审计等，通过对不同审计模式的梳理研究可以发现审计模式的一般规律，这为合规审计模式的汇总提供参考。

账目基础审计模式，主要以会计事项和账目为基础，从会计资料入手获取有关审计证据，形成审计证据和结论。其优点是可以直接取得具有实质性意义的审计证据，审计质量较高；缺点是在审计环境和审计目标发生巨大变化的条件下，账目基础审计已无法兼顾审计质量和审计效率两方面的要求。账目基础审计存在的时间跨度主要涵盖18世纪至20世纪初这一阶段。这一时期注册会计师行业属于起步阶段，审计技术和方法相对简单，企业规模相对较小，企业的业务并不复杂，因此，注册会计师完全可以通过账证、账账、账表是否相符的核对来完成审计任务。这一时期的审计目标是查错防弊，审计思想主要是批判性的、监察性的，审计是站在所有者的立场，为所有者服务的，审计方法是侦察性的。

制度基础审计模式，是从被审计单位的内控制度入手，根据控制测试结果确定实质性测试的范围、重点等属性，根据检查结果形成审计意见和结论。该模式产生的背景主要有两个：一是随着经济的发展，企业规模扩大，经济业务开始复杂化；二是内部控制理论已经形成。在前一种背景下，原先那种详细的全面核对逐渐变得行不通，虽然在账目基础审计模式的后期审计人员也开始尝试对重要项目进行重点测试的方法，但由于这种方法缺少一个合理的基础，因此漏洞很多，以致报表使用者深受其害而控告审计人员，在这种背景下审计人员不得不谋求对策。后一种背景的形成为审计职业界采用新的审计模式提供了条件，因为根据系统论的理论，任何一个系统都有其固有的控制功能，如果为防止和揭露差错的内部控制系统设计健全且运行良好，那么这个系统所产生的结果也应该是正确的。

风险基础审计模式是审计人员在对各种风险因素评估的基础上，将风险控制融入审计方法，进而获得审计证据，形成审计证据和结论的模式。审计风险取决于重大错报风险和检查风险。计算公式为：审计风险＝重大错报风险×检查风险。

第二节　合规管理与内部审计

一、合规管理与内部审计的区别

2018年11月2日国有资产监督管理委员会重磅发布《中央企业合规管理指引（试行）》。该指引第11条提到了业务部门要主动开展合规风险识别和隐患排查，发布合规预警，组织"合规审查"是识别风险的最重要的手段之一，该指引再一次提及合规管理与内部审计的关系。合规管理与内部审计均是内部控制的重要组成部分，是组织进行风险管理的重要工具和手段，两者之间既相互独立、各有侧重，又相互协作。合规部门作为企业内部管理和外部监管规则连接的主要渠道，将监管规则、风险提示以及监管意见等信息传递给内审部门，并向其提供定期的提示性风险导向和审计方向；内部审计部门则主动寻求合规部门的支持和帮助，主动提供合规风险信息或审计风险点。两者的区别主要有以下三个方面。

（一）在企业内部管理控制系统中所处位置不同

如果把企业内部管理控制系统构筑为"三道防线"，那么第一道防线是业务部门实施的有效的自我合规控制，第二道防线是在事前和事中实施的专业化合规管理，第三道防线是内部审计的事后控制。根据该理论，合规管理作为事前和事中控制的关键，主要责任在于防范风险，而内部审计作为事后控制环节，为整个系统的反馈调节发挥保障作用。

（二）风险控制的侧重点不同

合规管理与内部审计部门的工作虽然存在一定的关联，但是其对于风险管控的侧重点有所不同。合规管理重在管理程序缺陷和制度漏洞，专注于控制操作风险，其涉及对法律法规、监管规定的正确理解和阐释，对从业人员的素质有很高要求。相对提供法律咨询性质服务的传统法律部门，合规部门则是机构内部主动进行合规管理的管控部门。然而，内部审计实际上是一种合规检查，它比较注重财务结果。

（三）肩负的职能不同

中国银行业监督管理委员会 2006 年发布的《商业银行合规风险管理指引》第 22 条明确指出："商业银行合规管理职能应与内部审计职能分离，合规管理职能的履行情况应受到内部审计部门定期的独立评价……商业银行应明确合规管理部门与内部审计部门在合规风险评估和合规性测试方面的职责……"合规部门应重点围绕内部制度建设和管理程序设计来开展工作，其职责包括合规政策的制订、合规风险的识别、监测与评估、梳理整合银行的各项规章制度、合规培训、参与机构的组织构架和业务流程再造、为新产品提供合规支持等；内部审计部门则更强调独立性，它肩负着对机构财务收支及经济活动独立监督和评价的职能，重在为机构资产的保值增值服务，同时机构合规管理监督考核的职能主要也由审计部门承担。

（四）检查评价的对象不同

巴塞尔银行监管委员会咨询性文件《合规与银行内部合规部门》"与银行内部审计的关系"一节中提出："合规风险应被列入内部审计部门的风险评估范围，而审计方案应与风险级别相当。内部审计部门考核合规部门工作时，应检查合规部门为保证银行遵守相关法律、规则及标准而在银行内部实施的控制合规风险的措施。"[1] 合规管理的检查评价对象重点在检查和评估合规管理部门为保证机构遵守相关法律、规则及标准而实施的措施是否合法、适当、持续、有效。而内部审计的检查评价对象重点在检查、评估内控体系和职责履行方式是否有效和适当。

---

[1] 巴塞尔银行监管委员会. 合规与银行内部合规部门［Z/OL］. 梅明华，译. ［2020-01-18］. http：//www.law-lib.com/lw/lw_view.asp？no=3636&page=3.

二、合规管理与内部审计的协同

（一）高度重视建设合规管理的再监督机制

合规风险管理具有相当强的独立性，且拥有合规风险报告的"绿色通道"，可能更有机会拿到"尚方宝剑"。因此，高度重视建设合规管理的再监督机制，特别是机构内部审计部门对合规部门的审计监督及对合规管理职能适当性、有效性的评价，对于合规风险管理的持续有效性显得尤其重要。

（二）对合规风险管理的有效性进行持续地考核评价

机构必须设计科学合理的监督考核标准和机制，对合规风险管理的有效性进行持续地考核评价，重点是检查和评估合规管理部门为保证机构遵守相关法律、规则及标准而实施的措施是否有效。

（三）将合规管理状况作为外部审计的重要内容

内部审计部门应加强对合规管理部门的审计监督，确保内部审计部门对合规管理部门的工作进行独立的评价与考核。将合规管理状况作为外部审计的重要内容之一，对本机构合规管理状况实施外部审计，由注册会计师、国际注册内审师等专业人员对合规管理风险、存在的不足进行评价。

（四）监管部门应加强窗口指导

监管部门应加强窗口指导，在实施监管过程中，监管机构可以根据机构提供的合规信息和成效进行分析、计量和评估，同时辅以必要的现场检查，及时对被监管机构合规管理状况进行全面、客观的总结。

第三节　合规管理审计

一、合规管理审计的内涵

由于目前没有关于合规管理审计的直接定义，所以为了更好地阐释合规管理审计的内涵，故先整理了相关以及相似的概念，以期为界定合规管理审计的内涵提供参照。

（一）审计

审计是指由国家授权或接受委托的专职机构和人员，依照国家法规、审计准则和会计理论，运用专门的方法，对被审计单位的财政、财务收支、经营管理活动及其相关资料的真实性、正确性、合规性、合法性、效益性进行审查和监督，评价经济责任，鉴证经济业务，用以维护财经法纪、改善经营管理、提高经济效益的一项独立性的经济监督活动。

审计作为一种监督机制，其实践活动历史悠久，但人们对审计的定义却众说纷纭。公认具有代表性且被广泛引用的是美国会计学会1972年在其颁布的《基本审计概念公告》中给出的审计定义，即"审计是指为了查明有关经济活动和经济现象的认定与所制定标准之间的一致程度，而客观地收集和评估证据，并将结果传递给有利害关系的使用者的系统过程"。审计有两大特点，其一审计是一种经济监督活动，经济监督是审计的基本职能；其二审计具有独立性，独立性是审计监督的最本质的特征，是区别于其他经济监督的关键所在。

（二）风险管理审计

风险管理审计是指企业内部审计部门采用一种系统化、规范化的方法来进行以测试风险管理信息系统、各业务循环以及相关部门的风险识别、分析、评价、管理及处理等为基础的一系列审核活动，对机构的风险管理、控制及监督过程进行评价进而提高过程效率，帮助机构实现目标。

风险管理审计吸收了其他审计模式的优点，同时又关注到企业的战略、绩效等整体风险管理的有效性，其不仅考虑到审计师可接受的剩余审计风险，更是从审计固有风险源头，即企业管理层所进行的风险管理活动的角度识别并评价风险，从而更进一步地从审计师及企业管理层双角度确保审计资源的分配及审计的有效性。

（三）合规管理审计

合规管理审计首先一定是根据审计对象所划分的一种审计类型，同时其与风险管理审计除了审计对象不同外其余内容基本相同，所以其定义可以在审计的定义范围内,结合风险管理审计定义进行界定。在此基础上,本书将合规管理审计定义如下:合规管理审计是指企业内部审计部门采用一种系统化、规范化的方法以测试合规管理系统、各业务循环以及相关部门的合规风险识别、分析、评价、管理及处理等为基础的一系列审核活动,其目的是对机构的合规管理、控制及监督过程进行评价进而提高机构效率,帮助机构实现营利等目标。

二、合规管理审计的人员要求

由于不同合规管理审计项目的内容不同,因而对合规审计团队成员的要求也不同,但万变不离其宗,一个合规管理审计团队既要有合规管理方面的专家,又要有相应专业领域方面的专家。例如,做反垄断审计的就必须要有《反垄断法》的专家介入;做反贿赂审计的可能不仅要有精通中国反贪污贿赂法的专家,有时可能还得需要精通其他国家法律的专家,如熟悉美国《反海外腐败法》的专家介入,否则,风险的识别、评价与控制就会有偏差。

三、合规管理审计的任务

合规管理审计有三大任务:识别风险、评价风险、管控风险。

表6-3是在合规管理审计过程中常用的合规管理审计风险的识别与评价框架表。通过这张表,可以有效地文档化识别风险与评价风险的过程。但这张表还不是合规管理审计的全部,合规管理审计人员还应当对已经识别出来的、已经估算好风险值的风险提出管控方案,否则合规管理审计工作是不全面的。

表6-3 合规管理审计的风险列表

风险识别区			风险实证	实质性合规义务	控制性合规义务	具体合规义务人			风险评价区		
风险代码	风险名称	风险源代码	案例案件以及其他风险实证来源	合规义务来源	合规义务来源	合规义务人	合规义务人	合规义务人	风险源引发风险的频率	后果严重程度	发生可能性	风险值

第七章

企业资本业务合规管理

第一节 国有独资企业和国有控股企业股权结构的合规要求

国有企业，是指国务院和地方人民政府分别代表国家履行出资人职责的国有独资企业、国有独资企业以及国有资本控股企业，包括中央和地方国有资产监督管理机构和其他部门所监管的企业本级及其逐级投资形成的企业。[①]国有企业分为商业类企业和公益类企业，商业类企业体现为追求增强国有经济活力、放大国有资本功能、实现国有资产的保值增值。公益类企业以支持更好地保障民生、服务社会、提供公共产品和服务为导向，把社会效益放在首位。

由于国有企业是国民经济发展的中坚力量，其行为代表了全体人民的意志和利益，保证国有企业运行有效，国有资本保值增值是首要目标。完善的公司治理结构是保证目标完成的环境基础，而股权结构在公司治理结构中是最核心、起决定性作用的，因此国有企业的股权结构的合规要求也是合规管理的重点部分。

一、国有资产保值增值的法律依据

为了建立适应社会主义市场经济需要的国有资产监督管理体制，搞好国有企业，推动国有经济布局和结构的战略性调整，发展和壮大国有经济，实

[①] 《国有企业境外投资财务管理办法》第2条第1款。

现国有资产保值增值，我国制定了一系列法律、法规等规范性文件对国有资产运营、变更等作出了强制性要求。

①《公司法》（1993 年发布，1999 年修正、2004 年修正、2005 年修订、2013 年修正、2018 年修正）。

②《企业国有资产监督管理暂行条例》（2003 年发布，2011 年修订、2019 年修正）。

③《企业国有资产交易监督管理办法》（2016 年发布）。

④《企业国有产权交易操作规则》（2009 年发布）。

⑤《企业国有资产法》（2008 年发布）。

⑥《企业国有产权无偿划转工作指引》（2009 年发布）。

⑦《上市公司国有股权监督管理办法》（2018 年发布）。

需要注意的是，以上只列出了一些主要的法律依据，此外，地方政府还出台了有关政策，人民法院也发布了有关司法解释，这些文件同样值得关注。

二、国有资产保值增值的合规要求

2013 年以来，我国进入国有企业混合所有制改革的时期，国有资产保值增值是首要目的，无论怎样改，实现国有资产保值增值、防止流失都是底线，也是国有企业运营过程中的合规要求。现行衡量国有资产保值增值的核心指标是国有资产保值增值率，其计算公式为：国有资产保值增值率＝年末所有者权益/年初所有者权益，除此之外还有经济增加值等指标。

国有资产流失主要是指在不规范的产权变更过程中，国有资产价值量的绝对减少，例如，贪污、盗窃、挥霍、私分、侵占、以营私为目的的低价出售、无形资产被非法占用、智力资源的无偿转移。此类不合规风险产生的原因主要有四方面：一是决策失误，缺乏有效的科学论证；二是经营不善，国有资产私自侵占情况严重；三是制度缺陷，多层委托代理关系给有些人可乘之机；四是道德风险，社会风气不良情况难根治。[1]

实现国有资产保值增值的合规要求，要从多方面入手，可以通过完善国

---

[1] 官希魁. 论国有资产保值增值 [J]. 经济问题, 2000 (3): 9.

有资产管理制度安排、规划运营流程机制、提高人员职业素养等手段防范和规范合规风险。

【案例7-1：美国PPG公司收购南昌市化工原料厂过程中存在诸多不合规现象，导致国有资产流失严重】

南昌市化工原料厂系南昌市化工局所属国有企业，美国PPG公司是化工领域一家著名的跨国公司，南昌市化工原料厂于1984年引入PPG公司的白炭黑新型无机化工产品技术。1990年PPG公司提出了在白炭黑生产和销售上进行全面合资的意向，该厂及其上级主管表示同意，成立了"南吉化学工业有限公司"，由PPG公司在香港注册的子公司"PPG丰台有限公司"控股60%，南昌市化工原料厂仅持股40%。PPG丰台有限公司以300万美元现汇（当时汇率折合人民币1680万元左右）出资取得了控股权，而南昌市化工原料厂转给南吉化学工业有限公司的是国家花了上亿元人民币投资建成的正进入收益期的工业项目，导致国有资产在产权交易中轻易流失，损失惨重。

南昌市化工原料厂国有资产流失事件中，对国有资产的定价和交易都存在不合规现象，完善国有资产管理制度安排是解决此类问题的根本之道。

三、国有独资企业和国有控股企业股权转让的合规要求

为改进现代企业股权结构，改造其经营机制，增强其活力，我国实行国有股权转让，使国有股权在不同行业、产业、企业之间自由流动。对此，政府对国有股权转让设立了程序性要求，依次为初步审批—清产核资—审计评估—内部决策—申请挂牌—签订协议—审批备案—产权登记—变更手续。国有企业股权转让合规是指国有股权依照法定的条件和程序转让，即在转让活动中的合规。

（一）国有股权转让应履行出资人审批程序

按照相关规定，国有股权转让应当履行出资人审批程序，由国有资产监督管理机构决定所出资企业的国有股权转让，另有规定的除外。因此，国有股权转让前，需取得国有资产监督管理机构或上级部门的许可，方可实施下一步。

由于股权转让涉及相应的信息披露和有关部门的审查,此类合规风险易于被发现。交易双方在股权转让过程中,应注意履行必要的程序,及时制止因程序不合规造成的股价波动等不良后果。

【案例7-2:山东省章丘鼓风机股份有限公司控股权转让两度告吹】

山东省章丘鼓风机股份有限公司2018年5月公告,其第一大股东章丘市公有资产经营有限公司拟将其持有的全部股权转让给亚都科技集团有限公司,因涉及控制权变更,从5月18日起停牌。但5月31日山东省章丘鼓风机股份有限公司披露公告称,停牌期间,双方就本次股权转让事项未达成一致意见,决定终止此次股权转让事项。

2018年9月24日,山东省章丘鼓风机股份有限公司称其控股股东章丘市公有资产经营有限公司与亚都科技集团有限公司签订了股份转让框架协议,然而12月19日股权转让事项再一次被终止。理由是该事项获得相关部门的批准进度及具体推进时间存在重大不确定性,公有资产经营有限公司认为,目前进行上市公司控制权转让的时机尚不成熟,双方协商一致决定终止股份转让框架协议。

山东省章丘鼓风机股份有限公司控股权转让事项告吹,核心原因不是买卖双方协商出了问题,而是章丘市公有资产经营有限公司属于章丘市公有资产管理委员会下属的全资子公司,其持有的山东省章丘鼓风机股份有限公司股权属于国有资产持股,国家对国有股权转让有严格的规定,当地政府最后时刻才得悉而紧急叫停。

按照2018年施行的《上市公司国有股权监督管理办法》,国有股东拟协议转让其所持股权的,应当及时按照规定程序逐级书面报告省级或省级以上国有资产监督管理机构。并且,国有股东还要将拟协议转让股份的信息书面告知上市公司,由上市公司依法公开披露该信息,向社会公众进行提示性公告。公开披露文件中应当注明拟协议转让事项须经相关国有资产监督管理机构同意后才能实施。

按照相关规定,国有股权转让应上报省级以上国有资产监督管理机构,但章丘市公有资产经营有限公司并没有履行相关程序,没有将转让事项上报省级以上国有资产监督管理机构,导致股权转让事项两度告吹。

（二）受让方应符合有关资质要求

根据相关法律规定，转让方可以对受让方的资质、商业信誉、经营情况、财务状况、管理能力、资产规模等提出必要的受让条件。因设定此类要求主观性较强，易出现明确指向性或违反公平竞争的内容。为防范此类合规风险，产权机构可要求转让方对受让方资格条件的判断标准提供书面解释或者具体说明，并在产权转让公告中一同公布，做到有理有据，保证公平竞争。

原则是不得针对受让方设置资格条件，确需设置的，不得有明确指向性或违反公平竞争原则，所设资格条件相关内容应当在信息披露前报同级国有资产监管机构备案，国有资产监管机构在五个工作日内未反馈意见的视为同意。

（三）应严格履行评估程序

国有股权转让应严格履行评估程序，否则可能涉及国有资产侵蚀。不履行评估程序或造假一般是实际控制人在其他股东不知情的情况下实施，由企业提供虚假资料或授意第三方评估机构，对固定资产等具有可操作空间的资产作出不恰当评估，这类合规问题可能会导致企业或相关责任人承担行政责任甚至刑事责任。

应对这类合规风险，相关部门可通过事前筛选指定评估机构，事中控制评估程序，事后再检查等方式来防范国有资产定价不实的问题，以免国有资产遭受侵蚀。

【案例7-3：联大集团有限公司与安徽省高速公路控股集团有限公司股权转让纠纷】

2003年4月30日，联大集团有限公司与安徽省高速公路控股集团有限公司签订股权转让协议书，由安徽省高速公路控股集团有限公司受让联大集团有限公司持有的安徽安联高速公路有限公司的49%的股权，双方约定了远低于市场价格的股权转让价格4.5亿元。后在该案质证过程中，联大集团有限公司称，股权转让是为了融资的需要，没有进行评估、审批。按照1992年国家国有资产管理局发布的《国有资产评估管理办法施行细则》规定，对于应当进行资产评估的情形没有进行评估，或者没有按照《国有资产评估管理办法》的规定立项、确认，该经济行为无效。

《上市公司国有股权监督管理办法》规定，国有股权可以依法转让。股权变动要遵守相关规定，符合国家产业政策和国有经济布局结构调整方向，有利于国有资本保值增值。另外，价格要合理评估，应当根据证券市场公开交易价格、可比公司股票交易价格、每股净资产值等因素合理定价。[1] 公司在转让国有股权时，要注意其股权的特殊性，保证转让行为合规。本条中联大集团有限公司的股权转让行为不符合规定，最终引起民事诉讼。

四、国有独资企业和国有控股企业增资的合规要求

2016年施行的《企业国有资产交易监督管理办法》第三章对国家出资企业的增资行为作出了规范，其增资行为由国资监管机构负责审核，国家出资企业可以决定其子企业的增资（关系国家安全、国民经济命脉等重要领域除外）。该管理办法对增资行为的监管主体、增资程序、增资目的等合规义务进行了详细说明，国有独资和国有控股企业在增资时需要遵守相关规定，符合合规要求。

（一）国有独资企业和国有控股企业增资的程序性合规要求

国有企业增资的程序性合规的首要条件就是审批程序得当。《企业国有资产交易监督管理办法》第34条规定，国资监管机构负责审核国家出资企业的增资行为。其中，因增资致使国家不再拥有所出资企业控股权的，须由国有资产监管机构报本级人民政府批准。该办法第37条规定，企业增资应当由增资企业按照企业章程和内部管理制度进行决策，形成书面决议。国有控股、国有实际控制企业中国有股东委派的股东代表，应当按照本办法规定和委派单位的指示发表意见、行使表决权，并将履职情况和结果及时报告委派单位。

结合产权交易基本原理和企业增资工作特点，国有企业增资的一般流程可以分为前期准备、增资交易和后期变更三个阶段。[2] 前期准备工作要提出有效可行的增资方案，在股份价格、股东人数、资金来源等方面合规，增资后公司性质有变动的需及时办理工商登记手续。国有企业增资要在产权交易

---

[1] 《上市公司国有股权监督管理办法》第4条和第10条。
[2] 张西建．国企增资进场交易操作要点浅析[J]．产权导刊，2015（9）：37．

机构办理，在这个过程中，要特别注意信息披露的合规性。后期变更阶段主要包括非货币资产过户或交付、增资款验资、企业章程修订、企业法人治理结构调整、对修改事项的内部决策、增资结果备案和工商登记变更等。

（二）增资目的的合规要求

国家出资企业的增资行为，需要经过国资监管机构的审核。企业增资的目的应当是实现国有资产保值增值，响应国家发展战略，符合产业调整方向，但实践中部分企业存在恶性增资行为，违背了国有资产保值增值的目的。恶性增资是指在一项投资项目已经投入大量的资源的情况下，完成该项目并取得收益的情况非常小，但管理当局没有及时止损反而继续增加投资的行为。有调查报告显示，93%的中国企业管理者承认自己的企业中存在一定程度的恶性增资现象，其中国有企业的恶性增资现象严重。由于存在委托代理关系，所有者和经营者目标不一致和信息不对称就容易引发经营者的"道德风险"问题，经营者为了追求自身利益的最大化不惜进行恶性增资。

解决国有企业恶性增资的问题，可从市场、企业、政府三个角度出发，在外部环境与监督、内部预防与激励等方面逐步完善，抑制恶性增资情况滋长。

【案例 7-4：中国铁建股份有限公司沙特项目巨亏】

2009 年 2 月，中国铁建股份有限公司签署了沙特的麦加萨法至穆戈达莎轻轨项目，约定 2010 年 11 月 13 日开通运营。2010 年年底中国铁建股份有限公司披露其沙特麦加轻轨项目发生巨额亏损，预计亏损总额高达 41 亿元，此信息披露后中国铁建股份有限公司股价接连走低。当地环境恶劣、业主要求变更等是造成亏损的原因，但中国铁建股份有限公司对亏损的原因也作出以下解释：由于该项目社会影响重大且受到两国政府高度关注，为确保工期进度，公司下半年投入了大量人力、物力和财力，确保了项目主体工程按期完成，满足了业主有关 2010 年 11 月开通运营的要求。可见，后期的大量投入才是导致中国铁建股份有限公司此次巨额亏损的主因。

企业增资应进行全方位的考量，承担社会责任、大局意识是我们考虑的一部分，但还要有充分的风险意识，考虑商业规则也是不可遗漏的，保护中小股东的权益是企业应尽的责任。

（三）国有独资企业和国有控股企业股东优先购买权的合规要求

国有独资企业和国有控股企业应按照《公司法》的规定，保障原股东优先按照实缴的出资比例认缴出资的权利（全体股东约定不按照出资比例优先认缴出资的除外）。根据《公司法》的规定，公司增加注册资本，必须经出席会议的股东所持表决权的2/3以上通过。原股东行使优先增资权，应当按照增资扩股公告的规定，通过产权交易机构公开进行。由于国有企业的性质特殊，增资的形式条件比非国有企业复杂一些，我们可以通过内部控制的手段检查形式条件是否合规，避免此种合规风险。

第二节 上市公司股权结构的合规要求

根据《公司法》第121条，上市公司是指其股票在证券交易所上市交易的股份有限公司。公司上市前，需要经过一系列的审查程序，确保注册资本、出资额、股东资质、财务状况等符合上市条件，经国务院或国务院授权的证券监督管理机构批准方可上市。为了规范公司的组织和行为，保护公司、股东和债权人的合法权益，维护社会经济秩序，公司在上市前和上市后的股权结构都受到严格的约束和监督。上市公司股权结构合规，是证券市场平稳运行的基础，是现代公司治理结构中重要的一部分。

一、上市公司股权结构合规的法律依据

上市公司股权结构合规的法律依据主要有：

①《公司法》（1993年发布，1999年修正、2004年修正、2005年修订、2013年修正、2018年修正）。

②《证券法》（1998年发布，2004年修正、2005年修订、2013年修正、2014年修正、2019年修订）。

③《公司注册资本登记管理规定》（2014年发布）。

④《中华人民共和国公司登记管理条例》（1994年发布，2005年、2014年、2016年修订）。

⑤《首次公开发行股票并上市管理办法》（2006年发布，2015年、2018年修正）。

⑥《上市公司信息披露管理办法》（2007年发布）。

⑦《上市公司重大资产重组管理办法》（2014年发布，2016年修订、2019年修正、2020年修正）。

以上只列举了主要的法律法规，由于公司股票上市及股票在二级市场流通必须在证券交易所完成，上市公司股票相关交易还需遵守深圳证券交易所和上海证券交易所的有关规定。

二、上市公司资金来源的合规要求

《公司法》就股份有限公司在设立之初、运营过程中的资金组成、各类资金的比例做了明确规定。例如，《公司法》第27条和第82条规定，股东可以用货币出资，也可以用实物、知识产权、土地使用权等可以用货币估价并可以依法转让的非货币财产作价出资，但是，法律、行政法规规定不得作为出资的财产除外。此外，还规定货币出资额需占总出资额一定比例以上。就公司的资金来源合规风险而言，由于非货币财产存在价值易变性的特点，在实务中应注意此类合规风险的识别和防范。商业社会以诚信为基础，而股东对于企业的出资是否规范也上升到股东和企业诚信的高度，股东出资不规范除了导致公司注册资本的完整性存在瑕疵之外，也可能导致公司股权结构混乱或存在重大变更的法律风险。上市公司出资主要存在两方面的问题，一是出资不实，二是程序瑕疵。

（一）真实出资

根据《公司法》的规定，股东应当按期足额缴纳公司章程中规定的各自所认缴的出资额。但在实践中却存在各种出资不实问题，主要体现在出资未能及时到位、出资资产价值低于认购股本的价值、出资后抽逃出资等，一般来说这些不合规行为都是由当事人故意实施的，如果上市公司存在上述出资不实问题，会导致股价波动，承担声誉风险甚至是行政处罚和刑事责任。对于上市公司或者拟上市公司出现的出资瑕疵问题，首先要确保资本充足，可由股东补足出资，定期聘请第三方机构对注册资本的缴纳和充实情况进行核查。

（二）股权出资的合规要求

股权出资是指股东以其所持有的其他公司的股权作为设立新公司的出资形式，《公司法》为股权出资提供了法律依据。此外，2009年出台了《股权出资登记管理办法》，为股权出资形式提供了具体统一的法律依据和操作指引，随后在2014年被废止，由《公司注册资本登记管理规定》取而代之。由于股权价值体现的是公司未来净现金流量现值，受公司经营状况、国家政策、国内外经济形势的影响，本身具有极大的波动性，并且股权作价评估时，容易被低估或高估，因此，以股权出资极易出现虚增资本、资本不实等情况。

这类不合规行为极易由人为操控，主要体现在股权作价评估时弄虚作假。应对该合规风险，除了有意识地选择资质良好的独立第三方评估机构外，接受出资方的公司董事、经理、监事还可以定期或不定期聘请第三方机构或自行对股权出资进行检验、调查，以确定作价的真实性。[①]

因此，以股权出资时，需要特别注意合规风险，履行下列相关合规义务。第一，就股权属性来说，中国境内设立的公司股权方才能以股权出资，并且该股权的权属清楚、权能完整、可以依法转让，即如果存在"已被设立质权、章程约定不可转让、法律法规规定不得转让"的情形时，不可以作为非货币财产作价出资。第二，股权出资时，要作价公允，保证出资真实。

（三）其他非货币资产出资的合规要求

除上述所谈及的股权作价出资外，更为常见的是以实物资产、生产设备等有型物资作价出资，这类资产进行评估时易于得到较为公允的价值。其中也存在合规风险，现实中多见企业未对非货币资产进行评估，这类问题通常是由管理层对相关的规则认识不到位或故意不履行合规义务所导致，对企业

---

① 吕来明. 关于股权出资的几个问题 [J]. 法学杂志, 2005 (3): 88-90.

发行上市可能构成实质性障碍。但在某些情况下不需要进行资产评估，如企业能够提供非货币资产作价公允的证据（相同或类似资产公开的报价单；以新购资产出资的，提供购置日与出资日相近的发票、报关单等证据；中介机构意见）。

【案例7-5：恒顺集团（香港）股份有限公司以新置设备投入梅花伞业股份有限公司】

梅花伞业股份有限公司是一家外商投资有限公司，2002~2004年恒顺集团（香港）股份有限公司累计投入梅花伞业股份有限公司设备四套，作为增资的一部分。上述设备均系发行人生产所必需的机器设备，恒顺集团（香港）股份有限公司在购得上述设备后，即向海关办理了进口货物报关手续，由于上述设备价值不高，采购时间与投入时间间隔较短，在此期间设备价值未发生重大变化，且该实物出资均已依法经有关会计师事务所进行了验资，并据此办理了工商注册变更登记手续，因此恒顺集团（香港）股份有限公司将上述设备直接以购买价投入梅花伞业股份有限公司，未进行资产评估。

恒顺集团（香港）股份有限公司入资梅花伞业股份有限公司的事件中，实物出资的作价符合《外资企业法实施细则》等特别法的相关规定，不存在高估或低估设备价值的情形，相关程序符合《公司法》《公司登记管理条例》中有关变更注册资本的相关规定。虽然未进行资产评估，但是不会造成出资不实的情形，不会对公司的生产经营活动造成不利影响，亦不会损害其他股东的合法权益。

（四）出资程序合规要求

股东在履行出资义务时，要注意程序合规，避免后续可能出现的注册资本瑕疵问题。对于股东用作出资的资产，需要聘请有执业资质的验资机构等，开展验资或审计活动并出具报告，要特别注意验资机构等的从业人员需要具备相应的资格证，例如，给上市公司验资或审计，工作人员需要具有证券从业资格证。出资资产需要办理过户手续、及时变更工商登记。

【案例7-6：恒星公司整体变更为股份有限公司，审计和验资报告存在瑕疵】

2003年，巩义市恒星金属制品有限公司全体股东一致同意变更为股份有限公司,并改名为"河南恒星科技股份有限公司"(以下简称恒星科技),然而在变更设立时的审计和验资业务均由不具有证券从业资格的会计师事务所承担,在股份有限公司成立后恒星科技另聘有资格的事务所对变更设立时的报表进行复核和审阅,事务所认为其已审会计报表存在未严格按照《企业会计制度》计提各项资产减值准备等问题。基于此,恒星科技依据深圳市鹏城会计师事务所以2004年9月30日为基准日出具的审计报告,调整了注册资本。

按照相关规定,业务方是上市公司的,评估师和审计师必须有证券从业资格,否则需要对其出具的报告进行复核。恒星科技根据后来出具的验资报告调整注册资本,在实务中较为少见,应当注意的是,如果是减少注册资本还需履行公告等减资法定程序。

三、上市公司股东资格的合规要求

上市公司的形式是股份有限公司,从设立开始就要遵从法律规定,即在主体资格成立时合规。根据《公司法》等法律相关规定,设立股份有限公司的,股东应具备股东资格,不得存在不能担任股东的情形。在这里需要区分股东资格与股东的概念,两者关系十分密切但并不等同,股东是一种地位、一种身份,而股东资格则是获得这种地位或身份的必要条件,是成为股东的法律前提,是公司投资人之所以成为股东必须具备的条件或标准。[1]《公司法》《"关于不准在领导干部管辖的业务范围内个人从事可能与公共利益发生冲突的经商办企业活动"的解释》《关于县以上党和国家机关退(离)休干部经商办企业问题的若干规定》等相关条文规定了一些特定的自然人或者组织不能成为上市公司的股东,例如,部分国家工作人员及其配偶子女、国家机关、具有社会公益性质的事业单位法人(如高校、图书馆)。实践中,公司内部可以对股东资格进行约束和限制,防范此类合规风险。

出资是成为公司股东的实质条件,而形式条件则体现为工商登记、公司章程的记载、股东名册的记载等。由于实质条件和形式条件的不同,在实践

---

[1] 王芳.隐名投资人股东资格认定问题研究[J].河北法学,2012,30(1):101.

中股东资格的认定十分复杂，不规范的现象严重。特别是隐名股东的问题，目前还没有明确的法律对其进行规范，在实践中存在不少争议，给公司合规管理带来了困难。

隐名股东是指隐匿自己身份，并以他人名义出资并间接获得收益的人，通常被解释为公司中不具备股东资格形式条件的实际出资人。有一种隐名股东，公司内部的全部或部分人员均知晓，甚至可能亲自参与公司的经营管理，但是公司外部并不清楚，这种被称为不完全隐名股东；另一种除了名义股东之外无第三人知晓，称为完全隐名股东。对于隐名股东，如出现合规风险，可以先遵从自治原则，再考虑用法律手段。

四、上市公司股权转让的合规要求

公司的股票在证券交易所上市后，股东可以依法将自己的股份全部或部分进行转让，股东转让其股份，应当在依法设立的证券交易所进行或者按照国务院规定的其他方式进行，并遵从有关法律、行政法规及证券交易所交易规则展开交易。相比非上市公司，上市公司的股权转让在程序和限制条件上有更多的要求，如果公司章程另有规定，还需遵从其规定。

（一）股权转让的程序性合规要求

股权转让所需实施的程序有内部程序和外部程序。公司内部需对股权转让进行磋商，研究股权出售和收购股权的可行性；交易双方进行实质性的协商和谈判；向上级部门提交申请；评估、验资；股东大会对转让事项形成决议；签订合同并办理交割手续；到各部门办理变更登记手续。

在程序性规定中，常见的合规风险是未及时办理变更登记手续。《公司法》规定，公司登记事项发生变动时应当办理而未办理变更登记的，责令限期登记，逾期不登记的给予一定处罚。公司股权转让未办理变更登记手续的，不得对抗第三人，但不影响股权转让合同的效力。在实践中，公司可能由于管理不当导致未及时登记，可以通过定期筛查手段防范此类合规风险，避免行政处罚。

（二）发起人、公司管理人员转让所持股权的限制

发起人持有的本公司股份，自公司成立之日起一年内不得转让。公司公

开发行股份前已发行的股份,自公司股票在证券交易所上市交易之日起一年内不得转让。公司董事、监事、高级管理人员应当向公司申报所持有的本公司的股份及其变动情况,在任职期间每年转让的股份不得超过其所持有本公司股份总数的25%;所持本公司股份自公司股票上市交易之日起一年内不得转让。上述人员离职后半年内,不得转让其所持有的本公司股份。公司章程可以对公司董事、监事、高级管理人员转让其所持有的本公司股份作出其他限制性规定。

另外,《证券法》对上述人员转让收益也作出了规定,上市公司董事、监事、高级管理人员、持有上市公司股份5%以上的股东,将其持有的该公司的股票在买入后六个月内卖出,或者在卖出后六个月内又买入,由此所得收益归该公司所有,公司董事会应当收回其所得收益。但是,证券公司因包销购入售后剩余股票而持有5%以上股份的,卖出该股票不受六个月的时间限制。

(三) 上市公司现金收购股权,资金来源需合规

在上市公司股权转让中,还要注意收购的情形,股权转让不一定会被控股,而兼并收购会改变控股方。发行股份购买资产、现金收购或两者结合是收购的资金来源形式,而监管层关于新股发行、再融资等都有政策和规则,监管审核趋严,涉及发行股份购买资产的方案往往监管流程长、耗费时间多、被拒可能性高。但现金收购不需证监会审核,只需要报审交易所,因此简化了收购流程,提高了效率。虽然用现金收购方式在一定程度上提高了成功概率,但并不意味着此种方法就是监管盲点,证券交易所对收购标的盈利情况、收购资金来源等依然保持高度关注,通过发函问询等方式保证现金收购合规。

此种合规风险一般是由当事公司故意为之,实务中多体现在利用杠杆开展收购工作。适度利用杠杆可以使公司提高效益,但杠杆倍数过高极易引发债务危机甚至威胁企业存亡。从合规管理的角度看,公司股东可行使自身权利,对收购方案进行审查,判断资金来源是否合规。

【案例7-7:演员赵薇高杠杆收购上市公司,证监会予以处罚】

2016年12月,上市公司万好万家文化股份有限公司(现已更名为祥源

文化股份有限公司）发布公告称，龙薇文化传媒有限公司将以超过30亿元的价格收购其大约30%的股权，成为其实际控制人。因龙薇文化传媒有限公司大股东是演员赵薇，收购案一旦成功，这将成为第一家由明星控股的上市公司。此公告发布后，万好万家文化股份有限公司股价连续涨停。随后，上海证券交易所向万好万家文化股份有限公司发出股份权益变动相关事宜的问询函，质询收购股份所需的30余亿元的来源。该公司回复，龙薇文化传媒有限公司收购股份的30.6亿元资金中，30亿元为借款，此项股权收购计划杠杆高达50倍。

2017年2月，祥源文化股份有限公司股份变动因涉嫌违反相关法律法规，被证监会立案稽查。同年4月，该公司发布了控股股东签署解除协议的公告，该项股份转让事项以失败告终。11月，祥源文化股份有限公司公布了证监会行政处罚的相关公告。公告显示，因龙薇文化传媒有限公司通过万好万家文化股份有限公司的公告披露的信息存在虚假记载、误导性陈述及重大遗漏，孔德永、赵薇和黄有龙被采取证券市场5年限制进入措施，并被处以罚款和警告，当事人赵薇对祥源文化股份有限公司的民事赔偿责任负连带责任。

《证券法》第78条规定，信息披露义务人披露的信息，应当真实、准确、完整，简明清晰，通俗易懂，不得有虚假记载、误导性陈述或者重大遗漏。而龙薇文化传媒有限公司事件中，其收购资金准备不足，利用高杠杆率筹集资金，相关金融机构融资尚待审批，存在极大不确定性，而以空壳公司收购上市公司，且公开披露此信息，对市场和投资者产生严重误导。

第三节 外资入股企业对股权结构的合规要求

一、外资入股企业股权结构合规的法律依据

由于外资入股中国企业关乎国家安全和民生，其运行受到监管机构的重点关注，监管机构发布了大量相关的规范性文件。

① 《公司法》（1993 年发布，1999 年修正、2004 年修正、2005 年修订、2013 年修正、2018 年修正）。

② 《中外合资经营企业法》（1979 年发布，1990 年、2001 年、2016 年修正）。

③ 《中外合作经营企业法》（1988 年发布，2000 年、2016 年、2017 年修正）。

④ 《外资企业法》（1986 年发布，2000 年、2016 年修正）。

⑤ 《关于外国投资者并购境内企业的规定》（2006 年发布，2009 年修订）。

⑥ 《关于加强外商投资企业审批、登记、外汇及税收管理有关问题的通知》（2002 年发布）。

⑦ 《外商投资准入特别管理措施（负面清单）》（2019 年版）。

⑧ 《外商投资企业投资者股权变更的若干规定》（1997 年发布）。

⑨ 《中华人民共和国外商投资法》（2019 年发布）。

⑩ 《外商投资法实施条例》（2019 年发布）。

二、外资入股企业股权比例的合规要求

《外商投资准入特别管理措施（负面清单）》（2019 年版）已详细阐释外资能投入的行业以及所占股权比例的限制。近年来，外资的限制越发宽松，如金融业中，证券公司、证券投资基金管理公司、期货和寿险公司的外资股比不超过 51%，但在 2021 年就将取消外资股比限制。外资股比限制放宽，我国经济体将迸发出更大的活力。另外，除非外方投资者向中国投资者转让其全部股权，企业投资者股权变更不得导致外方投资者的投资比例低于企业注册资本的 25%。

三、外资入股企业股权转让的合规要求

国家禁止或者限制设立外资企业的领域或者行业，向外商转让股权受到限制或者禁止。我国根据产业政策和宏观经济调控的方向，将外商投资的行业分为鼓励、允许、限制、禁止四类：限制类项目不允许外商独资经营；禁

止类项目不允许外商投资。从事禁止类项目的公司的股东，不能将持有的股权转让给外商投资企业。需由国有资产占控股或者主导地位的产业，股权转让合同的订立不得导致外国投资者或者非国有企业占控股或者主导地位。不允许外商独资经营的行业的公司，股权转让不得导致外国投资者持有公司的全部股权。

企业投资者股权变更应遵守中国有关法律、法规，并经审批机关批准和登记机关变更登记，未经审批机关批准的股权变更无效。中外合作者的一方转让其在合作企业合同中的全部或者部分权利、义务的，必须经他方同意，并报审查批准机关批准。外国投资者是外商投资股份有限公司的发起人情况下，其外资股权在公司成立三年内不得转让，并且其后的转让也要经过原政府审批部门的核准。这也是《公司法》对设立内资股份有限公司的发起人所作的要求。

【案例7-8：信托公司股东向外转让股权，需经监管部门同意】

2007年年底，上海天迪科技投资发展有限公司（以下简称天迪公司）通过陕西西部产权交易所的公开交易，竞买到陕西天王兴业集团有限公司（以下简称天王公司）持有的西部信托有限公司3.07%的股权。2008年2月29日双方签订了产权转让合同，3月5日付清了转让款2620万元。同年10月10日，银行业监督管理委员会（现银行保险监督管理委员会）批复同意天迪公司成为信托公司的出资人。2009年2月20日，陕西省工商行政管理局变更天迪公司成为信托公司股东。后因与老股东天王公司就2007年的红利归属问题发生争议，天迪公司起诉要求确认其自股权款付清之日即取得信托公司股东资格。

陕西省西安市中级人民法院一审认为：信托公司的公司章程是按照《公司法》《信托法》《信托公司管理办法》等法律、行政法规制定的，公司章程规定受让公司股权的人，应具备《公司法》《信托法》及银行业监督管理委员会（现银行保险监督管理委员会）规定的向信托公司投资入股的条件，公司股东向公司以外的人转让股份的，应当报请银行业监督管理委员会（现银行保险监督管理委员会）批准，以及公司转让股权、调整股权结构的，应当事先报请银行业监督管理委员会（现银行保险监督管理委员会）审查批准。

《信托公司管理办法》第 12 条也规定了须经银行业监督管理委员会批准的 10 种情形。因此，天迪公司要实现股权的转让，首先要履行相关的权属变更手续，而权属变更并不只是当事人的意志和行为，在法律明确规定股权转让须经有关机关批准才能进行或生效的情况下，成为信托公司的股东，须报请银行业监督管理委员会（现银行保险监督管理委员会）批准。故根据信托公司的公司章程及《信托公司管理办法》之规定，天迪公司应自银行业监督管理委员会（现银行保险监督管理委员会）批准之日即 2008 年 10 月 10 日才成为信托公司的股东。遂判决确认天迪公司于 2008 年 10 月 10 日具有信托公司之股东资格。

按照相关规定，在法律明确规定股权转让须经有关机关批准才能进行或生效的情况下，需自取得批准之日起才能正式成为公司股东。因信托公司属于特殊行业，天王公司取得的西部信托有限公司的股权，要自监管部门批复之日起才正式确认股东资格。

四、外资入股企业股东资质的合规要求

设立外商投资股权管理企业时，境外股东或合伙人需要满足一些资质，即具备一定能力、符合一定条件后才能成为股东。证券监督管理委员会发布的《外商投资期货公司管理办法》规定，直接持有期货公司 5% 以上股权的境外股东，应持续经营 5 年以上，近 3 年未受到所在国家或者地区监管机构、司法机关的重大处罚。外商入股时，企业应注意对手方资质是否合规，特别需要注意地区性法律法规的要求。

另外，境外投资者不得作为个体工商户、个人独资企业投资人、农民专业合作社成员从事投资经营活动。

第四节　融资方案的财务合规与风险管控

与融资相关的理论有优序融资理论、融资需求理论、融资评价理论等。在项目决策分析与评价阶段，要进行融资方案的设计并进行必要的分析研究或评估，寻求最佳的融资渠道、最优的融资方案、最低的融资成本、最小的融资风险，为融资决策提供依据。特别是大型投资项目的融资，需要认真的组织、精心的策划，提出系统的融资方案研究。通常，融资的研究包括投融资环境的调查，投融资模式、融资的组织、融资渠道的选择，资金结构、资金来源的可靠性、资金成本和融资风险分析等。

一、成本效益的合规与风险管控

成本效益原则是企业经营活动所必须考虑的，任何活动只有在获得的效益大于投入的资源成本时才有实施的意义。在企业融资活动中，我们需要确定资金成本，包括权益资金成本和债务资金成本，以及两者的加权平均资本成本，这个过程中要用到财务管理的有关知识。权益资金成本的计算主要方法有：资本资产定价模型法、股利增长模型法。债务资金成本较之权益资金成本更为客观直接，可以用同期商业银行利率进行估算。

关于成本效益的合规风险管控，公司要在融资方案规划过程中把资金成本考虑进去，选择合理的财务计算方式初步估计成本，确保方案的实施效益大于成本。股东可以通过查阅方案、请第三方机构重做估算等手段防范此类合规风险。

二、资金结构的合规与风险管控

资金结构是指融资方案中各种资金的比例关系。资金结构主要包括权益资金与债务资金的比例、权益资金内部结构比例和债务资金内部结构比例。资金结构分析是融资方案分析的一项重要内容。根据调查，我国企业融资主要的资金来源是短期借款，其次是增发新股和利润留存，而企业债券是最不重要的资金来源。中国公司存在较明显的股权融资偏好现象，增发新股是第二重要的融资来源，配股也是重要的融资方式之一。资金结构体现了一个企业的财务风险和资金使用效益，过高的负债比容易引发债务危机，而过低的债务比又无法将杠杆效应发挥到极致，在确定融资方案时，资金结构的优化是重要任务。

应对资金结构风险，我们可以细化分析权益资金和债务资金的来源及比例。项目的资金结构要考虑既有法人的财务状况和筹资能力，需要分析使用既有法人资产与新增权益资金、债务资金在融资总额中所占的比例，例如，债务融资时要合理规划资金数额、债务期限、偿还顺序、外汇的币种。

三、融资渠道的合规与风险管控

目前，我国企业融资实践遇到的一个问题是利用正规的融资渠道进行融资困难，而利用非正规的融资渠道进行融资反倒容易。解决这一问题首先应该加强法律法规建设，一方面要禁止违法违规渠道融资，另一方面应加强对合法合规渠道的开辟、支持和保护。其次要积极拓展融资渠道，通过对金融手段和金融制度的不断创新，丰富融资渠道和融资方式，使企业有更多的融资选择，进而有效控制融资过程中的融资成本。

【案例 7-9：e 租宝案】

e 租宝案是指"钰诚系"下属的网络平台以"网络金融"的旗号上线运营，"钰诚系"相关被告人以高额利息为诱饵，虚构融资租赁项目，持续采用借新还旧、自我担保等方式大量非法集资，累计交易发生额达 700 多亿元。司法机关查明，"e 租宝"实际吸收资金 500 余亿元，涉及投资人约 90 万名，受害投资人遍布全国。在正常情况下，融资租赁公司赚取项目利差，而平台赚取中介费；然而，"e 租宝"从一开始就是一场"空手套白狼"的骗局，其所谓的融资租赁项目根本名不符实。据警方调查，"钰诚系"除了将一部分吸取的资金用于还本付息外，相当一部分被用于个人挥霍、维持公司的巨额运行成本、投资不良债权以及广告炒作。"钰诚系"的一大开支还包括高昂的员工薪金。据调查，整个集团拿着百万级年薪的高管达 80 人左右，仅 2015 年 11 月，钰诚集团需发给员工的工资就有 8 亿元。

网络金融是近年来的新兴产业，因其范围广、周期短、资金量大、借贷相对容易、发展迅速，成为银行、非银行金融机构以外的庞大中介机构体系。由于目前网络金融尚不成熟，也无完善的法律体系，企业以及个人在进行融资方式和渠道的选择时，要注意辨别机构主体、运营模式、资金来源是否合规，避免陷入诈骗陷阱。

四、融资租赁的合规与风险管控

融资租赁是指租赁公司以融资为目的对承租人自主选定的租赁物进行购买，然后将该租赁物中长期出租给承租人使用，承租人按期支付租金，租赁到期时承租人可以续租、退回或留购租赁物。融资租赁实质上是以"融物"的方式满足"融资"的需求，相当于出租人提供融资便利，承租人分期付款购买租赁物。融资租赁作为一种融资模式，与银行贷款和一般的民间借贷相比，项目方（承租人）的融资成本或者说融资的财务成本比较高。尽管融资租赁的操作流程与银行大同小异，但是因为缺乏市场监管，制度不够健全，加之法律关系复杂，交易周期长，所以其风险也相对较高。

根据融资租赁经营的模式，从风险源头来分可以概括为四个层面：融资租赁企业自身的经营风险、项目风险、国家政策和市场变动风险、不可抗力风险。目前，我国对融资租赁法律关系调整的法律法规主要体现在《合同法》《最高人民法院关于审理融资租赁合同纠纷案件适用法律问题的解释》、国务院等行政管理部门颁布的一些行政法规和规章等规范性文件中，但仍不够具体、明确，也不系统。融资租赁企业应当规范自身、坚持不断学习、积极全面跟踪每一单业务、改进财务措施，以杜绝风险或最大限度降低风险。

【案例 7-10：谨防融资租赁陷阱，多方调查规避风险[*]】

A 医院拟与 C 融资租赁有限公司开展融资租赁业务，具体合作方式如下：由 A 医院自主选定 B 医疗设备有限公司生产的价值 2 亿元的医疗设备作为租赁物，C 融资租赁有限公司按照 A 医院的要求与 B 医疗设备有限公司签订买卖合同，支付设备价款，并将设备租赁给 A 医院使用，与 A 医院签订融资租赁合同，A 医院按季向 C 融资租赁有限公司支付租金，在租赁期间内，该设备的所有权归 C 融资租赁有限公司所有，租赁期满，A 医院以 100 元名义价款购买该租赁物，租赁物所有权归 A 医院所有，B 医疗设备有限公司提供租赁物无条件回购担保。C 融资租赁有限公司接到 A 医院的业务申请后，为严

---

[*] 融资租赁陷阱多，风险防控要这样做［Z/OL］．［2020-06-10］．http：//www.sohu.com/a/281748641_556060．

格控制业务风险，特委托某第三方机构做了相关尽职调查后，认为该业务风险较大，遂决定终止合作。主要原因有以下两个方面。

①A医院由原三级甲等医院改制设立，目前尚未取得审批机关颁发的全国统一格式的证书，医院等级无法确定，缺乏相关资质证明，存在合规经营风险。该医院提供的财务报表为改制前医院的财务报表，不能有力证明该医院目前的财务实力，存在信息不对称风险。该医院的经营场所和80%的医疗设备的权属性质为"租赁"，对债务的保障程度较小，存在违约风险。该医院曾因非卫生技术人员非法行医受到当地监管部门的警告。现场抽查发现，医院病床使用效率约为56%，该地区内居民对该医院的医疗水平和医疗环境认可度不高，存在较大的经营风险。

②该租赁物医疗设备属于第三类医疗设备，按照规定应实行注册管理，但B医疗设备有限公司不能向尽调人员提供该设备的注册证，存在来源不合法风险。设备贴牌不是国外品牌，而是B医疗设备有限公司的组装设备，与A医院提供的清单信息不一致，存在价值虚高、假冒知名品牌的嫌疑。租赁物属于价值较大的专有设备，用途单一，未来面临较大的处置贬值风险。

随后，事实证明，A医院和B医疗设备有限公司系恶意串通，骗取融资租赁款，目前已经被相关公司起诉，C融资租赁有限公司终止与A医院的融资租赁业务合作，有效地避免了公司遭受巨额损失。

融资租赁业务复杂程度高，法律体系不够完整，在开展此项业务时，要注意审查各方面的风险，保证业务合规。

第五节　债权结构的合规要求

债权结构和股权结构是公司资本结构的组成部分，如前章所述，债权结构也会对公司治理发挥效应。所谓债权结构是指企业债务资金的来源构成和各部分之间的比例关系，常见的债权有银行贷款债权、企业债券债权、国家债券债权和其他类型债权，债权结构还可分为长期债权和短期债权两种不同期限结构的债权。债权具有强制性的特点,需到期还本付息,对公司治理有重要影响,债权结构合规是企业需履行的合规义务。

一、债券发行的合规义务与风险管控

相关法律法规规定了债券发行需履行的合规义务。例如,《公司法》规定了债券发行需履行的必要程序,在公告的债券募集办法中,应当载明债券募集资金的用途、债券总额和债券的票面金额、债券的发行价格等事项。除上述形式要件外,还要遵循《证券法》对债券发行的有关规定,如债券余额不超过公司净资产的40%、年均可分配利润不少于债券一年利息的1.5倍。

由于股东有权查阅公司章程、股东名册、公司债券存根、股东大会会议记录、董事会会议决议、监事会会议决议、财务会计报告,对公司的经营提出建议或者质询。股东可通过定时查询、监控,或者是要求管理层作出说明,确保合规义务得以履行。

【案例7-11:募集资金使用情况与年报披露不符】

发行人崇州市兴旅景区管理有限公司2016年年报披露:"公司进行募集资金项目投资时,支出必须严格遵守募集资金管理制度和公司资金管理制度的规定,并对募集资金支付情况建立详细的台账管理。"但发行人实际使用债券资金时,并未制定募集资金管理制度,也未建立募集资金支付台账,债券资金实际管理情况与年报披露情况不符;此外,发行人未在年报中披露债券资金具体使用情况,如是否使用完毕、具体用途。发行人被四川证监局采取责令改正的监管措施。

【案例7-12:募集资金通过转让手段用于其他途径】

"15纳海债"募集说明书约定用途为"偿还借款、补充营运资金、贵金属投资、对熟悉的行业板块进行投资"。发行人与佛山市顺德区四海友诚商业有限公司(以下简称佛山四海友诚)、佛山市顺德区恒兴达商贸有限公司(以下简称佛山恒兴达)签署贵金属销售合同,债券资金以支付货款名义付给佛山四海友诚、佛山恒兴达,被上述两家企业转付给佛山市顺德区钢材物流有限公司(以下简称佛山钢材),佛山钢材将债券资金最终划转至发行人另三家关联方。债券资金实际用途与约定用途不符,发行人被江西证监局采取出具警示函的监管措施。发行人与供应商签署商务合同,并以债券资金支付货款,形成债券资金用于补充营运资金的表象,而实际并未发生真实交易。受托管理人核查募集资金使用情况时,应当获取与"补充营运资金"相关的业务合同、交易凭证(如仓单、提单),以证明募集资金使用是基于真实的交易背景。

公司发行债券时需履行公告义务,发行成功后取得的债务资金使用应履行公告披露的合规义务。

二、债务资金来源的合规义务与风险管控

在实务中,有些公司不满足发行债券的需要,就可能会以非法集资的手段筹措资金满足自身需求,未依照法定程序经有关部门批准,以发行股票、债券、彩票、投资基金证券或者其他债权凭证的方式向社会公众筹集资金,并承诺在一定期限内以货币、实物以及其他方式向出资人还本付息或给予回报的行为。公司需要防范非法集资的行为,以正规渠道获得资金,以免受到刑事处罚。

三、债权比例的合规义务与风险管控

许多公司的债权资金来源都是通过银行贷款所得,畸形的结构不利于公司充分发挥杠杆的效用,且比例严重失调更不容易应对债务危机,这与鸡蛋不能放在同一个篮子里是一个道理。合理利用各类债权可分散债务到期还本付息的压力,长期债权与短期债权资金的运用可以提高资金使用效益,这些是管理层需履行的合规义务。管理层应当事先规划债务的构成和金额,充分考虑成本效益原则,合理分配资金。

第八章

企业进出口业务合规管理

第一节 国外出口管制制度与经济制裁

一、美国的出口管制法律体系

美国出口管制指美国政府对特定物品的贸易施加禁止性规定或特殊许可条件以进行限制的行为。美国出口管制法律体系主要包括以《出口管制条例》（Export Administration Regulations，EAR）为核心的关于民用和军民两用物品管制的法律法规体系，和以《武器国际运输条例》（International Traffic in Arms Regulations，ITAR）为核心的关于国防物品和国防服务管制的法律法规体系，以及29个美国经济制裁项目。

（一）美国出口管制的基础法律制度

以下四部法律都是美国国会颁布并经总统签署的正式立法，是与出口管制制度有关的最高级别的法律。

表8-1 美国出口管制有关基础法律

法律名称	适用范围
《出口管理法》	军民两用产品和技术出口管制（有效期1979~2001年）
《武器出口管制法》	军用产品和技术出口管制

续表

法律名称	适用范围
《国际突发事件经济权力法》	通过美国总统的特别授权延续《出口管理法》失效后的军民两用产品和技术出口管制
《出口管制改革法案》	将美国现有的出口管制实践法典化，并为《出口管制条例》提供永久的立法基础

（二）美国出口管制的主管部门

美国的出口管制制度主要由两个联邦行政部门负责：美国国务院（相当于外交部）负责用于军事和防务目的的产品和技术的出口管制；美国商务部负责军民两用产品和技术的出口管制。对于军用产品和技术的出口管制，大部分必须通过美国国务院和美国国会授权，美国国务院中具体负责出口管制事务的是政治军事事务局下属的国防贸易管制处。对于军民两用产品和技术出口管制，需要通过美国商务部负责授权和审批，并通过联席会议协商决策的机制决定是否批准。即对于具体某项产品和技术，在接收到出口申请后，美国商务部将是否批准出口的决定权交给其他更加熟悉该产品和技术的相关部委，包括美国国务院、国防部、能源部，甚至美国国家航空航天局，连中央情报局都可能参与其中，负责对交易一方的背景进行调查。美国商务部中具体负责出口管制事务的是工业安全局。

（三）美国出口管制的法律法规体系

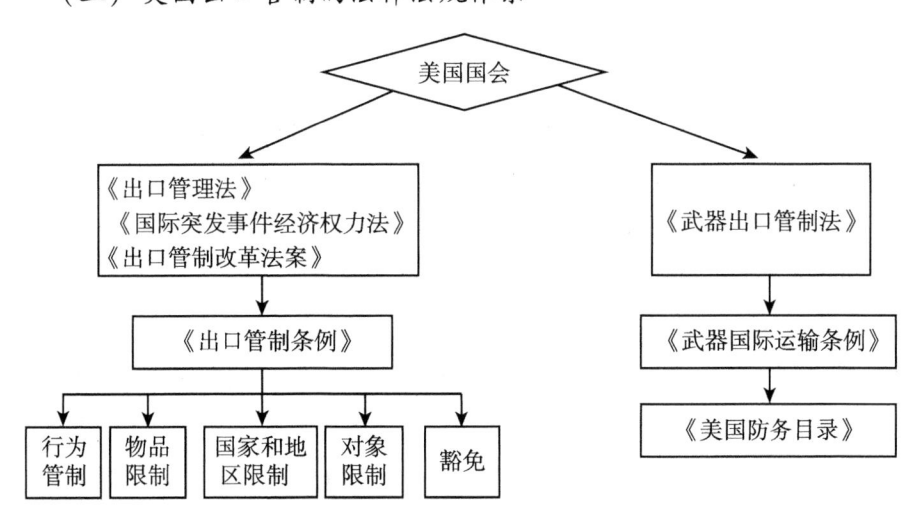

图8-1 美国进出口管制法律法规体系

如图 8-1 所示，一系列的法律法规以及条例构成了美国完整的出口管理体系，美国国会颁布的《出口管理法》《国际突发事件经济权力法》《出口管制改革法案》和《武器出口管制法》等四部法律是美国出口管理体系中最高级别的法律。由于以上基础法律的颁布时间以及生效时间的原因，美国商务部工业安全局最早是依据《出口管理法》）制定《出口管制条例》，随之立法效力失效后，之后在 2018 年的《出口管制改革法案》颁布之前，《国际突发事件经济权力法》成为《出口管制条例》的依据。美国国防贸易管制局依据《武器出口管制法》制定了《武器国际运输条例》。以下对于美国出口管制体系中的两大条例进行介绍。

1. 《出口管制条例》

为执行《出口管理法》，美国商务部颁布了《出口管制条例》，具体规定原产于美国的产品、软件和技术的出口和再出口管制细则。《出口管制条例》的管辖内容主要包括以下四个方面。

（1）《出口管制条例》下受到管制的出口行为

出口：指《出口管制条例》管制的物品通过实际运送或传送的方式离开美国，或将技术或源代码在外国公布或者向外国人公布（视同出口）。

转出口：指从美国出口至进口国的管控物项，从进口国再次出口至第三国。包括将受《出口管制条例》管制的物项从某一外国实际运送或传输至另一外国，或在他国向该国的外国公民泄露受《出口管制条例》管制的技术或源代码（视同转出口）。

公布：将受管制技术或软件向外国人以视觉、口头或书面等方式公布，公布需要取得等同于出口或转出口的授权。

转移：在同一国家中改变最终用途或改变最终使用者。

（2）《出口管制条例》下受到管制的出口物品

处于美国境内的所有物项，包括美国自由贸易区和从美国过境的物项；所有原产于美国的物项，无论位于世界何地；含有受管制美国原产商品的外国制造商品（美国产品＋外国产品），含有受管制美国原产软件的外国制造商品（美国软件＋外国产品），含有受管制美国原产软件的外国制造软件（美国软件＋外国软件）和含有受管制美国原产技术的外国制造技术（美国技术＋外国技术）；使用美国原产技术或软件直接生产的产品。

《出口管制条例》中建立了一份商品管制清单（Commerce Control List，CCL），将管制物项分为 0~9 十个大类，例如，第 0 类，核原料、设施、设备及其他；第 1 类，材料、化学制品、微生物和毒素类物质。第 0 类按照功能标准又分为 A、B、C、D、E 共 5 组，例如，A 组是系统、设备及零部件；B 组是测试、检验及生产设备。每一类管制物品都被归类在一项出口管制分类号（Export Control Classification Numbers，ECCN）下，出口管制分类号详细阐述了该物项的受控原因。例如，若一物项受《出口管制条例》管制，但不在商品管制清单中，则该物项被指定至编号"EAR99"。清单上的受管控的物品需要取得美国商务部下设部门工业安全局的特别许可才可以出口。

（3）《出口管制条例》下国家和地区限制

美国对于不同国家和地区采取不同的出口管制政策，《出口管制条例》将国家和地区划分为 A、B、C、D、E 五组，分别对应不同的管制政策。

A 组中大部分国家都是美国传统的盟国，其受到的管制也相对宽松；B 组为其他组国家之外的国家和地区；C 组为保留项，暂不包含任何国家；D 组包含由于某些原因而受到限制的国家和地区，其原因有国家安全、核技术、生物和化学武器、导弹技术、武器禁运等；E 组是支持恐怖主义的国家与单边禁运国，其受到的管制是最严格的，除了一般性许可之外，其他出口申请一般均会被驳回。

（4）《出口管制条例》下出口交易对象限制

在美国商务部、国务院及财政部下设有黑名单，出现在黑名单上的个人和实体被禁止或限制对外贸易，若与黑名单中的个人和实体进行交易，则可能会产生出口管制风险。针对特殊的最终用途，实施特殊的出口许可，最终用途包括核相关用途、特定的火箭系统、生化武器等。

黑名单包括被认定为对美国国家安全有威胁、支持恐怖主义活动、与犯罪组织有关联以及其他美国政府希望限制其从事美国来源物品贸易的个人和实体。例如，被拒人员清单（denied persons list）、未经核实人员名单（unverified list）和管制实体名单（entity list）。

2. 《武器国际运输条例》

由国防贸易管制局（The Directorate of Defense Trade Controls，DDTC）制

定并实施以实现《武器出口管制法》对于武器出口管制的目的，受管制行为包括出口、暂时进口、转出口或再转移、披露、中介行为。《武器国际运输条例》管制内容项为国防物品和国防服务，管制内容被列入军需清单（United States munitions list，USML）中。

（四）违反出口管制法律法规的处罚

针对违反美国出口管制法律法规的行为，相关人员、实体可能被处以民事、刑事处罚，或被纳入出口管制"黑名单"。

其中，根据《出口管制改革法案》的规定，违法行为人每宗违法交易可能被处以30万美元或交易金额两倍的罚款（取其较高者）；而根据《武器国际运输条例》的规定，违法行为人每次违法行为可能被处以100万美元罚款。如果涉及刑事处罚，行为人每次违法行为可能被处100万美元罚款和/或最高20年监禁。此外，若企业被纳入出口管制"黑名单"，例如，实体清单，则针对《出口管制条例》规定的受控商品、软件和技术的出口、再出口及国内转让，相关企业皆需要获得许可证，同时美国商务部工业安全局对其许可申请的审查适用推定拒绝且其不适用许可证豁免。

二、欧洲的出口管制体系

（一）欧盟的出口管制体系

1. 欧盟出口管制的基础法律制度

欧盟由若干成员国组成，其出口管制的法律分为两个层级，即欧盟的立法与各个成员国的立法。欧盟的立法为《欧盟理事会条例（EC）第428/2009号》，该法令规定了一般性的管控规则、管控清单和统一执行政策。针对欧盟军品出口管制的法规有《管理军事技术和设备出口控制的共同条例》《欧盟行为准则用户指南》《共同体内部转让法令》和《欧盟理事会条例（EC）第423/2007号》。

2. 欧盟出口管制的主管部门

欧盟的出口管制机构包括欧盟理事会（The Council of the European Union）、欧盟委员会（The European Commission）、欧洲议会（The European

Parliament)、欧洲法院（The Court of Justice）等，由于出口管制的最终执行与决策权在各成员国手中，因而欧盟出口管制的执行机构是各成员国的出口管制主管部门。

3. 欧盟出口管制的主要制度

欧盟制定了《欧盟两用物品及技术出口管制清单》（Community Regime for the Control of Exports of Dual Use Items and Technology）和《欧盟共同军品清单》（Common Military List of the European Union）。《欧盟两用物品及技术出口管制清单》将受控物项分为10大类，欧盟还对两用品出口实行全面管制。2014年10月，欧盟通过了《欧盟理事会条例（EC）第1382/2014号》，修订了《欧盟两用物品及技术出口管制清单》，目前有10大类共1825个管制物项。《欧盟共同军品清单》将受控军品分为22大类。

根据现行的出口管制法和出口管制清单，欧盟采取四种出口许可形式：欧盟通用出口许可、国家通用出口许可、全球出口许可以及单项出口许可。

（1）欧盟通用出口许可（EU General Export Authorisations，EU GEAs）

欧盟通用出口许可涵盖《欧盟两用物品及技术出口管制清单》上的大部分受控物品。欧盟通用出口许可使得物品出口受控时耽搁的时间最短，出口商也无须申请单项或全球出口许可，当前通用出口许可包括6种。

（2）国家通用出口许可（National General Export Authorisations，NGAs）

目前有法国、德国、希腊、意大利、瑞典、荷兰六个国家可以发放国家通用出口许可。

（3）全球出口许可（Global Authorisations）

授权一个出口商出口一种或多种物品到一个或多个国家/最终用户。

（4）单项出口许可（Individual Licenses）

授权一个出口商出口给一个最终用户。

（二）德国的出口管制体系

1. 德国出口管制的基础法律制度

德国与出口管制相关的基础法律有：《战争武器控制法》《对外贸易和支付法》和《对外经济条例》，这些法律规定了国家实施出口管制的产品范围、措施、企业申报义务和主管部门审批标准，并详细列出军品及两用物品与相关技术的出口管制清单。作为欧盟成员国，德国还应当遵从《欧盟理事会条例（EC）第428/2009号》的规定。

2. 德国出口管制的主管部门

德国联邦经济与技术部下属的联邦经济与出口管制局（德语缩写为BAFA）是德国负责出口管制的职能部门。德国联邦经济与出口管制局与德国海关针对德国出口管制共同执法。

3. 德国出口管制的主要制度

（1）德国联邦经济与出口管制局发放三种不同类型的出口许可证

①单项许可/最高限额许可：一次许可仅对一个或多个物品基于一个收货方的一份订单有效。

②集合出口许可：在特定情况下对特定出口商颁发的许可。

③通用许可：适用于特定国家和项目，也适用于欧盟通用出口许可，但附加了德国联邦经济与出口管制局规定的条件。已申请通用许可的物品不能再申请单项许可。德国联邦经济与出口管制局颁发的通用许可均刊登在政府公报上，出口商或经销商无须专门申请，但需要作为使用者在第一次出口或转运前或之后30天内备案。

（2）出口执法制度

①最终用户管制。德国要求所有许可申请必须提交最终用途证明，由最终用户或委托人对最终目的地和用途进行声明，主要有官方最终用途证明、私人最终用途证明和国际进口证书。如外国政府为最终用户，须提供最终用途证明；如私人公司法人为最终用户，除提供该国政府的国际进口证书外，还必须提交私人最终用途证明。此外，某些情况下，德国联邦经济与出口管制局还要求提供交运证明。

②边界管制。德国所有出口必须向海关报关并履行程序。海关部门负责预防包括打破禁运在内的违反出口管制的事项，主要通过地方金融部门检查出口公司，对其进行监控，并通过海关服务部门进行检查。出口报关书通常提前提交给国内的海关办公室，最终报关结果包括出口许可（如果需要），将在货物离开德国后由边境海关核查。对于信誉良好的出口商还规定了简化

的出口报关程序。

③海关刑事侦查服务。海关刑事侦查服务的出口管制职能主要是引入侵入式监管力量，通过加强计算机系统功能，更好地与德国联邦经济与出口管制局合作。海关刑事侦查服务总部设在科隆，有许多创新性的计算机跟踪和监控功能。海关刑事侦查服务可通过网络与德国海关各地的办事处相连，将所有办事处的文件汇集于单一数据库，对某种产品的已知最终用户是否与武器发展相连作出信号提示。

三、亚洲的出口管制体系[*]

（一）马来西亚的出口管制体系

（1）马来西亚出口管制的基础法律

马来西亚对外贸易的主要法律有《海关法》《海关进口管制条例》《海关出口管制条例》《海关估价规定》《植物检疫法》《保护植物新品种法》《反补贴和反倾销法》《反补贴和反倾销实施条例》《2006年保障措施法》《外汇管理法令》等。

（2）马来西亚出口管制的主管部门

马来西亚主管对外贸易的政府部门是国际贸易和工业部，主要职责是：负责制定投资、工业发展及外贸等有关政策；拟定工业发展战略；促进多双边贸易合作；规划和协调中小企业发展；促进和提升私人企业界和原住民的管理和经营能力。

（3）马来西亚出口管制的主要法制制度

马来西亚规定，除以色列外，大部分商品可以自由出口至任何国家。但是，部分商品需获得政府部门的出口许可，其中包括：短缺物品、敏感或战略性或危险性产品，以及受国家公约控制或禁止进出口的野生保护物种。此外，马来西亚《1988年海关令（禁止出口）》规定了对三类商品的出口管理措施：第一类为绝对禁止出口，包括禁止出口海龟蛋和藤条，禁止向海地出口石油、石油产品和武器及相关产品；第二类为需要出口许可证方可出口；

---

[*] 此部分主要对马来西亚和印度的出口管制体系进行阐述。

第三类为需要视情况出口。第二类和第三类大多数商品为初级产品，如牲畜及其产品、谷类、矿物、有害废弃物；第三类还包括武器、军火及古董等。国际贸易和工业部及国内贸易与消费者事务部负责大部分商品出口许可证的管理。

（二）印度的出口管制体系

（1）印度出口管制的基础法律

印度与贸易有关的主要法律有《1962年海关法》《1975年海关关税法》《1992年外贸（发展与管理）法》《1993年外贸（管理）规则》及《外贸政策（2015~2020年）》等。

（2）印度出口管制的主管部门

印度商工部（Ministry of Commerce and Industry）是印度国家贸易主管部门，其下设商业部和产业政策促进部，商业部主管贸易事务，负责制定进出口贸易政策、处理多边和双边贸易关系、国有贸易、进出口促进措施、出口导向产业及商品发展需求目标的产业政策与战略，监管产业和技术发展事务，促进和审批外国直接投资和引进外国技术，制定知识产权政策等。

四、经济制裁

经济制裁是指各国基于外交政策和国家安全目标管理和执行的，针对目标国家和政权、恐怖分子、国际麻醉品贩运者，以及对国家安全、外交政策或经济构成威胁的人施加的限制性措施，包括但不限于金融制裁、贸易制裁、旅行限制和民航限制。

（一）美国的经济制裁

美国的经济制裁既有执行联合国安理会决议的多边制裁，也有美国自己实施的单边制裁。其主要的经济制裁机构为财政部外国资产控制办公室（Office of Foreign Assets Control，OFAC），所包含的经济制裁的行为有进口、出口、转出口、提供技术或服务、融资、担保等，管制的范围比进出口贸易更加广泛。

美国财政部外国资产控制办公室会在其官网公布其实施的特定制裁项目，

目前生效的制裁项目共 29 个,包括五个全面制裁项目,即古巴、朝鲜、叙利亚、伊朗和克里米亚,以及反贩毒制裁、防扩散制裁、西巴尔干等非全面制裁项目。

美国经济制裁分为一级制裁和二级制裁。一级制裁,指美国政府对其有管辖权的"美国人"的行为,与美国物品、科技或服务有关或涉及美国金融机构和美元的交易行为进行制裁。二级制裁,对于非美国人且不涉及美国物品、科技、服务、美国金融机构和美元的交易行为,美国政府若认定该交易损害其国家政策或危害国家安全的,有权实施制裁。即要求外国人、外国企业、外国金融机构不得从事与某些特定国家相关的贸易行为。

美国一级制裁的法律后果包括行政罚款和刑事处罚。行政罚款的金额为 25 万美元或者涉案交易金额的两倍;相关责任人可能被判处 5 至 30 年的有期徒刑;如在接受调查时,故意做虚假陈述或隐瞒重要事实的,还可能额外被判处 5 年有期徒刑。美国二级制裁的法律后果包括将其加入特别指定国民和受阻人员名单(Specially Designated Nationals and Blocked Persons List, SDN List),冻结其所拥有的在美国的财产,限制美国银行为受制裁对象提供账户、贷款等。

(二)欧盟的经济制裁

相对于美国制裁,欧盟的制裁措施有以下特点:一是制裁范围更广。目前,欧盟的制裁名单内有 30 多个国家,远远高于美国制裁国家的数量。受欧盟制裁的国家名单中除了美国制裁的国家外,还包括埃及、几内亚、摩尔多瓦、突尼斯,甚至包括中国和美国。二是制裁对象针对性强。与美国实施的全面制裁不同,欧盟目前没有对任何一个国家实施全面的贸易禁运和金融制裁,欧盟制裁法令针对每个受制裁的国家均有不同的制裁措施,所有的制裁措施都是针对某些特定的实体和个人,而不是针对某一个国家。三是欧洲银行在执行时参考美国制裁法令。由于近年来多家欧洲大银行遭到美国当局的反洗钱调查,甚至巨额罚款,因而在实务中大部分欧元清算行都会参考美国财政部拟定的制裁名单,对受制裁对象进行严格控制。

第二节　出口管制处罚与执法趋势

出口管制总体呈现管制措施愈发严格、监管力度不断增强、合规风险不断增大的执法趋势。

从外部层面来看，自2018年以来，关于出口管制和经济制裁领域的立法与执法力度不断增强，例如，2018年美国发布《出口管制改革法案》。该法案在原有出口管制法律基础上扩大了适用范围，将新兴和基础技术纳入管制的范围，并要求加强对美国武器禁售国家（包括中国）的许可审查。美国在2018年11月全面重启对伊朗的经济制裁措施，监管范围不断扩大、监管力度不断增强。

美国对中国的管制和投资审查也越来越严格，在新兴技术上的出口管制力度加大。2018年11月19日，美国商务部工业安全局发布了初步拟定清单，拟对14类"新兴技术"实施出口管制。这14类"新兴技术"具体包括：①生物技术；②人工智能；③定位、导航和定时（PNT）技术；④微处理器技术；⑤高级计算技术；⑥数据分析技术；⑦量子信息和传感技术；⑧物流技术；⑨增材制造技术；⑩机器人技术；⑪脑机接口技术；⑫高超声速技术；⑬高级材料；⑭先进的监控技术。

从内部层面来看，2018年11月2日，我国国务院国有资产监督管理委员会发布《中央企业合规管理指引（试行）》提出，中央企业应加强合规管理，重点加强重点环节的合规，如强化海外投资经营合规。2018年12月29日，我国国家发展和改革委员会、外交部、商务部、人民银行、国有资产监督管理委员会、外汇局、中华全国工商业联合会等七部委联合印发了《企业境外经营合规管理指引》，在强调境外经营活动全流程、全方位合规的同时，重点针对对外贸易、境外投资、对外承包工程和境外日常经营等四类主要活动，明确了具体的合规要求，对我国企业合规提出了新要求。与此同时，我国倡议"一带一路"，在实行过程中我国与60多个国家签订《政府间文化交流合作协定》，在这些国家中包含了伊朗等美国出口管制禁运国与部分受控地区，在进行贸易活动中，我国企业可能面临更大的出口管制风险，所受到的监管也越来越大，这种大环境对我国企业的合规提出了更高的要求。

第三节 中国的出口管制制度

一、中国出口管制的法律基础

目前中国尚未制定专门的出口管制法律，中国是通过一系列与出口管制相关的法律及专门法规、规章及文件作为出口管制的法律基础。我国现行有效的出口管制相关规定如表 8-2 所示。

表 8-2 我国现行有效的出口管制相关规定①

分类	名称	法律层级	颁布部门	实施时间	文号
综合类	《中华人民共和国对外贸易法》	法律	全国人民代表大会常务委员会	2016年11月7日	主席令第57号
	《中华人民共和国海关法》	法律	全国人民代表大会常务委员会	2017年11月5日	主席令第81号
	《中华人民共和国刑法》	法律	全国人民代表大会	2017年11月4日	主席令第80号
	《中华人民共和国货物进出口管理条例》	行政法规	国务院	2002年1月1日	国务院令第332号
	《中华人民共和国海关行政处罚实施条例》	行政法规	国务院	2004年11月1日	国务院令第420号
	《中华人民共和国敏感物项和技术出口经营登记管理办法》	部门规章	商务部	2015年10月28日	商务部令2015年第2号
	《两用物项和技术进出口许可证管理办法》	部门规章	商务部、海关总署	2006年1月1日	商务部、海关总署令2005年第29号

---

① 赵晶. 中国出口管制制度与企业贸易合规实务解读：上篇 [Z/OL]. [2020-06-10]. https://mp.weixin.qq.com/s/ddqLUtTmkaCkku9utA22Gg.

续表

分类	名称	法律层级	颁布部门	实施时间	文号
综合类	《两用物项和技术进出口许可证管理目录》	部门规章	商务部、海关总署	2019年1月1日	商务部海关总署公告2018年第104号
	《两用物项和技术出口通用许可管理办法》	部门规章	商务部	2009年7月1日	商务部令2009年第8号
核领域	《中华人民共和国核出口管制条例》	行政法规	国务院	2006年11月9日	国务院令第480号
	《中华人民共和国核两用品及相关技术出口管制条例》	行政法规	国务院	2007年1月26日	国务院令第484号
	《核两用品及相关技术出口管制清单》	部门规章	商务部、国家原子能机构	2018年1月1日	商务部、国家原子能机构令2017年第85号
	《国家核应急预案》	规范性文件	国务院办公厅	2013年6月30日	—
	《核进出口及对外核合作保障监督管理规定》	部门规章	国防科学技术工业委员会(已撤销)、外交部、对外贸易与经济合作部(含原对外贸易部)(已变更)	2002年3月1日	国防科工委、外交部、外经贸部令第10号
生物领域	《中华人民共和国生物两用品及相关设备和技术出口管制条例》	行政法规	国务院	2002年12月1日	国务院令第365号
化学领域	《易制毒化学品管理条例》	行政法规	国务院	2018年9月18日	国务院令第703号
	《易制毒化学品进出口管理规定》	部门规章	商务部	2015年10月28日	商务部令2015年第2号
	《中华人民共和国监控化学品管理条例》	行政法规	国务院	2011年1月8日	国务院令第588号

续表

分类	名称	法律层级	颁布部门	实施时间	文号
化学领域	《〈中华人民共和国监控化学品管理条例〉实施细则》	部门规章	工业和信息化部	2019年1月1日	工业和信息化部令第48号
	《各类监控化学品名录》	行政法规	化学工业部（已变更）	1996年5月15日	化学工业部令第11号
	《向特定国家（地区）出口易制毒化学品暂行管理规定》	部门规章	商务部	2015年9月1日	商务部令2015年第2号
	《易制毒化学品进出口国际核查管理规定》	部门规章	商务部、公安部	2006年10月7日	商务部、公安部令2006年第8号
	《麻黄素类易制毒化学品出口企业核定暂行办法》	部门规章	商务部	2015年10月28日	商务部令2015年第2号
	《有关化学品及相关设备和技术出口管制办法》	部门规章	对外贸易与经济合作部（含原对外经济贸易部）（已变更）、国家经济贸易委员会（已变更）、海关总署	2002年11月19日	对外贸易经济合作部、国家经贸委、海关总署令第33号
导弹领域	《中华人民共和国导弹及相关物项和技术出口管制条例》	行政法规	国务院	2002年8月22日	国务院令第361号
军品领域	《中华人民共和国军品出口管理条例》	行政法规	国务院、中央军事委员会	2002年11月15日	国务院、中央军事委员会令第366号

续表

分类	名称	法律层级	颁布部门	实施时间	文号
航空领域	《民用航空零部件出口分类管理办法》	部门规章	商务部、海关总署	2006年8月31日	商务部、海关总署令2006年第6号
	《商务部办公厅、海关总署办公厅关于做好民用航空零部件出口管制工作的通知》	部门规章	商务部、海关总署	2013年2月16日	商办产函〔2013〕91号
放射性同位素	《放射性同位素与射线装置安全和防护条例》	行政法规	国务院	2019年3月2日	国务院令第709号
技术领域	《中华人民共和国技术进出口管理条例》	行政法规	国务院	2019年3月2日	国务院令第709号
	《中国禁止出口限制出口技术目录》	部门规章	商务部、科学技术部	2008年11月1日	商务部、科技部令2008年第12号
	《软件出口管理和统计办法》	部门规章	对外贸易与经济合作部（含原对外经济贸易部）（已变更）、科学技术部、信息产业部、国家统计局、国家外汇管理局	2001年10月25日	外经贸技发〔2001〕604号
目录	《两用物项和技术进出口许可证管理目录》《中国禁止出口限制出口技术目录》				
清单	《中华人民共和国军品出口管理清单》《增列禁止向朝鲜出口的两用物项和技术清单》				

二、中国出口管制制度

我国出口管制的方式与世界上其他国家有很大的相似度,基本可以分为以下四个层面。

(一) 资格管理

根据《中华人民共和国敏感物项和技术出口经营登记管理办法》的规定,凡从事敏感物项和技术出口的经营者,必须向商务部申请登记,即取得出口资格。未经登记,任何单位或者个人不得经营敏感物项和技术的出口,登记证书有效期三年。具体办理程序可查询商务部网站(http://exctrl.mofcom.gov.cn/)。

进行军品贸易和运输的主体需要取得军品出口经营权,军品出口经营权由国家军品出口主管部门审查批准。

(二) 出口管制清单

目前,我国对限制和禁止出口的货物、技术和服务实行清单管理,企业可以通过查询各项目录或清单确定某项具体出口业务是否可行,诸如可查询《两用物项和技术进出口许可证管理目录》《核两用品及相关技术出口管制清单》《各类监控化学品名录》《中华人民共和国军品出口管理清单》《中国禁止出口限制出口技术目录》。上述清单基本与国际接轨,涵盖我国已参加的"桑戈委员会""核供应国集团"控制清单,与"澳大利亚集团"防止生化武器扩散等国际组织或条约清单高度相同。

除上述清单外,企业日常还有必要随时关注相关国家部委不时发布的公告,如商务部、工业和信息化部、国家原子能机构、海关总署、国防科技工业局在2018年2月5日以第17号公告的形式公布的《增列禁止向朝鲜出口的两用物项和技术清单》,以及此前多次公告发布的对朝鲜国的禁限措施;2017年商务部和海关总署也曾发布联合公告,对大型挖泥船实施出口管制;2015年商务部和海关总署曾发布联合公告,对部分高性能计算机和无人驾驶航空飞行器实施出口管制。企业可以通过关注商务部产业安全及进出口管制局网页查询到最新的禁限清单(http://cys.mofcom.gov.cn/article/glml/)。

由于禁限清单属于公开发布，企业因未及时查看或理解错误而导致的出口或出口申报行为，都可能被认为是违规行为。

（三）出口许可管理

国家通过管制清单制度对管制物项实施许可管理，包括单项许可、通用许可两种方式。除直接出口外，过境、转运、通运《两用物项和技术进出口许可证管理目录》中的物项和技术，也需申领两用物项和技术出口许可证。军品出口，需凭军品出口许可证。

（四）最终用户和最终用途证明制度

企业出口管制物项时，需提供最终用途和最终用户的相关证明，以确保物项和技术不会被用于非法用途。

三、违反中国出口管制制度的法律责任

（一）行政处罚

对于违反出口管制规定，出口核材料和核设备、"核生化导"两用物项的行为，依据《海关法》的规定，可以由海关没收走私货物及违法所得，并处100万元以下罚款。

对于违法出口"核生化导"相关技术的行为，由商务部给予警告，处违法经营额1倍以上5倍以下罚款；违法经营额不足5万元的，处5万元以上25万元以下罚款；有违法所得的，没收违法所得。

以欺骗或者其他不正当手段获取出口许可证件的，由商务部收缴其出口许可证件，处违法经营额1倍以上5倍以下的罚款；违法经营额不足5万元的，处5万元以上25万元以下的罚款；有违法所得的，没收违法所得。

未取得军品出口经营权的单位从事军品出口活动的，尚不够刑事处罚的，由国防科技工业局予以警告，没收违法所得，并处违法所得1倍以上5倍以下的罚款，没有违法所得或者违法所得不足10万元的，处10万元以上50万元以下的罚款。军品贸易公司违反军品出口管理规定的，由国防科技工业局予以警告，没收违法所得，并处罚款，暂停直至撤销其军品出口经营权。

（二）刑事责任

违反出口管制规定的行为可能构成犯罪，依法承担刑事责任，主要涉及《刑法》中的以下罪名：走私罪，非法经营罪，泄露国家秘密罪，伪造、变造、买卖国家机关公文、证件、印章罪。

第四节　企业进出口业务合规实践

根据美国商务部工业安全局的出口服务办公室出口管制和合规部门公布的《出口管制和合规计划》，一个有效的出口管制合规项目应当具备以下八个要素：高层承诺、风险评估、出口授权、文档保存、合规培训、业务检查、违规调查及改进、合规手册。建议参考《中国企业出口合规指南》[①]中所提出的意见，参照美国商务部工业安全局的部分内容，制定适合我国企业的进出口管理制度。

一、前期工作

（一）成立专项小组

成立一个具备进出口业务相关知识的专项小组，帮助公司制定进出口业务管理和合规计划。

（二）描述公司当前的进出口流程

全面详细地对公司目前的进出口业务流程进行描述，便于专项小组能够为负责或参与公司的进出口业务的员工明确日常工作的步骤和程序。

（三）定义和解决组织的漏洞

对公司进出口业务流程进行分析，以评估现有整体合规计划的有效性，确定公司是否有任何管理薄弱的地方。一旦公司发现了存在漏洞的领域，即

---

① "一带一路"倡议下国际贸易合规性审查与风险防范课题组．中国企业出口合规指南 [M]．北京：法律出版社，2007．

可集中资源至可能因违背合规计划而被处罚或起诉的高风险领域进行分析，并提出解决方法以降低风险。

二、进出口业务管理和合规计划九大要素[*]

（一）管理层承诺

管理层承诺是指高级管理层发布管理政策承诺声明的书面承诺以确保进出口业务合规计划的制定和实施，为进出口合规计划提供足够的资源，以保证公司的进出口行为遵守相关法律法规，并在此过程中发展和培育合规文化。

（二）对进出口业务持续风险评估

风险评估是为了查找违反公司制定的《进出口管理规范》的漏洞并降低违法风险。

1. 设立进出口业务合规职务

合规职务设置及其主要职责如表8-3所示。

表8-3 合规职务设置及其主要职责

职务	职责
进出口业务高级经理	高级官员负责所有进出口业务交易的最终审批，必须确保对所有涉及进出口业务的部门进行有力监督，保证所有的交易角色符合公司的进出口管理要求
进出口业务管理与合规计划管理员	负责评估和确保所有进出口完全符合相关的法律法规，同时作为对外在规章和许可方便的联络人
进出口业务团队	负责管理团队的所有职务
产品部门分类工程师	负责公司产品的分类，与管理员一起决定适合的进出口授权。作为技术专家，在有相关需求的时候，对特殊产品从功能方面提供技术专业支持
产品部门核准经理	作为团队的一员，参加每月的管理会议，监督分类决定和记录，保证特殊产品符合计划要求

[*] "一带一路"倡议下国际贸易合规性审查与风险防范课题组. 中国企业出口合规指南 [M]. 北京：法律出版社，2017：67-136.

续表

职务	职责
技术出口经理	负责公司技术和软件的分类评估，以及技术或软件是否需要进出口许可，同时负责保证公司章程和许可符合各国政府技术出口事项
商品和出口国家追踪高级经理	负责敏感产品的分类监督和追踪所有敏感的高风险的商品出口目的地，包括最终所有的许可后合规情况
外国访问、旅行和外籍雇员协调员	负责协调和管理外国访问和旅行的员工，同时负责外籍雇员的内部监管
进出口顾问	负责提供进出口法律指导的律师

2. 建立完善的订单交易流程

建立完善的订单流程和对产品的整个操作流程进行追踪记录，可以对从订单的接受到最后产品运输的全业务流程的合规风险进行把控，对存在风险的环节依据法律法规制定相关的规章制度以指导业务的执行，保证整个交易过程的合规性。

①订单前审查包括明确公司进出口业务，制定符合业务商品的合规制度；了解业务客户公司的相关信息，保证该项交易的合法性；明确客户的国家地理位置、业务产品、最终使用者和用途是否符合进出口业务的许可要求。

②接受订单—产品操作—产品运输，在此阶段中，应保证所有事项的实行符合法律法规及公司内部规章的要求，并在过程中保证交易文件等记录的完整性与可靠性。

3. 合规培训

应对员工的业务全过程进行合规培训，以保证合规的顺利实行。

（三）制定书面的出口合规管理准则

为了保证进出口业务流程的顺利实行，公司应具有详细的可操作性的政策和程序手册，制定《进出口业务管理和合规计划手册》，手册中应包括各国关于进出口管制的规定，企业内部合规政策和进出口业务程序，手册应人手一本，全体员工都应对其进行了解，尤其是进出口业务部门人员需对其熟练掌握。该手册的内容不是一成不变的，应随着政策的变化和操作过程中发现的问题不断及时更新，并及时发放到员工手中。

（四）持续的合规培训和培育合规意识

合规的意义便是符合法律法规、规章制度、行业准则、企业准则内部规定等，而这些应当遵守的规定是变化的，随着"规"的更新，进出口业务需要遵从的规定也随之改变。为了保证进出口业务的合规，即需要对人员进行持续的合规培训，以确保相关人员掌握相关的知识及业务要求。合规培训形式可以包括对合规计划管理员和进出口顾问进行内部合规培训，也可以包括外部研讨会等形式进行培训，培训过程中不仅要保证员工的合规知识及时补充，更要培养其合规意识，让员工意识到合规的必要性和有用性，保证合规的推行顺利进行。

（五）筛查机制

筛查机制应贯穿于整个进出口业务的生命周期过程中，审查员工、客户、产品和交易并实施合规性保障措施。

1. 对进出口业务的各阶段负责人进行筛查

此项筛查是为了保证业务过程控制合规。

2. 对客户进行筛查

交易前应对客户进行筛查，确保与客户交易不存在贸易风险，如该公司在《出口管制条例》的实体清单中，则应当放弃与该客户的交易；在交易进行过程中，不断关注客户情况，保证交易的合规性。

3. 对产品进行筛查

在交易前在对产品的出口地、进口地、潜在用途、警示信息、禁运国家等信息进行筛查，保证该产品被许可交易。

4. 对交易进行筛查

对交易过程中应对遵循的法律法规进行检查，包括合同订立应遵循哪个国家和地区的法律体系，还应对交易运输过程中的进出口检查流程进行审查。

（六）记录保存

对于与进出口业务交易相关文件应及时记录并完整保存，根据《出口管制条约》的规定，美国政府要求保存时间为五年。应当进行记录和保存的相关文件有：进出口许可证以及根据不同要求提供的与进出口交易相关的支持或证明文件；与外国雇员、客户在正式建立技术交流期间之前的通讯记录等内容；与各国政府之间的通讯记录等内容，还可以考虑记录包含审查记录的进出口管制清单等文件。

（七）合规监督和定期审计/评估

为了验证进出口业务操作是否符合企业制定的进出口业务管理和合规计划，需要对其进行监督和评估。在对其监督和评估时，应当保证每年至少进行一次审计工作，在执行审计工作时应对该计划的各个要素进行审计，并聘用有经验的、具有相关进出口知识的审计团队进行审计，由不同的部门通过自我评估后再核验，自我评估可以参考美国商务部工业安全局官网中的"审计模块：自我评估工具"。

（八）报告和逐步减少进出口业务违规

对于在进出口业务活动中存在的违规问题或可能存在违规风险的问题等，应及时向上级或管理层报告。报告机制可以向公司的合规部门进行举报，建立匿名举报机制和鼓励举报机制，将参与合规管理纳入绩效考核，培养员工合规文化。

（九）针对进出口业务违规行为的适当纠正措施

对于可能存在进出口业务违规行为，应制定恰当的程序进行调查以确定该行为是否违规；针对违规行为，明确该违规行为的责任行为人和过失行为人，对其进行相应的处分；对于该违规行为，先予以补救，及时进行纠错，并将具体情况予以通报，使得企业员工能够了解情况以防再次出现该种违规行为。

三、常见进出口业务违规风险点及案例分析

（一）未正确认识到客户交易的合规性，违反美国出口管制制度

【案例8-1：中兴通讯股份有限公司违反美国出口管制案*】

据美国商务部网站的信息显示，中兴通讯股份有限公司自2010年1月至

---

* 王志乐．中兴事件中比罚单更沉重的反思：合规，中国企业新挑战［Z/OL］．［2020-05-30］．https：//mp.weixin.qq.com/s/s0q1iw8vHDbyUY38-hWK6w．

2016年4月，在知晓美国依据《伊朗交易与制裁条例》对伊朗长期实施制裁的情况下，仍将内含美国制造的受限类配件和软件产品出口到伊朗，以获取伊朗公司的合同并参与当地庞大通信网络的供应、建设、运营及服务，这些合同金额达到数亿美元。最终美国政府对中兴通讯股份有限公司提出的三项指控包括串谋非法出口、阻挠司法以及向联邦调查人员作出虚假陈述。

1. 事件始末

在2012年美国政府就对中兴通讯股份有限公司立案调查，但直到2016年美国商务部工业安全局才正式将中兴通讯股份有限公司及其三家关联公司列入"实体名单"并采取具体管制措施。在长达四年多的时间里，中兴通讯股份有限公司在应对美国政府调查过程中出现了不少失误。

2016年3月7日，美国商务部在官方网站公布了一份中兴通讯股份有限公司的内部文件，其中披露了中兴通讯股份有限公司与伊朗、朝鲜、叙利亚等禁运国的合作项目，并指责中兴通讯股份有限公司严重违反该国出口限制法规。

2016年3月21日，中兴通讯股份有限公司与美国商务部达成临时协议，美国决定暂时解除对中兴通讯股份有限公司及其子公司的出口限制措施。

2017年3月，美国司法部、财政部海外资产管理办公室与商务部共同作出决定，对中兴通讯股份有限公司罚款11.9亿美元。此罚款金额成为美国财政部海外资产管理办公室对非金融机构开出的历史最大罚单，整改后的中兴通讯股份有限公司也公开承认了违反美国出口管制禁令的事实。

2018年4月16日，美国商务部以"欺骗、虚假陈述、一再违反美国法律"为由，宣布重启对中兴通讯股份有限公司及其子公司的制裁禁令，时间长达7年。

多次贸易磋商后，2018年5月25日，美国商务部向美国国会提出了解除对中兴通讯股份有限公司销售禁令的通报。6月7日，美国商务部与中兴通讯股份有限公司达成协议，将暂停这一长达7年的禁止令。美国商务部工业安全局通过调查发现，截至2018年4月，中兴通讯股份有限公司共违反美国出口管制法案380起。

2. 原因分析

（1）管理层进出口管制合规意识薄弱。在2012年3月，美国法院针对中兴通讯股份有限公司立案调查之前的 2009 年，公司法务部对公司的出口贸易风险进行了识别并在 2011 年 8 月 25 日向公司领导层提交了《关于全面整顿和规范公司出口管制相关业务的报告》并制定了《进出口管制风险规避方案》。但该方案并没有受到管理层的重视并加以利用。

（2）缺乏违规的风险意识。在 2013 年美国立案调查时，不仅没有停止其违规行为，还利用第三方进行与伊朗的交易以规避美国监管。在此过程中，企业高管丝毫没有感知到其违规风险会带来巨大的损失。

（3）企业合规体系建设不完善。对于企业法务部在发现存在出口风险时，应及时向董事会沟通，并向董事会、管理层和治理层说明情况，作出预警措施。在 2016 年被管制后应及时采取措施应对，停止违规活动，配合其调查，但中兴通讯股份有限公司依旧不配合，使得合规风险再度上升。

【案例 8-2：法国兴业银行违规案*】

2018 年，法国兴业银行被指控违反了美国《禁止与敌国贸易法》（the Trading with the Enemy Act），称其在 2003~2013 年处理并隐瞒了与受到制裁国家相关的美元交易，将数十亿美元非法转移给美国禁运目标国家，包括伊朗、苏丹、古巴和利比亚等。例如，法国兴业银行在 2004~2010 年通过美国金融机构处理超过 2500 起古巴相关交易，美国司法部在声明中指出其通过"编造不准确或不完整"的信息规避检查，在美元交易中故意隐瞒与古巴的联系。

2018 年 11 月 20 日，美国财政部宣布与法国兴业银行就涉嫌违反美国制裁达成和解，和解费为 5400 万美元。2018 年 12 月，法国兴业银行宣布预计向美国联邦和州当局支付约 14 亿美元罚款，以解决违反美国对伊朗和其他国家贸易制裁的法律争端。

从该案中可以看到，由于企业合规意识薄弱，合规风险意识不足导致企业发生巨额亏损。

---

* 国信通信程成小组. 美国制裁其他国家利益实体案例盘点 [Z/OL]. [2020-05-30]. https://www.sohu.com/a/290424503_304441.

（二）出口申报不实违反中国出口管制制度

【案例8-3：曹县艺合工艺品有限公司出口申报不实案】

曹县艺合工艺品有限公司于2017年6月30日以一般贸易方式向青岛保税港海关申报出口木桶9000件，价值21 600美元，申报税则号列为4421999090（出口退税率为13%，需出境货物通关单）。经归类认定，上述木桶正确税则号列为4415100090（出口退税率为9%，需出境货物通关单）。上述行为已构成违反海关监管规定的行为，影响了国家出口退税管理。最终，曹县艺合工艺品有限公司被处罚款人民币2000元。①

本案中，企业出口申报不实，企图获得更多退税款，在此过程中违反了中国的出口管制制度。

（三）破坏环境

【案例8-4：大众汽车排放案】

2015年9月18日，美国环境保护署指控大众汽车所售部分柴油车安装了专门应对尾气排放检测的软件，可以识别汽车是否处于被检测状态，继而在车检时秘密启动，从而使汽车能够在车检时以"高环保标准"过关，而在平时行驶时，这些汽车却大量排放污染物，最大可达美国法定标准的40倍。

违规排放涉及的车款包括2008年之后销售的捷达、甲壳虫、高尔夫、奥迪A3，以及2014~2015年款帕萨特。根据美国《清洁空气法》，每辆违规排放的汽车可能会被处以最高3.75万美元的罚款，总额可高达180亿美元。

2018年6月13日，针对大众汽车引发的"尾气门"事件，德国布伦瑞克检方对大众公司作出了10亿欧元的罚款令，大众汽车当天表示认罚，并承担相应的责任。

对于环境保护，不同国家与地区的标准不同，在进行会产生环境污染的进出口业务活动时，应关注当地关于环境保护的要求与条例，以防违规。

---

① 中华人民共和国青岛海关.中华人民共和国青岛海关关于曹县艺合工艺品有限公司出口申报不实违规案的处罚决定［Z/OL］.［2020-06-10］.http：//qingdao.customs.gov.cn/qingdao_customs/406484/406544/406553/406555/1989590/index.html.

第九章 企业反腐败与反商业贿赂

第一节 企业反腐败与反商业贿赂国内合规趋势

一、企业反腐败

反腐败是中国企业在国内和海外面临最多的政府执法,远高于其他政府执法。企业内部腐败行为关乎企业的核心利益和长远发展。对于企业而言,腐败问题越严重,企业为腐败付出的成本就越高,严重的将腐蚀企业的商业模式,关乎企业的存亡。现代社会,企业规模越来越大,与社会公众的关联度越来越紧密,一举一动都受到社会广泛关注,因此,企业内部的反腐败也关乎社会公共利益。

(一)反腐败日益受到企业重视

"反腐"是2018年互联网企业的高频关键词之一。在以中国电商企业为代表的互联网公司中,企业反腐败工作主要关注的是企业内部员工的舞弊和职务侵占问题,例如,员工与供应商私下勾结进行回扣的交易行为,或者利用公司或法律制度的漏洞来侵占公司资产,给公司造成损失。以互联网公司为代表的民营企业,是从2010年开始进行内部反腐的。

2010年,阿里巴巴网络技术有限公司旗下公司清理了逾千名涉嫌欺诈的

"中国供应商"客户,公司两名高管引咎辞职。[①]

2016年10月,京东集团对外公开内部腐败事件,在查处的10起内部腐败中,有3起案件的当事人被警方刑事拘留,涉及的腐败包括安排家属实际控制的公司从与京东的合作中违规获利等。

2017年12月,华为技术有限公司消费者业务集团大中华区执行副总裁腾某被带走调查。华为技术有限公司称,滕某因涉嫌非国家工作人员受贿罪,被公安机关采取强制措施。

2018年11月,58集团合规监察部对内部员工通报,原渠道事业部高级副总裁宋某、原渠道事业部总监郭某等人,涉嫌利用职务便利非法收受代理商财物,以涉嫌非国家工作人员受贿罪被北京市海淀区警方刑事拘留。

2019年1月,无人机巨头深圳市大疆创新科技有限公司对内发布反腐败公告,公告指出,公司内部处理了共计45名涉嫌严重贪腐的人员,其中,移交司法机关处理的有16人,直接开除的有29人,造成了超过10亿元人民币损失。[②]

近年来,互联网企业的反腐态势日益加强,表明了企业对反腐败合规的重视,也说明了企业在不断完善公司内部的合规管理制度,不断加强与同行业的其他企业在合规管理方面的交流,促使了企业内部反腐败体系和制度的完善。

(二) 反腐败对企业的意义

企业严厉打击内部反腐败,能促进公司自身的生产经营发展。深圳市大疆创新科技有限公司在2019年1月对内发布的反腐败公告中指出,2018年由于供应链贪腐造成平均采购价格超过合理水平20%以上,保守估计超过10亿元人民币的损失。由于内外勾结的腐败行为,采购价格超出了合理的价格区间,使得公司研发的产品成本上升,但产品质量并未得到对应的提升,这会导致公司产品的竞争力减弱,增加消费者的负担,影响了企业的可持续发展。

企业严厉打击内部反腐败,能激励员工合法、合规地工作,从而在公司

[①] 陈磊. 民企反腐有待国家出台制度引导 [N/OL]. 法制日报, 2018 - 05 - 15 [2020 - 05 - 30]. http:/fanfu.people.com.cn/n1/2018/0515/c64371 - 29991567.html.

[②] 刘晨. 10亿损失45人处理! 深圳大疆曝出内部反腐公告, 官方证实 [Z/OL]. [2020 - 05 - 30]. https://mr.baidu.com/tbyqx02? f = cp.

内部形成良好的诚信文化风气。企业若建立起完善的反腐败制度、举报机制、员工培训制度等，就会在内部形成"不敢腐、不能腐、不想腐"的有效机制，让员工知道自己工作的"红线"在哪儿，就可以从源头上杜绝腐败。

(三) 企业反腐败政策

建立完善的反腐倡廉制度，是从根本上遏制企业内部腐败现象蔓延的治本之策，也是提高企业依法治理水平、建立现代企业制度的必然要求。企业要加强反腐倡廉制度建设，就是要从加强企业内部反腐倡廉教育制度、监督制度、预防制度、惩治制度建设入手，把企业内部员工尤其是高管的权力关进制度的笼子里，堵塞腐败行为发生的制度漏洞，强化对企业员工，尤其是高管权力运行的制约和监督机制，形成防范企业内部腐败的预警系统，完善查处内部腐败的惩戒机制。以下企业在反腐败工作方面有着较为完善的制度体系，他们在反腐败中的工作理念、团队建设以及内部制度方面能给我们许多可供借鉴的实践经验。

【案例9-1：滴滴出行科技有限公司的反腐败情况】

为了更好地进行企业反腐败工作，滴滴出行科技有限公司于2015年9月成立了滴滴出行风控合规部，以"完善管理，革除流弊，助滴滴劲行前路"为使命，致力于建立互联网行业内领先的风险预警管理体系。

风控合规部承担了公司风控内审、廉正合规、制度建设和风控宣传工作。[1] 在风控合规部下设立了五个团队，分别是风控内审、廉正合规、制度建设、风控宣传、效能运营。

风控内审团队的工作，是通过构建预防、发现、监督、改进的闭环体系，识别公司业务和职能板块中存在的重要风险和问题，推动问题的改进与完善。同时，通过审计和专项检查等方式监督，持续优化公司管理能力。

廉正合规团队着力于提升舞弊调查的科学性，大胆尝试舞弊风险识别的系统化方法，例如，建立主动发现舞弊迹象的"巡查"工作模式，增强企业数据分析能力和情报研判能力，以此保障业务的合规性。

---

[1] 滴滴清风. [Z/OL] [2020-05-30]. http://qingfeng.didiglobal.com/index-app.html.

制度建设团队是为了完善滴滴出行科技有限公司的公司制度和阳光诚信职场以及商业体系建设，为滴滴出行科技有限公司全球化发展提供管理保障。

风控宣传（风清社）团队打造了"有阳光，有力量"的风控合规宣传体系。同时，通过新员工培训、全员培训、实习生培训和合作伙伴培训，整体提升所有公司员工的风控意识，预防违规事件发生。

效能运营团队通过建立线上的风险预警和风险监控指标、利用大数据分析等方法，来打造行业领先的风险预警管理系统，以此提升风控内审、廉正合规、制度建设及风控宣传的运作效率。

【案例9-2：阿里巴巴网络技术有限公司的反腐败情况】

阿里巴巴网络技术有限公司的廉正合规部成立于2012年。廉政合规部是阿里巴巴网络技术有限公司内部高度独立的专门反腐败机构，主要职能是加强廉正体系建设、腐败调查、预防及合规管理。

廉正合规部自创建之日起，从最基层的员工到公司副总裁，管理责任最高追至合伙人，没有任何一起案件受到公司高层的干预或阻挠。廉正合规部查办的所有辞退案例，全部在内网论坛中实名公告。自廉正合规部成立以来，"廉正公告"的发布从未间断过，阿里巴巴网络技术有限公司每次发布"廉正公告"，都会引起员工乃至外界的热议和好评。

2015年开始，公司正式立项探讨利用技术能力反腐的手段，对每个业务场景和操作行为进行风险节点模型控制监测，逐步开始形成基于业务模式和业务系统的违规预警分析机制。截至2018年，公司已经在数据安全、灰黑产防控、黄牛识别、虚假业绩、利益冲突识别与防范等方面推动了技术能力应用，据此查处的违规案件占比逐年增高。

【案例9-3：京东集团的反腐败情况】

京东集团建立起完善的《京东集团反腐条例》，并根据公司业务的发展和反腐败的工作需求，不断对《京东集团反腐条例》进行修订。

设置"廉洁京东"平台，在平台中设有反腐制度、反腐公告、法律法规、举报通道、失信名单查询等模块，可以在上面查询京东集团内部的反腐制度，包括《京东集团廉洁奖励试行办法》《京东集团举报人保护和奖励制度》，可以举报京东相关腐败人员并查询京东集团的反腐公告，还可以通过失信名单模块来查询失信的企业或人员。平台的设置能有效遏制公司腐败的风气。

2017年，由京东集团倡议并发起，联合腾讯、百度、宝洁、联想、美的、小米等多个知名企业建立了国内互联网企业首个反腐自治组织——阳光诚信联盟，加强了行业人员的自律，促进了国内企业反腐工作的进行。

二、企业反商业贿赂

商业贿赂指经营者为销售或者购买商品而采用财物或者其他手段贿赂对方单位或者个人的行为。在账外暗中给予对方单位或者个人回扣，以行贿论处；对方单位或者个人在账外暗中收受回扣的，以受贿论处。

商业贿赂中的"财物"，是指现金和实物，包括经营者为销售或者购买商品，假借促销费、宣传费、赞助费、科研费、劳务费、咨询费、佣金等名义，或者以报销各种费用等方式，给付对方单位或者个人的财物。商业贿赂中的"其他手段"，是指提供国内外各种名义的旅游、考察等给付财物以外的其他利益的手段。[①] 其目的是销售商品或者购买商品，即为达到商业目的，通过贿赂来取得交易机会。

（一）商业贿赂的形式

1. 直接给付行为

这种商业贿赂不是商品价款的一部分，也未必一定发生在交易达成之后，也不是针对某次具体的交易，因此不是回扣行为，也不是附赠行为，而是为了笼络客户而在平时"下的饵料"。

主要采用的手段是通过账外、暗中或造假账的方式，以促销费、宣传费、赞助费、科研费、劳务费、咨询费、佣金等名义，或者通过提供国内外各种名义的旅游、考察、房屋装修以及解决子女、亲属入学或就业等多种方式来进行直接给付行为。也可以是通过报销各种费用等方式，给付对方单位和个

---

① 《关于禁止商业贿赂行为的暂行规定》第2条。

人财物，包括现金、实物等。①

2. 在账外或暗中给予对方单位或者个人回扣

回扣是指经营者销售商品时在账外暗中以现金、实物或者其他方式退给对方单位或者个人的一定比例的商品价款。回扣往往发生在具体交易之后，卖方按交易额的一定比例来支付给买方。回扣作为一种不正当促销手段，不会起到让利或降价的作用，反而会提高所购商品的价格。

3. 未按规定处理的折扣行为

折扣是指商品购销中的让利，是经营者在销售商品时，以明示并如实入账的方式给予对方的价格优惠，包括支付价款时对价款总额按一定比例即时予以扣除和支付价款总额后再按一定比例予以退还两种形式。有些单位虽然对折扣明示并如实入账，但是没有按照会计制度的规定来入账。有些单位采取以现金或银行转账的方式，在实际收到折扣时，没有按照会计制度的规定冲减购货成本，而是记入"其他应付款""其他收入"科目，最终转入单位的净资产科目。

4. 不符合规定给付的佣金

符合规定的佣金是指经营者销售或者购买商品，可以以明示方式给中间人佣金。这里的中间人是具有合法经营资格的在交易中为促成交易提供劳务服务的中间人。佣金计入销售费用要满足以下条件：有合法真实的凭证；支付的对象是独立的有权从事中介服务的纳税人或个人（不包括本企业人员）；支付给个人的佣金，除另有规定外，不得超过服务交易金额的5%。

不符合规定的佣金满足以下条件之一，就被认定为商业贿赂：（1）经营者为促成交易，"佣金"实际给付交易对方，并非中间人；（2）经营者给予佣金的中间人（不论是否持有法定资格证件）为交易对方的相关人，其属于对交易对方具有决定权或显著影响的个人或单位，包括与交易对方有法定继承关系、行政隶属关系、监督管理关系、共同投资关系、控股关系、合作经营关系等，并利用这种关系促成交易，其收取"佣金"违反了国家禁止性规定；（3）交易双方经营者达成约定将"佣金"支付给中间人（不论是否持有

---

① 杨桂花，张思光. 对商业贿赂的识别与审计 [J]. 审计与经济研究，2006（5）：42-44.

法定资格证件），而中间人却未实际发生与成交有关的服务行为；(4) 经营者为促成交易支付中间人佣金，超出国家规定标准，因为有些行业的佣金支付是有限制性规定或地方规定的；(5) 经营者为促成交易，"佣金"支付人与中间人串通，共同向交易对方及其相关人行贿的。

5. 不符合规定的附赠行为

附赠是一种明示或公开的平等的对所有交易对方给予的附赠行为，是在交易之时给付的，是作为交易达成的条件，是针对具体的交易。附赠有以下几种形式：在每次送货时附赠一定数量的产品；每年度按销货单位的销售数量按一定比例给予相应金额的产品作为返利；供应商以赠送高档消费品或高档消费品使用权的形式给付附赠。

通常不符合规定的附赠行为是没有根据会计制度进行如实入账，或者赠送的礼品给人以奢侈品的印象等。[①]

（二）商业贿赂的责任主体

1. 企业

企业是反商业贿赂合规的责任主体，应积极构建有关制度，包括建立企业合规制度、营造企业合规文化、检测企业不合规现象、培训员工有关反贿赂方面的法律法规知识及企业规章制度等。

2. 企业成员

企业成员包括企业的管理层、治理机构成员、合同工、实习生、劳务派遣人员等。

3. 商业合作伙伴

商业合作伙伴包括客户、合资伙伴、供应商、承包商、经销商、广告公司、公关公司、咨询公司、代理公司以及其他第三方等企业日常经营需要发生业务合作关系的实体或个人。

（三）商业贿赂的监管主体

1. 市场监督管理局

根据《反不当竞争法》，县级以上人民政府履行工商行政管理职责的部

---

① 杨桂花，张思光. 对商业贿赂的识别与审计 [J]. 审计与经济研究，2006 (5)：42-44.

门对不正当竞争行为进行查处。法律、行政法规规定由其他部门查处的，依照其规定。

2. 中国企业反舞弊联盟

中国企业反舞弊联盟由阿里巴巴、碧桂园、复星、美的、顺丰、世茂、万科、中集等国内多个行业的标杆企业，以及广东省企业内部控制协会、中山大学企业与非营利性组织内部控制研究中心等组织共同发起成立的，是中国首个由企业发起成立的以反舞弊为目标的民间非营利性合作组织。旨在通过创新和合作，帮助企业实施反舞弊行动和制度建设，推进资源共享、信息共享，搭建企业反舞弊经验交流平台，以共同建设廉洁的商业环境。该联盟制定了《中国企业反舞弊联盟公约》和《中国企业反舞弊联盟章程》。《中国企业反舞弊联盟公约》包括联盟的宗旨、运行原则、合作内容以及公约效力等内容。《中国企业反舞弊联盟章程》包括企业加入与退出机制、联盟日常运作机构及职责、成员责任以及联盟成员违约的处理。①

3. 阳光诚信联盟

阳光诚信联盟（Trust and Integrity Enterprise Alliance，简称TIEA），于2017年2月成立，是由京东集团倡议，联合腾讯、百度、沃尔玛中国、宝洁、美团点评、唯品会等知名企业共同发起建立的我国互联网企业首个反腐行业自治组织。同时，邀请中国人民大学刑事法律科学研究中心作为顾问单位。

联盟以诚信经营为使命，以反腐败为主线，协力打击腐败行为，共同提升成员内控部门的履职能力和员工的职业道德建设。为了加强行业共治，联盟官网上线了失信名单共享系统，所有成员单位承诺拒不录用失信人员，并且该系统实现了与企业人力资源管理系统对接，自动识别失信人员，有效提升了企业识别失信人员的效率。

（四）商业贿赂的原因

1. 社会监督制约软弱无力

对重点环节、重点部位权力行使监督不到位。有的单位或部门对资金的

---

① 企业反舞弊联盟［Z/OL］.［2020-05-30］. http：//www.fanwubi.org/Category_11645/Index.aspx.

运行或大宗交易监督缺位，导致犯罪分子有机可乘，大肆受贿。监督主体作用发挥不够，监督的整体效能不高。

2. 执法主体多元化

商业贿赂犯罪的执法主体有很多，包括公安机关、检察院、审计部门、市场监管部门和纪检部门等。这种政出多门、多头执法的混乱状况必然导致不同部门在查处商业贿赂的标准把握上存在分歧，执法尺度不一，相互间沟通、联络协调机制尚不完善，难以形成监督合力。同时，由于这些执法主体的管辖范围和权限没有清晰的界定，各机关和部门之间为避免撞车而有可能缩手缩脚、相互推诿，由此加大了执法成本。[①]

3. 社会自律机制不健全

社会自律机制是指行业自律，它是建立健全自律机制的关键所在。即行业协会通过制定自律规则或自律公约，约束和监督会员行为，防范和惩戒会员违规行为。目前，我国的行业自律机制处于缺位状况。

4. 金钱至上的商业文化导致诚信观念缺失

不少企业在追逐物质利益原则上过度化，违背了诚实守信的市场规则，使得商业贿赂行为频频发生。在利益本位的诱导下，有些在正常竞争过程中处于劣势的人们开始形成扭曲的竞争观念，为了赢得经济利益而不择手段，通过犯罪尤其是商业贿赂犯罪排斥市场竞争，垄断市场价格，攫取经济利益的极端手段便应运而生。[②]

5. 商业贿赂的成本低

商业贿赂行为的私人收益很高，因此对行贿主体和受贿主体均具有很大的诱惑力，而在目前市场竞争体制尚不完备，相关经济法律法规不健全的情况下，商业贿赂的私人成本相对较低。商业贿赂的行为主体主要包括行贿主体和受贿主体，双方合作博弈的条件是主体双方都有利可图，最终通过讨价还价或者达成默契来解决合作剩余分配的问题。

行贿主体通过行贿手段获取非生产性收益，这种收益主要包括两个方面：

---

① 李芳晓. 商业贿赂犯罪的成因与对策探析 [J]. 审计研究，2011 (3)：95–101.
② 李芳晓. 商业贿赂犯罪的成因与对策探析 [J]. 审计研究，2011 (3)：95–101.

一是行贿主体通过商业贿赂销售产品或提供服务取得的净利润；二是行贿主体通过商业贿赂取得长期合作的商业机会。当贿赂的收益大于其付出成本时，行贿主体才会根据贿赂被查处概率考虑是否进行贿赂行为，否则，行贿主体不会选择贿赂行为。

受贿主体付出的成本主要包括法律的惩罚和自我心理、道德上的代价，其收益为接受的贿赂金额。受贿主体选择受贿行为后付出的心理、道德成本对其而言是一种沉没成本，即一旦收受贿赂，无论其受贿行为最终是否被查处，该成本都无法收回。对于道德水平很高、诚实守信的受贿主体而言，当心理、道德成本高于其受贿收益时，他不会选择受贿；否则，受贿主体将接受行贿。[①]

6. 企业内部监督不到位

企业内部监督机制不健全，内部监督流于形式，公司董事会、监事会等机构没有发挥法律、章程赋予其的责任。企业财务制度落实不到位，部分单位内部财务制度松弛，管理混乱，没有严格按照现行会计制度来进行财务入账处理，导致不符合规定的佣金、附赠等行为的出现。

7. 内部控制制度的缺位

内部控制制度对于一个企业来说是至关重要的，是企业长期良性发展的基石。内部控制制度的缺位有以下几种表现：①企业缺乏内部控制意识。管理层和员工缺乏对商业贿赂的具体行为的认知，在无意识中可能就进行了不合规的行为，部分原因来自企业高层管理人员对内部控制的不重视、不了解。②内控制度设计不合理或流于形式。有些企业只是内部规章制度中阐明了内部控制制度的运行程序和执行部门，没有对员工进行相应的培训或者在公司内部进行内部控制制度的宣传，使得内部控制制度的后期执行流于形式。③缺乏有效政策对商业贿赂行为易发生的关键点进行控制。企业没有建立起明确的程序和政策对商业贿赂易发区域进行重点控制。

（五）商业贿赂的影响

1. 财务损失

企业一旦被查到有商业贿赂的行为，就会有来自法律和政府监管部门的

[①] 赵娜. 经济学视角下商业贿赂成因及治理探析［D］. 西安：陕西师范大学，2011.

处罚，处罚金额往往较大。例如，西门子商业贿赂案件中，被处罚金额总计16亿美元，创下了美国实施《反海外腐败法》31年以来的历史记录。西门子支付了4.5亿美元的刑事罚款，以及美国证券交易委员会和德国监管当局对其的罚金，总处罚金额达到13.45亿美元。[①]

2. 声誉损失

商业贿赂有损企业长期以来建立和营造的正面形象。通常，企业违规事件的传播速度快、传播范围广，严重损害企业在消费者和供应商心中的形象。一旦声誉遭到破坏，之后很难再建立起良好的品牌形象，有损企业的长期发展。

3. 承担法律责任

企业可能会承担行政责任、民事责任、刑事责任等法律责任。行政责任是由监管机构对不合规责任主体进行的处罚，包括警告、没收违法所得、罚款、吊销许可证、吊销营业执照等；民事责任是由不合规责任主体向民事行为相对方承担的责任；情节严重的商业贿赂行为可能会触犯《刑法》，承担刑事责任。

4. 加重消费者的负担

企业将商业贿赂的成本转移到商品中，从而增加了商品的成本，使消费者的利益受损。

5. 扰乱市场竞争

商业贿赂行为破坏了合法竞争，扰乱了市场良好运转的交易规范，使得基于质量、价格、效率等展开竞争的原则失效，也使得价格信息及其对资源配置的导向作用不再有效。

6. 破坏诚实守信风气

冲击了诚实公正的社会价值观念，败坏了社会风气，降低了社会道德标准。

【案例9-4：深圳中集天达空港设备有限公司的反商业贿赂情况】

深圳中集天达空港设备有限公司（以下简称中集天达），是国内第一家取得ISO37001反贿赂管理体系认证的企业。中集天达全程参与了反贿赂管理体系国际标准和深圳标准的研制、试点，结合企业多年来在反贿赂方面的实

[①] 王磊燕，王佑. 西门子因全球行贿案被处以13.45亿美元巨额罚款［Z/OL］. ［2020-5-30］. http：//news.sohu.com/20081217/n261252268.shtml.

践经验，提出了许多契合中国国情和企业发展状况的意见建议，国际标准和深圳标准先后于 2016 年 10 月和 2017 年 6 月发布实施。

中集天达的审计业务已经告别"人拉肩扛"的工作方式，其开发的审计管理系统平台实现了全网络数据采集，将传统的事后现场审计工作模式转变为事中动态监督、远程审计和现场取证合为一体的审计模式。

第二节 企业反腐败与反商业贿赂国际合规趋势

一、企业反腐败国际合规趋势

美国早在 20 世纪 30 年代就先后颁布了《证券交易法》《邮政电信反欺诈法》《国内税收法》以及《企业虚假陈述法》等法律，以此来严格限制美国公司的各种贿赂行为。1977 年，美国国会以绝对的优势通过《反海外腐败法》，主要目的在于遏制对外国官员行贿，重建公众对美国商业系统的信心。2011 年，英国的《反贿赂法》生效，被称为"世界上最严厉的反腐败法"，其中第 7 条规定，对于在英国开展业务的公司，一旦被发现与其有关联的任何个人为了该组织获得某种业务或者为了在其业务经营中获得某种优势而支付贿金，那么该组织即构成"商业组织防止贿赂失职罪"。

国外也存在企业腐败现象，但在法律的约束下，很多国外企业不断完善其内部反腐制度，加强反腐力度，严厉打击反腐败行为。目前，各大公司对违反管理体系的行为都基本采取零容忍态度，一旦被发现有违规行为，其员工都是自动辞职。[①]

二、国外商业贿赂的监督主体

（一）美国证券交易委员会和美国司法部

美国证券交易委员会是美国《反海外腐败法》的两大执法机构之一。该

---

① 陈春琴. 互联网企业腐败研究综述 [J]. 湖北经济学院学报：人文社会科学版，2018，15（5）：52－54，63.

机构是根据1934年《证券交易法令》而成立的，是直属美国联邦的独立准司法机构，负责美国的证券监督和管理工作，是美国证券行业的最高机构。美国证券交易委员会是借由监督交易活动来保护投资人的独立的联邦政府机构，是美国国会成立的，负责监督证券市场和保障投资者利益的政府委员会。此外，该委员会也负责监督美国的企业收购项目。美国证监会的法规旨在鼓励全面公开披露，以及保障投资公众不会因为证券市场的欺诈或操控行为而蒙受损失。一般来说，大部分在美国发行的股票都必须在美国证监会注册，都要受到美国证券交易委员会的监督和管理。

美国司法部是美国政府的联邦执法部门，也是美国《反海外腐败法》的两大执法机构之一。司法部负责美国的法律执行和司法行政，相当于其他国家的司法部或内政部。该部门的任务是保障法律的施行，维护美国政府的法律利益和保障法律对美国所有公民都是平等的。司法部管理着几个联邦执法机构，包括联邦调查局，酒精、烟草、枪支和爆炸物管理局（ATF）和缉毒局。司法部还负责调查金融欺诈案件，在法律问题上代表美国政府，以及管理联邦监狱系统。

美国司法部和美国证券交易委员会在执法中频繁使用暂缓起诉协议（deferred prosecution agreements，DPA）和不起诉协议（non-prosecution agreements，NPA）两种手段与执法对象达成和解。暂缓起诉协议和不起诉协议是两种和解协议，允许监管执法机构与调查对象达成协议，监管机构同意暂缓或不起诉，而调查对象则承诺一定期限内停止违法行为，改善合规机制。这种和解的方式使得案件能够尽快结束，对大公司来说很有吸引力，而执法机构也能避免对簿公堂后败诉的风险，所以在实践中非常有效地促成了大量案件以和解结案。[①]

（二）英国严重欺诈办公室

英国严重欺诈办公室（Serious Fraud Office，简称SFO），是英国政府的一个非部长级政府部门，负责调查和起诉英格兰、威尔士和北爱尔兰的严重或复杂的欺诈和腐败行为。英国严重欺诈办公室对英格兰和威尔士的总检察

---

① 《2016—2017中国合规及反商业贿赂调研报告》。

长负责，依据 1987 年的《刑事司法法案》设立。1987 年发布的《刑事司法法案》第 2 节授予英国严重欺诈办公室特别强制权力，要求任何个人、企业、银行提供任何相关文件，并回答任何相关问题，包括有关机密事项的问题。英国严重欺诈办公室是 2010 年《反贿赂法》的主要执法者。该法案旨在鼓励建立良好的公司治理，提高伦敦金融城和英国作为商业安全场所的声誉。

（三）法国反腐局

法国反腐局（Agence Francaise Anti – Corrption，简称 AFA）是依据《萨宾第二法案》设立的旨在防止并发现腐败、利用影响力交易、侵占、挪用公共资金和利益等行为的专门机构。法国反腐局的主要职能之一在于监督企业按照《萨宾第二法案》第 17 条的规定建立合规制度，并评价合规制度的有效性。法国反腐局下设处罚委员会，如果企业未按《萨宾第二法案》第 17 条的规定建立有效的合规制度，处罚委员会有权对企业及其高管进行行政处罚。但法国反腐局并非检察机关，如果发现了贿赂或腐败行为，法国反腐局应通知检察机关，由检察机关提起公诉。①

三、有关企业反腐败与反商业贿赂的法律法规

（一）《ISO37001：2016 反贿赂管理体系——要求和使用指南》

该反贿赂管理体系是由国际标准化组织于 2016 年 10 月发布的标准。该反贿赂管理体系是第一个国际反贿赂管理体系标准，旨在帮助各组织在其自身业务及其整个全球价值链中打击贿赂风险。反贿赂管理体系采用包括支持性指导在内的一系列相关措施和控制措施，规定了以下要求：反贿赂政策和程序；高层领导、承诺和责任；合规经理或职能的监督；反贿赂培训；对项目和业务伙伴的风险评估与尽职调查；财务、采购、商业和合同控制；报告、监测、调查和审查；纠正措施和持续改进。该反贿赂管理体系适用于各国所有领域的小型、中型和大型组织，包括公共、私人和非盈利行业。只要组织中存在潜在的腐败贿赂问题，无论何种规模、何种性质，均可适用。拥有该

---

① 金杜说法. 法国《萨宾第二法案》解析 [Z/OL]. [2020 – 05 – 30]. http：//k.sina.com.cn/article_2402301213_8f30351d034004so2.html.

反贿赂管理体系的认证可以说明公司已有一个良好的合规体系。与其他国际标准化认证类似，在外部合作方已经通过该反贿赂管理体系后，也将更快推动公司对于其供应商和第三方的尽职调查。这是一个极大的商业优势。尤其在采购领域，这一认证可以有力证明自身的合规性。[1]

（二）《反海外腐败法》

美国证券交易委员会和美国司法部，是《反海外腐败法》的两大执行机构。美国证券交易委员会对其监管的公司实施该法案，美国司法部对所有其他国内公司实施该法案。该法于1977年制定，旨在限制美国公司和个人贿赂国外政府官员的行为，并对在美国上市公司的财会制度作出了相关规定。《反海外腐败法》规定，美国人和某些外国证券发行人向外国官员支付款项，以获取或保留为任何人谋利、与任何人合作或将业务导向任何人的业务，是非法的。自1998年《反海外腐败法》修订以来，这些规定也适用于外国公司和个人。《反海外腐败法》还要求在美国上市的证券公司符合其会计规定。这些会计规定与《反贿赂条例》有关反贿赂的规定相辅相成，并要求有关公司制作和保存准确和公平反映公司交易的账簿和记录，以及设计和维持适当的内部会计控制制度。越来越多的公司正在采取额外措施，通过聘用尽职调查公司的服务来保护自己的声誉和减少风险敞口。尽职调查公司的任务是审查第三方中介机构，并识别那些很容易被忽视的政府官员。这一策略是有效的《反海外腐败法》合规计划的一个要素，因为它显示了一种真诚的努力，以避免涉及高风险（过往历史或接近不道德行为）个人的业务情况。根据《反海外腐败法》，如果东道国的书面法律允许向外国官员付款，那么向外国官员付款可能是合法的。根据《反海外腐败法》，与产品促销有关的某些款项或偿付也可能获准。企业需要更多的第三方来提供关键的业务功能，以提升企业自身的核心竞争力。企业无法直接控制其第三方供应商，这将使它们面临第三方违反《反海外腐败法》的监管和声誉风险。根据《反海外腐败法》，企业对涉及其内部和外部关系的活动负责任。在国际上运营的公司，

---

[1] ISO37001：2006反贿赂管理体系要求及使用指南（中英文版）[Z/OL].[2020-06-02]. https://wenku.baidu.com/view/267b7a8e0d22590102020740be1e650e52eacf98.html.

或在腐败感知指数较高的国家与第三方接触的公司，尤其面临风险。许多公司现在已经采取"反贿赂/反腐败"（anti-bribery/anti-corruption solutions，简称ABAC）的解决方案来对抗这种风险，并帮助保护自己免受罚款和声誉损害。《反海外腐败法》赋予美国司法部和美国证券交易委员会追诉国际贿赂的自由裁量权。有几家公司和个人因违反《反海外腐败法》而被起诉，其中最突出的行业或部门是制药、医疗器械、化工、能源和建筑。①

（三）《反贿赂法》

2010年4月，英国通过了反腐力度创全球新高的《反贿赂法》，该法案于2011年7月生效。《反贿赂法》适用于所有与英国有密切关系的公司和个人，包含在英国注册的公司和未在英国注册的公司。对于未在英国注册的公司，只要其在英国设有分支机构、在英国经营业务、在英国的某个证券交易所上市、聘请英国居民，都会受到《反贿赂法》的约束。该法案规定，受贿人与行贿人一样承担违法责任，且不区分受贿者是否是海外政府官员，企业间的海外贿赂行为也会受到追究。

（四）《萨宾第二法案》

2017年生效实施的法国《萨宾第二法案》，强制要求大企业必须制定防止法国境内或境外的腐败行为守则并保障其执行。如果企业和高管未能尽其预防腐败的义务，企业和高管将面临严厉处罚；同时，企业一旦被认定为未能有效预防腐败，将被判处在法国反腐局最长五年的监管下，建立反腐败内控机制，由此产生的监管费用全部由受监管公司承担。《萨宾第二法案》共有9编，169个条款，既有新设条款，又有对法国《刑法》《刑事诉讼法》《货币金融法》等法律的修订条款。②

（五）《关于打击国际商业交易中行贿外国公职人员行为的公约》

国际经济合作发展组织制定的《关于打击国际商业交易中行贿外国公职

---

① 海外反腐败法—维基百科 [Z/OL]．[2020-06-02]．https://zh.wikipedia.org/zh.my/海外反腐败法．
② 法国《萨宾第二法案》解析 [Z/OL]．[2020-05-30]．http://k.sina.com.cn/article_2402301213_8f30351d034004so2.html．

人员行为的公约》于1997年通过，该公约对于贿赂国外官员的行为进行了明确的界定，并提出了相关的惩处方案。该公约规定，对于行贿当事人，相关国家有权利限制其人身自由以便于涉案人员引渡回国。若该公约与参与合约的某国的法律框架并不匹配，则该国应当对涉案当事人进行包括警告教育、罚没贿赂非法所得等行政处罚，以防重大资产流失现象的发生。该公约要求签字国规定任何个人或企业在国际商业交易中行贿外国公职人员的行为均属于违法行为。该公约包括《关于打击国际商业交易中行贿外国公职人员行为的公约》、理事会《关于进一步打击国际商业交易中贿赂外国公职人员行为的建议》、理事会《关于进一步打击国际商业贸易中贿赂外国公职人员行为的税收措施建议》、理事会《关于贿赂和官方支持的出口信贷问题的建议》等内容。公约目标的实现，由国际透明组织监督，国际透明组织的调查结果在《进展情况年度报告》中发布。

（六）《联合国反腐败公约》

联合国原秘书长安南曾于2005年发布了《联合国反腐败公约》。这部公约对于腐败的根源、判定及杜绝进行了深入的阐述，为世界各国建立合作反腐提供了机制保证。该公约包含总则、识别手段、定罪原则、惩治措施、全球通缉机制以及追缴资金等八大模块内容。该公约涉及的层面包括经济、法律、政治、社会等多个领域。

【案例9-5：葛兰素史克（中国）投资有限公司的商业贿赂案】

葛兰素史克（中国）投资有限公司为达到打开药品销售渠道、提高药品售价等目的，利用旅行社等渠道，向政府部门官员、医药行业协会和基金会、医院、医生等行贿。涉案高管涉嫌职务侵占、非国家工作人员受贿等经济犯罪。

被采取强制措施的20余名涉案人员中，包括葛兰素史克（中国）投资有限公司的四大高管，分别涉及法务、人事、市场和营销部门。

在2012年贿赂事件爆发后，葛兰素史克（中国）投资有限公司在其官网上公示了其最新的内部监督措施，即反贿赂和反腐败计划。其中，明确提出：公司对贿赂和腐败行为采取零容忍的态度。公司员工在明知所付款项的全部或部分将被支付给或提供给任何个人以获得不当利益，获得或保留业务的情况下，不得向第三方（如销售代理商、经销商或中间人）作出、提议作出或授权作出此类付款。公司还专门成立了执行小组，以确保该计划的执行。同时，公司会定期向美国证券交易委员会通报在中国及其他国家的内部调查资料。

第十章 企业信息安全与数据合规

第一节　企业信息安全

一、企业信息安全的背景

大数据在促进生产率提高、改变生活方式的同时,其独有的特征给信息安全也带来了挑战,这是我们必须面对的问题。数据信息急剧膨胀,海量的数据资源通过大数据技术得到广泛挖掘和使用,给企业带来了可观的经济效益,但同时也带来了一些安全隐患。由于大数据的网络信息安全技术对企业的发展越来越重要,因而保障好企业的信息安全,才能有效预防内外安全威胁,推动企业健康稳定发展。

近年来,信息安全相关的法律法规不断发布,信息安全得到了前所未有的重视。信息安全技术作为手段,信息安全管理作为战略,所谓的"三分技术七分管理"的理念逐渐被社会各界认同。由于信息具有易传输、易破损、易扩散等特点,因而信息资产比传统资产更加脆弱,更易受到损害,信息与信息系统需要严格管理和妥善保护。近年来,信息安全事件不断发生,体现出频率高、影响大等特点。据统计,全球计算机病毒入侵事件每20秒就发生一次,互联网上的防火墙约有25%被攻破,商业信息被窃取的事件以平均每月260%的速度增加,约70%的网络主管报告因机密信息泄露而受到损失。[1] 信

---

[1] 郭燕慧,徐国胜,张淼.信息安全管理[M].北京:北京邮电大学出版社,2017:1.

息安全已经成为亟待解决的问题。

二、企业信息安全的界定

ISO/IEC 的《IT 安全管理指南》（GMITS，即 ISO/IEC TR 13335）将信息界定为：信息是通过在数据上施加某些约定而赋予这些数据的特殊含义。一般意义上的信息是指事物运动的状态和方式，是事物的一种属性，在引入必要的约束条件后可以形成特定的概念体系。通常情况下，我们可以把信息理解为消息、信号、数据、情报和知识。[1] 信息的价值超越了文字、数字和图像。无形的信息可能包括知识、概念、观念和品牌等。

国际标准化组织将信息安全界定为：在技术上和管理上为数据处理系统建立的安全保护，保护计算机硬件、软件和数据不因偶然和恶意的原因而遭到破坏、更改和泄露。信息安全的内涵已从传统机密性、完整性和可用性三方面，逐渐扩展到机密性、完整性、可用性、真实性、可核查性、可靠性等更多领域。[2]

信息安全性的主要内容具有完整性和可用性以及保密性等特点，保障信息的安全是每一个企业都应当高度重视的问题。企业信息安全指企业当中的网络系统软件、硬件以及系统数据等不会受到外界的恶意侵犯，信息服务不中断，确保业务的连续性。对不同的部门或行业而言，信息安全的目标和重点不尽相同。信息安全本身的范围较大，包括计算机科学、网络技术、通信技术、密码技术、信息安全技术以及应用数学和信息论等多种学科，甚至还包括国家军事政治等机密的安全，其主要目的是防范企业的商业机密泄露或者被更改而受到经济损失。[3]

三、企业信息安全产生的原因

（一）系统软件存在漏洞

系统软件编写中的漏洞，往往存在巨大的安全隐患，成为黑客攻击的重

---

[1] 陈忠文，麦永浩. 信息安全标准与法律法规 [M]. 武汉：武汉大学出版社，2017：3.
[2] 郭燕慧，徐国胜，张淼. 信息安全管理 [M]. 北京：北京邮电大学出版社，2017：3.
[3] 聂荣经. 企业信息安全问题的成因与防护方式分析 [J]. 现代信息科技，2018（10）：169.

要对象。在庞大的数据库中，系统软件漏洞的发生难以避免，在被黑客发现之后，往往会被加以利用，进而攻击数据库，造成数据信息泄露。

（二）数据运营主体存在信息安全隐患

数据运营主体即数据整合商以及数据代理商，它们往往是中小企业。实践中由于其技术落后、信息整合困难、数据资源有限、资金薄弱等问题，难以独立运营数据资源，而要委托第三方处理存储数据资源。数据运营主体与企业对数据的需求是不同的，这会导致数据使用权限不明，有损企业信息安全。另外，数据运营主体缺乏监管，无法保证数据应用途径符合初始目的。[①]

（三）缺乏先进的网络安全技术

很多规模小的企业因为资金原因使用免费的程序，或者开发的信息系统并没有经过严格的测试，只注重系统的便捷，忽略了安全性，管理密码设置过于简单。恶意用户用很低的成本就可以侵入系统，导致无效防护的现象产生。[②] 计算机技术发展很快，但企业的网络安全技术的提升速度，没能赶上计算机发展速度，导致企业的信息安全保护不够，容易受到外部攻击。

（四）黑客攻击，病毒入侵

计算机被植入某些病毒后，就会在不知不觉中将硬盘的电子文档以电子邮件的形式发送出去。大数据环境下，病毒、木马对企业私有云的入侵，大数据在云中进行上传、下载、交换等，使得云平台极易成为黑客的攻击对象。云平台一旦被入侵并使数据产生泄露，则会对企业的品牌、信誉、研发、销售等方面带来严重影响，并带来难以估量的损失。[③] 同时，随着信息技术的飞速发展，黑客技术手段在进一步发展。因此，企业的信息网络受到黑客攻击的次数也变得更加频繁。

（五）内部员工窃取

大部分信息安全事故的起因不是网络黑客的恶意攻击，而是企业内部员

[①] 魏凯琳，高启耀．大数据供应链时代企业信息安全的公共治理［J］．云南社会科学，2018（1）：51.
[②] 聂荣经．企业信息安全问题的成因与防护方式分析［J］．现代信息科技，2018（10）：169.
[③] 张如云．基于云环境的企业数据安全探析［J］．办公自动化杂志，2018（368）：56.

工在有意或无意状态下造成的信息泄露。例如，企业员工会利用职权窃取企业信息为自己牟利，或处于泄愤报复心理，故意对外泄露企业机密信息。另外，企业员工在公司外也会有自己的社交圈子，当其在网络活动中参与某些话题的讨论时，遇有涉及企业的信息时，就可能会泄露企业机密信息。企业内部工作人员对于整个系统都是比较了解的，所以，一旦有窃取企业重要信息的想法，就会产生泄密风险，如果其窃取成功，则会带给企业十分严重的后果。[1]

（六）企业监管不力

企业内部人员对企业信息系统进行访问时，如果网络的安全防护措施不够完善，就难以对信息安全进行有效控制，无法防止信息被越权访问或篡改，也无法及时对异常及违规事件进行警告，信息安全事件也无法及时得到响应和处理。企业的监管力度直接影响着企业信息泄露的发生率，缺乏严格的监管会让企业内部员工铤而走险，对于企业信息安全有着极大隐患。有的企业管理者并没有完全认识到现在网络信息化发展的形势，没有认识到网络信息安全对于一个企业发展的重要性，从而导致企业网络信息安全系统的管理制度的表面形式大于实质效果，没有发挥管理系统真正的安全防范作用。没有一个严格的网络信息安全管理制度，势必会造成相关人员的松懈，从而导致网络安全问题出现的概率大大增加。这与企业的管理理念有关，发展时间久，容易形成僵化思维，管理理念无法随社会发展和信息技术的进步而发展，导致管理理念落后，信息化管理制度不完善。[2]

（七）企业信息安全方面的法律不健全

目前，关于企业信息安全的法律并不完善，给了不少不法分子可乘之机，不法分子往往抓住法律的漏洞，从中牟取暴利。

（八）企业员工信息安全常识缺乏

由于企业员工缺乏信息安全常识，导致出现以下对信息安全构成重大威

---

[1] 刘建雄. 军工企业信息安全及保密技术探讨 [J]. 数字通讯世界, 2018 (7)：99.
[2] 付显君. 企业网络信息安全与对策 [J]. 中国管理信息化, 2018 (2)：150.

胁的行为，典型的有：

（1）安装盗版软件。正版的软件会根据市场上的网络安全形式，定期推出新的安全补丁，更新升级用户的软件；然而盗版软件安装之后，无法进行更新以获取最新的安全策略，于是引起信息安全隐患。

（2）未使用安全的网络。未建立企业内部办公局域网，未做到企业业务计算机的专门使用，大大增加了企业网络安全风险。

（3）存储设备使用不合理。使用自带光盘、移动硬盘和个人U盘等可能感染网络病毒的存储设备，一旦连入企业网络便可能造成大面积的网络病毒感染。

四、企业信息安全的控制规则

（一）信息安全的管理方向

信息安全管理的目标是依据业务要求和相关法律法规提供管理方向并支持信息安全。

信息安全策略宜由管理者定义、批准、发布并传达给员工和相关外部方。在最高级别上，组织宜定义"信息安全方针"，由管理者批准，制定组织管理其信息安全目标的方法。

信息安全策略宜按计划的时间间隔或当重大变化发生时进行评审，以确保其持续的适宜性、充分性和有效性。评审宜包括评估组织策略改进的机会和管理信息安全适应组织环境、业务状况、法律条件或技术环境变化的方法。

（二）信息安全组织

企业应建立信息安全组织的管理框架，以启动和控制组织范围内的信息安全的实施和运行。企业应对所有的信息安全职责予以定义和分配。分离相冲突的责任及职责范围，以降低未授权或无意识的修改或者不当使用组织资产的机会。小型组织可能感到难以实现这种职责分离，但只要具有可能性和可行性，宜尽量应用该原则。如果难以分离，宜考虑其他控制措施，例如，对活动、审核踪迹和管理监督的监视。

(三) 访问控制

1. 访问控制策略

访问控制策略宜建立、形成文件，并基于业务和信息安全要求进行评审。资产所有者宜为特定用户角色访问其资产确定适当的访问控制规则、访问权限和限制，反映相关信息安全风险的控制措施要具备足够的细节和严格性。网络和网络服务的策略包括：允许被访问的网络和网络服务；确定允许哪个人访问哪些网络和网络服务的授权规程；保护访问网络连接和网络服务的管理控制措施和规程；访问网络和网络服务使用的手段（例如，虚拟专用网络或无线网络的使用）；访问各种网络服务的用户鉴别要求；监视网络服务的使用。

2. 用户访问管理

用户访问管理的目标是确保授权用户访问系统和服务，并防止未授权的用户访问。管理用户账号的过程宜包括：使用唯一用户账号，使得用户与其行为链接起来，并对其行为负责；在对于业务或操作而言必要时，才允许使用组织账号，并宜经过批准和形成文件；立即禁用或取消已离开组织的用户的用户账号；定期识别并撤销或禁用多余的用户账号；确保多余的用户账号不会分发给其他用户。

3. 撤销或调整访问权限

所有雇员、外部人员对信息和信息处理设施的访问权限宜在任用合同或协议终止时撤销，或在变化时调整。任用终止时，个人对与信息处理设施和服务有关的信息和资产的访问权限宜被撤销或暂停。这将决定撤销访问权限是否是必要的。任用的变更宜体现在不适用于新岗位的访问权限的撤销上。宜撤销或调整的访问权限包括物理和逻辑访问的权限。撤销或调整可通过撤销、取消或替换密钥、识别卡、信息处理设施或订阅来实现。

4. 用户职责

使用秘密鉴别信息时宜要求用户遵循组织的实践。例如，保密秘密鉴别信息，确保不泄露给其他人，包括授权的人；避免保留秘密鉴别信息的记录（如在纸上、软件文件中或手持设备中），除非可以对其进行安全地存储及存储方法得到批准（如口令保管库）；每当有任何迹象表明秘密鉴别信息受到损害时就变更秘密鉴别信息等。

5. 信息和应用系统访问控制

依照访问控制策略限制对信息和应用系统功能的访问。对访问的限制宜基于各个业务应用要求和已定义的访问控制策略。

6. 安全登录规程

在访问控制策略要求下，访问操作系统和应用宜通过安全登录规程加以控制。例如，选择适当的鉴别方法，以证明用户所宣称的身份。当要求强鉴别和身份验证时，宜利用加密、智能卡、令牌或生物特征等方式代替口令。登录到操作系统或应用程序的规程宜设计成使未授权访问的机会减到最小。

（四）物理和环境安全

1. 物理安全

定义为安全周边和所保护的区域，包括敏感或关键的信息和信息处理设施的区域。安全区域宜由适合的入口控制所保护，以确保只有授权的人员才允许访问。宜为办公室、房间和设施设计并采取物理安全措施。关键设施要坐落在可避免公众进行访问的场地；如果可行，建筑物要不引人注目，并且在建筑物内侧或外侧用不明显的标记给出其用途的最少指示，以标识信息处理活动的存在；避免保密信息或活动对外部可视或可见，处理设施宜被包围，适当地采取电磁屏蔽措施。

2. 外部和环境威胁的安全防护

为防止自然灾难、恶意攻击或事件，宜设计和采取物理保护措施。宜获取如何避免火灾、洪水、地震、爆炸、社会动荡和其他形式的自然或人为灾难引起破坏的专家建议。

3. 设备的安全处置或再利用

包含储存介质的设备的所有项目宜进行验证，以确保在处置之前，任何敏感信息和注册软件已被删除或安全地写覆盖。包含保密或版权信息的存储介质在物理上宜予以摧毁，或者采用使原始信息不可获取的技术破坏、删除或写覆盖，而不能采用标准的删除或格式化功能。当设备被处置或重用时，除了安全磁盘擦除，整个磁盘加密可降低保密信息泄露的风险。

（五）操作安全

操作安全包括：确保正确、安全的操作信息处理设施。操作规程宜形成文件并对所有需要的用户可用。开发、测试和运行环境宜分离，以减少未授权访问或运行环境变更的风险。宜实施恶意软件的检测、预防和恢复的控制措施，以及适当的提高用户安全意识。宜按照已设的备份策略，定期备份和测试信息、软件及系统镜像。系统管理员和系统操作员的活动宜记入日志，保护日志并定期评审。宜实施规程来控制在运行系统上安装软件。加强用户可安装软件类型的限制策略。宜应用最小授权原则，如果授予一定的权限，用户则有安装软件的能力。

（六）通信安全

通信安全包括：管理和控制网络，以保护系统中信息和应用程序的安全。宜实施控制措施，以确保网络上的信息安全，防止未授权访问所连接的服务。在网络中隔离信息服务、用户及信息系统，并明确每个域的边界。采取信息传递策略、规程和控制措施，以保护通过使用各种类型通信设施的信息传递。识别、定期评审并记录反映组织信息保护需要的保密性或不泄露协议的要求。

（七）系统获取、开发和维护

建立软件和系统开发规则，并应用于组织内的开发。安全开发是建立安全服务、安全架构、安全软件和系统的要求。

通过使用正式变更控制程序控制开发生命周期中的系统变更。宜将正式的变更控制规程文件化，并从早期设计阶段到所有后续的维护强制实施，以确保系统、应用和产品的完整性。

建立并适当保护系统开发和集成工作的安全开发环境，覆盖整个系统开发生命周期。安全开发环境包括系统开发和集成相关的人、过程、技术。

组织宜管理和监视外包系统开发活动。在开发过程中，宜进行安全功能测试。

（八）信息安全事件管理

信息安全事态宜尽可能快地通过适当的管理渠道进行报告。所有雇员和承包方人员都宜知道他们有责任尽可能快地报告任何信息安全事态。他们还宜知道报告信息安全事态的规程和联系点。

宜要求使用组织信息系统和服务的所有雇员和承包方人员记录并报告他们观察到的或怀疑的任何系统或服务的安全弱点。

信息安全事态宜被评估，并且确定是否划分成信息安全事件。

第二节　数据合规

一、数据合规的背景

近年来，各国的法律法规对数据的保护达到了前所未有的高度，2017年6月1日中国实施《网络安全法》，2018年5月25日欧盟实施《一般数据保护条例》。由此引发了企业在"数据合规"问题上的挑战。企业数据是企业开展各项工作中的关键，尤其是在信息化与网络化的大环境下，企业加强数据合规管理迫在眉睫。

如今，互联网公司的数据增长迅速，Google每月要处理几百拍字节的数据，Facebook每月要产生超过10拍字节的日志，百度每天要处理几十拍字节的数据，淘宝每天在线产生几十拍字节的交易数据。

互联网数据中心（Internet Data Center，IDC）和美国易安信公司（EMC）发布的 *The Digital Universe of Opportunities：Rich Data and the Increasing Value of Internet of Things* 研究报告指出，2011年全球数据总量已达到1.8泽字节，并以两年翻一番的速度增长，到2020年，全球数据量将达到40泽字节，均摊到每个人身上达到5200千兆字节以上。2017年，在世界电信和信息社会日上，工业和信息化部总工程师张峰指出，我国数据总量在全球占比将达到21%。

管理咨询公司麦肯锡称："数据已经渗透到当今每一个行业和业务职能领域，成为重要的生产因素。人们对于大数据的挖掘和运用，预示着新一波生产力增长和消费因素的到来。"①

二、数据合规的界定

（一）数据合规的三个维度

第一，从国家安全与公共利益的维度，涉及数据安全可控、数据留存、数据跨境与本地化、数据执法协助、数据内容管理等，多为法律法规的强制性要求。

第二，从商业利益与商业竞争的维度，涉及知识产权及商业秘密保护、反垄断、反不正当竞争、合同及侵权等问题。

第三，从个人权益保护的维度，涉及消费者权益保护、个人数据保护等问题。②

（二）个人信息的立法现状

中国有约40部法律、逾30部法规、近200部规章涉及个人信息保护。2012年12月28日起施行的《全国人民代表大会常务委员会关于加强网络信息保护的决定》被认为是纲领性文件。《网络安全法》首次从法律层面定义了个人信息，并梳理了个人信息保护基本原则。

2018年5月25日欧盟《一般数据保护条例》生效，体现了欧盟对域内个人信息保护及其监管的新要求，对全球各国的个人信息保护具有积极的影响。

（三）各国对个人信息的定义

中国《网络安全法》规定：个人信息是指以电子或者其他方式记录的能够单独或者与其他信息结合识别自然人个人身份的各种信息，包括但不限于自然人的姓名、出生日期、身份证件号码、个人生物识别信息、住址、电话

---

① 刘鹏，张燕. 大数据导论［M］. 北京：清华大学出版社，2018：1－2.
② 范为. 由"华为－腾讯事件"谈数据权益梳理与数据治理体系构建［J］. 信息安全与通信保密，2017（7）：14.

号码等。中国台湾地区所谓"个人资料保护法"规定：个人资料是指自然人之姓名、出生年月日、身份证统一编号、特征、指纹、婚姻、家庭、教育、职业、健康、病例、财务情况、社会活动等足以识别该个人的资料。中国香港特别行政区《个人资料（隐私）条例》规定：个人资料指符合以下条件的资料，即直接或间接与一名在世的个人有关的；从该资料直接或间接地确定有关的个人的身份是切实可行的；该资料的存在形式令予以查阅及处理均切实可行的。

美国《安全港隐私保护原则》规定：个人数据和个人信息是指在指令的覆盖范围内，关于某一确定的人的数据或用以确定某人的数据。

英国《数据保护法》规定：个人数据是指可被直接识别的个人相关的数据，或者依据这些数据及数据控制者可能获取的个人观点的表达、个人意图的表达的可识别信息。

德国《资料保护法》规定：个人资料是指凡涉及特点或可得特定的自然人的所有属人或属事的个人资料。

日本《个人信息保护法》规定：个人信息是指与生存着的个人有关的信息中因包含姓名、出生年月以及其他内容而可以识别出特定个人的部分（包含可以较容易地与其他信息相比照并可以借此识别出特定个人的信息）。

欧盟《一般数据保护条例》规定：个人数据是指任何指向一个已识别或可识别的自然人的信息。

经济合作与发展组织《隐私保护和个人数据跨境流通指南》规定：个人数据是指任何与已被识别或可被识别的个人（数据主体）有关的信息。

（四）个人信息收集和使用原则

①个人数据的收集应当具有具体的、清晰的和正当的目的，对个人数据的处理不应当违反初始目的。——欧盟《一般数据保护条例》第5条

②收集、使用个人信息，应当遵循合法、正当、必要的原则。——我国《网络安全法》第41条

③公开收集、使用规则，明示收集、使用信息的目的、方式和范围，并经被收集者同意。——我国《网络安全法》第41条

④个人发现网络运营者违反法律、行政法规的规定或者双方的约定收集、使用其个人信息的,有权要求网络运营者删除其个人信息。——我国《网络安全法》第43条

⑤任何个人和组织不得窃取或者以其他非法方式获取个人信息,不得非法出售或者非法向他人提供个人信息。——我国《网络安全法》第44条

⑥采取足够的管理措施和技术手段,保护个人信息的保密性、完整性、可用性。——《信息安全技术个人信息安全规范》第4(f)条。

⑦个人信息控制者对其个人信息处理活动对个人信息主体合法权益造成的损害承担责任。——《信息安全技术个人信息安全规范》第4(a)条。

三、数据合规的基本流程

合规信息管理的基本流程分为创建、使用、保存、更新、销毁等阶段,可细分为发起、拟制、审核、意见征询、批准、发布、归档、实施、修订与更新、废止、销毁等不同的环节。

(一)强化授权与审批

为了确保数据信息的安全和合规,对数据的处理必须要进行严格的授权与审批,对数据尤其是涉及个人信息的数据的收集、使用、共享和删除等一系列处理过程须进行严格监管和限制。数据合规管理完善的企业还会建立《职权划分与授权管理指引》,便于员工在具体工作中遵循对应的审批流程。

(二)数据合规评审及"脱敏"处理

为保证数据的合规性,企业应当建立合规评审机制,重要合规信息应该在发布之前经过专业人员的合规评审,所有的合规数据应当定期进行合规检查。发现有问题的应该及时纠正。必要时需对个人敏感数据进行"脱敏"处理,对于不能代表公司合规立场的员工言论及未实施的个人主张,可以声明公司态度,并补充说明为挽回影响所做的后续完善措施。

(三)依法对数据的获取与使用

严格遵循《网络安全法》等法律法规收集、处理数据,做到合法、正

当、必要性原则。未公开的数据、涉及企业商业秘密和知识产权以及涉及国家机密的数据，必须严格限定使用人，并建立授权、审批、信息隔离、加密保存与传递、电子合规信息访问控制等机制。

（四）构建数据治理体系

定期对公司数据治理状况进行评估，根据评估报告和企业的实际情况建构数据治理体系。确立数据安全日常监控制度和应急制度，进行符合自身业务类型的数据安全异常点检测，并在出现疑似数据安全问题时及时保留相关证据。

（五）数据匿名化处理

企业内部的数据分析、画像活动，以及其他商业利用，在可行的情况下，推荐采用匿名化方式。数据匿名化后一定程度上可豁免个人数据保护合规义务，也可整体上降低信息安全风险。在数据匿名化之后，商业利用应限定在非身份化的模式之下，在后续的利用中不得进行身份识别。[①]

【案例 10-1：微软公司的数据保护】

微软研究院的 Ambrosio Blanco 加入微软公司 27 年，一直致力于合规工作，被称为"合规沙皇"。Ambrosio Blanco 表示，微软公司和其他公司一样都知道数据的可贵，也正因为它太宝贵，所以微软公司才坚持要数据保护的边界更加清晰。

微软公司确立了六大原则：①监控，通过易于使用的工具和清晰的选项来使用户掌控自己的隐私；②透明化，公开有关数据收集和使用情况的信息，以便用户作出明智决策；③安全性，通过强大的安全性和加密措施保护用户托付给我们的数据；④强大的法律保护，尊重用户当地的隐私法律，并将隐私法律的保护作为一项基本权利来对待；⑤没有基于内容的定向投放，不会使用用户的电子邮件、聊天记录、文件或其他个人内容来针对用户投放广告；⑥使用户受益，当收集数据时，将使用户受益于它的使用，并使用户获得更好的体验。

[①] 王融. 数据保护三大实务问题与合规建议 [J]. 法网时空，2016（5）：102.

【案例 10-2：Facebook 的数据泄露事件】

2015 年，剑桥大学教授亚历山大·科根（Aleksandr Kogan）将自己研发的一款名为"This Is Your Digital Life"的心理测试小程序放在 Facebook 平台上。Facebook 用户出于娱乐的目的完成了这种性格测试的小游戏后，一般会获得一些小额红包作为奖励。但是，要完成这个小游戏，用户必须通过 Facebook 账户登录并授权该程序使用该用户在 Facebook 上的一系列公开信息，包含用户的好友列表、所在区域、喜好、朋友圈公开的信息以及用户好友所"赞"过的话题和新闻等。最后有 27 万 Facebook 用户完成了测试，该程序后台通过滚雪球的方式直接或间接获取到 5000 万 Facebook 用户的上述信息，特别是关于点赞的话题和新闻的信息。

随后，亚历山大·科根教授通过其自己成立的公司将这些数据卖给了一家名为剑桥分析的数据分析公司，该公司是由史蒂夫·班农（Steve Bannon）和罗伯特·莫瑟（Robert Mercer）创办的。不久，剑桥分析公司利用获取的用户资料进行大数据挖掘，主要是利用用户所在区域、用户点赞、转发话题和新闻这类信息来建立数学分析模型，推算出用户进行关于其性格爱好和政治偏向的个人画像，然后再通过 Facebook 的广告平台针对不同的分类群体进行精准投放和政治"洗脑"，其中不乏对竞争对手进行造谣诽谤的假新闻精准推送信息。

目前，世界上大多数国家的个人信息（或个人数据）保护立法都是围绕着"告知—同意"这个框架来建立的，即网络平台、手机软件首先要告诉用户它们会如何来收集、使用用户的个人数据，用户如果选择同意，那么它们就会按照事先的约定来收集和使用数据。

对于不同种类个人信息的收集，需要"告知—同意"的方式不同。这种安排主要是为了个人信息保护和企业数据收集、使用之间的平衡。对于个人一般信息，获得用户授权同意就行了，并没有规定严格的授权形式。而涉及个人敏感信息则必须获取用户的明示同意，例如，主动作出电子或纸质形式的声明、主动勾选、主动点击"同意""注册""发送""拨打"等。

第十一章 反洗钱合规管理

第一节 洗钱与反洗钱概述

一、洗钱

(一) 洗钱的概念

洗钱的概念不断发生变化，洗钱的概念最早出现在《联合国禁毒公约》中，是指将因制造、贩卖、运输任何麻醉药物所得非法收益由"黑"转"白"的行为。在当今时代，洗钱一般指隐匿、掩饰犯罪所得及其收益的实际来源，利用转移、转换、交易等多种方式，将非法收益转化为合法收入，进而躲避法律制裁的行为。[1]

随着世界经济向一体化和信息化发展，洗钱行为日益多样化，洗钱的范围也不断扩大，其上游犯罪从贩卖毒品扩大到贪污贿赂、走私、金融诈骗以及具有黑社会性质的组织犯罪等。"9·11"事件的发生，使洗钱的外延延伸至资助恐怖融资的行为（即恐怖融资），自此，恐怖组织犯罪又被列为洗钱上游犯罪之一。

我国学者一般将洗钱定义为：通过多种方式转移、转换、掩饰、隐瞒、占有或者使用来自毒品犯罪、具有黑社会性质的组织犯罪、走私犯罪、恐怖活动犯罪、贪污贿赂犯罪、金融诈骗犯罪、破坏金融管理秩序犯罪等的犯罪

---

[1] 张海霞. 地下钱庄与洗钱 [J]. 今日科苑, 2006 (10): 77.

所得和收益，用来掩饰上述犯罪所得的真实性质、来源、去向、所有权或者相关的权利，使之在形式上合法化的行为和过程。

(二) 洗钱的行为主体

1. 企业法人

企业法人不同于世代繁衍的自然人，它是一个法律概念。法人是具有民事权利能力和民事行为能力，依法独立享有民事权利和承担民事义务的组织。从定义来看，企业法人是不可能实施洗钱这一主观行为的。因此，当将洗钱行为主体界定为企业法人时，通常是企业被用作洗钱的中介机构（大多是金融机构），通过各种洗钱手段协助犯罪分子将"黑钱"洗白。主要表现在：为洗钱活动提供本单位资金账户，协助将财产转为现金或者金融票据，通过转账或者其他结算方式协助资金转移，协助将资金汇往境外以及以其他方式掩饰、隐瞒犯罪的违法所得及其收益来源。

2. 自然人

构成洗钱行为主体的自然人相对比较复杂，可能是企业高管、员工乃至普通的社会人士，还可能是政府人员。由于违法所得来源甚广，加上洗钱的手段千变万化，由此牵涉到的行业也就越多，参与洗钱的行为人群体也愈加复杂。就银行而言，大多职员、经理易被收买，为洗钱者逃过银行反洗钱监控的检查，以获取丰厚的金钱回报。其他非金融机构的人员，参与洗钱的动机可以分为两类。一类是企业本身就是为洗钱而成立的，如空壳公司、地下钱庄。这类公司的员工，是明知企业的洗钱行为，但为了高额工资而铤而走险，参与洗钱的整个过程。另一类是企业高管与洗钱者有某种"裙带关系"或受利益驱使，而与洗钱者同流合污，借用公司渠道洗钱。

(三) 常见的洗钱方式

洗钱活动是一个复杂的过程，其模式并不固定。一般说来，一个完整的洗钱过程包括处置、离析和归并三个阶段。洗钱的手段也多种多样，但包含着一些共同因素。例如，通过改变资金的方式，利用金融机构或其他方式使资金在全球范围内流动，将资金转移到对支付系统限制较弱或不加限制的国家，最后通过空壳公司把非法所得转变为合法收益。

目前，常见的洗钱方式主要有以下几种：一是利用空壳公司洗钱，这是最典型的洗钱方式；二是利用金融产品洗钱；三是利用进出口贸易洗钱；四是通过博彩洗钱；五是利用"地下钱庄"和民间借贷转移犯罪收益；六是通过互联网，利用电子交易洗钱。

1. 利用空壳公司洗钱

由于空壳公司洗钱具有较强的欺骗性和隐蔽性，已经成为当前犯罪分子洗钱的惯用工具和隐蔽通道。利用空壳公司洗钱主要有两种模式：在离岸金融市场设立空壳公司和直接在国内注册空壳公司。

第一种模式，首先，犯罪分子在具有"保密天堂"之称的国家或离岸金融中心注册空壳公司。这些地方没有相关税收、外汇管制和规章制度的限制，却有严格的银行保密法和公司保密法。其次，通过虚假贸易、虚假投资或地下钱庄将非法收入转到境外，进行匿名存储，再通过相关匿名公司，将资金进行划转，使资金的真实来源模糊化、复杂化，从而使犯罪收益难以被发现。最后，有计划的资金回流，使之好像来自合法渠道。

第二种模式，直接在国内注册空壳公司，利用政府监管的漏洞，注册成立空头公司，但是没有任命第一任董事，也没有投资者认购股份，不会发生经营及债权债务。现在很多犯罪分子为了掩盖洗钱事实，通过虚开发票，制造虚假交易记录，伪造各类虚拟交易活动，请会计师做虚假账目，表面工作做到"尽善尽美"，给监管机构造成企业正常经营的假象。然后，通过企业间资金往来，将利用非法手段获取的犯罪所得与正常营业收入一起交存银行，虚增营业额和利润，同时向税务机关申报缴纳企业所得税和个人所得税，使税后资金成为合法收入，成功将"赃款"洗白。最后，再想办法把"洗白"的钱转到自己指定的账户上。[①]

空壳公司洗钱具有保密性、可控性、隐蔽性和低成本性等特点。利用空壳公司进行洗钱，可以隐匿幕后操控者和所有者的真实身份；公司账户相对个人账户来说其资金运动不易被怀疑，而且以非真实贸易做掩护，可以迷惑

---

① 胡万青，曾康. 反洗钱视角下空壳公司监管策略研究［J］. 金融与经济，2009（7）：90－91.

反洗钱监管部门。此外，空壳公司伪造虚假交易的成本较低，只要按规定纳税即可。

2. 利用金融产品洗钱

金融产品指资金融通过程中的各种载体，它包括货币、黄金、外汇、有价证券等。这些金融产品就是金融市场的买卖对象，供求双方通过市场竞争原则形成金融产品价格，如利率或收益率，最终完成交易，达到融通资金的目的。

银行推出的金融产品众多，洗钱的手法也不尽相同。例如，利用银行票据业务进行洗钱犯罪。银行票据的种类多种多样，票据的特征具有便捷性和高效性，而且票据行为易被人信任。在利用票据进行交易成为一种经济习惯时，票据发展的本身就存在一系列的不足，正是这些不足导致了不法分子的乘虚而入。在票据行为中，最具有风险性的就是票据的转让。因为票据转让不具备针对性，所以不法分子利用票据转让实行洗钱行为不易被察觉，这就为不法分子实施洗钱行为提供了可能。①

随着金融机构业务创新的不断拓展，目前金融创新产品成为洗钱活动越来越活跃的领域。金融机构作为信用中介，虽然能为合法商业活动提供便利服务，但其便利的服务和诸多的金融工具也被犯罪分子用来洗钱。金融创新产品的电子化、金融创新产品之间的融合化给犯罪分子带来了洗钱的可乘之机。由互联网产生的创新金融产品首先是我国最主要的金融创新产品，其次是突破传统业务所产生的金融产品，再者是从国外金融业引入的舶来品，最后是网络虚拟货币。金融创新产品结合了最新的科学技术及金融工具，涉及的金融领域越来越广泛。因此，金融创新产品存在的洗钱风险不断加大，洗钱手段不断变化、翻新，愈来愈隐蔽和复杂。②

金融机构作为一种特殊的企业，适度地推出一些带有一定风险的投资理财产品，本是无可非议的，但若是由于过度追求商业利益，而且根本没有任何的配套措施和政策跟进，从而导致这些高风险产品一度成为洗钱的新途径，

---

① 刘志攀. 银行服务与金融产品中的洗钱隐患分析 [J]. 才智，2016 (5)：262 - 264.
② 单建宏. 对金融创新产品反洗钱风险管理的思考 [N]. 山西经济日报，2018 - 05 - 08 (007).

那么这就值得深思了。作为金融机构而言，如果相关工作落实不到位，很容易成为洗钱的工具和渠道，因此，如何界定正常的投资和洗钱之间的区别，也是各金融机构较为敏感的问题。

3. 利用进出口贸易洗钱

进出口贸易洗钱就是通过国际贸易转移资金，使得追踪非法收益的难度加大，从而使非法犯罪收益得以掩饰。

进出口贸易洗钱往往是通过虚假交易或夸大交易价格来进行贸易洗钱，大宗的商品贸易产生的巨额价值可以为更多的犯罪收益披上合法外衣。在国际贸易中，犯罪分子善用合谋虚构商品价格，高开或低开发票金额，以虚构的商品报价实现洗钱。简单来说就是，出口商以低于市场的价格将商品或服务出口到国外，借此将额外的价值转移给进口商，而后进口商在公开市场上出售获得附加价值，这就使得不法所得合法化。反之亦然，出口商以高于"公平市场"价格的商品或服务的出口，能够从进口商那里接收额外的价值，通过双方贸易往来，洗钱行为完成。此外，对事实上只发生了一次的国际贸易进行多次结算是贸易洗钱的另一方式，将这些额外的资金在不同的金融机构之间进行往来操作，进一步增加围绕此类交易的复杂程度，增加非法资金来源被监测的难度。[①] 除了操纵进出口价格、虚报商品数量和服务标准，以多报或少报商品数量或高报或低报服务标准的方式进行价值转移，以达到洗钱的目的。极端情况下，出口商甚至可能未附带任何商品，但只要与进口商事先串通好，备齐所有的运输等相关海关单证，使其在海关的常规检查中不出纰漏从而蒙混过关。[②]

进出口贸易包括运费、保险费、外币兑换等诸多环节，这给犯罪分子提供了更多的洗钱空间。加上跨民族、跨文化贸易涉及不同的法律制度和财务机制，这很容易造成在打击清洗黑钱行动的过程中会遭遇到诸如跨语言沟通困难、反洗钱法律的国际适用等障碍。此外，由于国际贸易的洗钱行为的信息披露制度尚不健全，打击清洗黑钱的司法援助机制尚不能很好地工作。正

[①] 童文俊. 基于国际贸易的洗钱与反洗钱分析 [J]. 湖南财经高等专科学校学报, 2009, 25 (2): 54-56, 67.

[②] 白丽霞. 加强国际贸易反洗钱工作 [J]. 中国外汇, 2018 (15): 72-73.

是以上种种因素使得进出口贸易成为极具吸引力的洗钱方式。

4. 通过博彩洗钱

随着科技发展的日新月异,犯罪分子洗钱的手段也变得越来越隐蔽。其中,博彩业日益为洗钱者所青睐,成为犯罪分子经常利用的一种隐蔽的洗钱方法。博彩业洗钱是指以洗钱为目标的博彩活动,通过博彩机构进行非真实的博彩活动,将非法收入转化为合法的博彩赢利,以掩盖资金的犯罪来源。利用博彩业洗钱的行为,可以分为以下四种类型。

第一,参与型,即洗钱者通过参与各种博彩活动,例如,购买彩票、奖券等形式,将非法收入转化为奖金来将"黑钱"洗白。这种类型只需博彩组织者将博彩所得(如奖金)转化成合法形式,缺点是损耗率可能很大,因为有些博彩返奖率低、风险大,如公立彩票,虽然投入大量资金购买,但是可能中奖率极低,以至于最后一无所得。

第二,买壳型,洗钱者用"黑钱"来购买中奖者特别是巨奖得主的兑奖权,然后以此再向博彩机构兑换奖金。这种方式操作起来比较简单,但前提是兑奖权可以被转让,大奖得主也愿意转让,并且最终兑奖人记录可备查。加上我国彩票销售时不记名,这不仅给了犯罪分子洗钱的可乘之机,也为监管部门后续追查加大了难度。

第三,平台型,洗钱者并不参与博彩,只是先将"黑钱"暂时转移至博彩机构,如换成筹码,过些时候再将筹码换成现金从而洗白"黑钱"。这种类型在网络赌博中较为常见,即利用博彩网站进行信用卡套取现金和累积积分。从某种程度上讲,参与型和平台型有着"异曲同工"之处,不要求博彩形式合法,只要资金可以被博彩组织者转化成合法形式。只不过前者通过奖金,后者利用筹码。

第四,借口型,洗钱者与博彩机构没有任何联系,而仅以参与博彩所得作为"黑钱"来源的借口。这种类型常用于一些不大"正式"的带有彩头的娱乐活动中,像是麻将、扑克、象棋、围棋等。这一类型无兑奖人记录,即使有也难以被外界查知。[1]

---

[1] 李刚. 博彩洗钱类别考 [J]. 检察风云, 2010 (7): 9-10.

5. 利用"地下钱庄"和民间借贷转移犯罪收益

地下钱庄是指不法分子以非法获利为目的，未经国家主管部门批准，擅自从事跨境汇款、买卖外汇、资金支付结算业务等违法犯罪活动。地下钱庄的洗钱手法，一般有两种：一是换汇，即境内人民币输出境外换成外币，或者境外外币输入境内换成人民币。二是"洗黑钱"，将那些来源不清不楚的资金，通过账户间的资金划转，变成合法合规的收入。

换汇，地下钱庄往往采取"两地平衡""账户对敲"等方式运作资金，境内外双方定期轧差、对冲结算并不发生资金跨境流动。在运作资金过程中地下钱庄往往以收购来的身份证或虚假身份证，开设多个银行账户，利用电话转账、网上银行进行大额资金划转，同时分散在不同银行网点和自主提款机上频繁存取现金，借此逃避银行监控。地下钱庄除了提供外汇服务，还经营着其他生意，地下钱庄几乎能够以任何方式转移钱款，他们可以将现金和支票定期存入银行，使银行职员认为这些现金和支票都是他们经营合法生意所得。他们也可以把收到的现金作为某种生意开支，减少把现金存入银行的必要性。[1]

民间借贷通常是基于信任，以亲戚、朋友关系为纽带，以道德约束为保障，往往在以亲朋好友或其他第三者为主要群体的"熟人圈子"里开展资金借贷活动。一方面，由于民间借贷市场隐蔽性强，借贷双方遵循"财产不外漏"的原则，借贷资金规模、资金来源和性质、资金去向等信息往往处于较为隐蔽的状态，犯罪分子利用这点，明面上打着民间借贷的幌子，暗地里却"偷龙转凤"暗箱操作将黑钱洗白。另一方面，民间借贷游离于正规金融之外，政府部门没有对民间借贷进行直接监管，也没有明确的监管职责，对民间借贷的隐藏风险缺乏监督手段和管控措施，导致民间借贷监管主体不明确、出现管理"真空"。大量的社会闲散资本涌入民间借贷市场，发生的大额和可疑交易游离于监测体系外，给不法分子清洗"黑钱"创造了极好的藏匿条件。[2]

---

[1] 辛闻. 换汇和洗黑：地下钱庄的洗钱路径 [J]. 人民公安，2015（11）：9.
[2] 周素红，李凌. 对民间借贷领域建立反洗钱资金监测体系的考量：以福建省南平市为例 [J]. 福建金融，2016（10）：46-49.

6. 通过互联网，利用电子交易洗钱

利用互联网电子交易洗钱，大多涉足互联网金融领域。近年来，洗钱犯罪活动由传统支付方式向现代化电子支付工具及平台转移的趋势愈加明显，犯罪分子已将洗钱活动深入到互联网的每一个角落。但与上述利用金融产品洗钱方式所不同的是，互联网电子交易洗钱重在讨论洗钱转账的支付方式。电子交易洗钱犯罪活动，呈现出由传统支付方式向现代化电子支付工具及平台转移的趋势。

（四）洗钱犯罪的后果

《刑法》第191条规定：洗钱罪是指行为人明知是毒品犯罪、黑社会性质的组织犯罪、恐怖活动犯罪、走私犯罪、贪污贿赂犯罪、破坏金融管理秩序犯罪、金融诈骗犯罪的所得及其产生的收益，为掩饰、隐瞒其来源和性质，通过提供资金账户、通过转账或者其他结算方式协助资金转移等手段将非法所得转为收入的行为。洗钱罪并不是单独可以成立的，必须有一定的上游犯罪的成立，才能构成洗钱罪，如果没有非法得来的"黑钱"需要洗白，是不存在洗钱罪的。上游犯罪是指产生用于洗钱活动的犯罪收益的犯罪行为。

从定义来看，本罪在主观方面表现为故意，即行为人明知是毒品犯罪、黑社会性质的组织犯罪、恐怖活动犯罪、走私犯罪、贪污贿赂犯罪、破坏金融管理秩序犯罪、金融诈骗犯罪所得及其产生的收益，而通过银行等金融机构进行周转，使之成为合法化收入。

1. 洗钱罪的处罚

（1）没收实施犯罪的违法所得及其产生的收益，处五年以下有期徒刑或者拘役，并处或者单处洗钱数额5%以上20%以下罚金；

（2）情节严重的，没收实施犯罪的违法所得及其产生的收益，处五年以上十年以下有期徒刑，并处洗钱数额5%以上20%以下罚金。

（3）单位犯本罪的，实行双罚制，即对单位判处罚金，对其直接负责的主管人员和其他直接责任人员，处五年以下有期徒刑或者拘役；情节严重的，处五年以上十年以下有期徒刑。

2. 洗钱罪的上游犯罪

在法学理论上，人们习惯将具有洗钱性质的基础犯罪称之为洗钱的"上游犯罪""先行犯罪"和"前置犯罪"，而将洗钱罪称为基础犯罪的"下游犯罪"或"后发性犯罪"。根据我国现行《刑法》之规定，在我国构成洗钱罪的上游犯罪主要限于毒品犯罪、黑社会性质的组织犯罪、走私犯罪和恐怖活动犯罪四类犯罪。

综观各国关于洗钱的立法体例，对洗钱罪的"上游犯罪"范围的界定，一般有四种体例：

一是将"上游犯罪"的范围限制为毒品犯罪。例如，《联合国禁毒公约》就明确洗钱罪的上游犯罪仅限毒品犯罪。当然，这也是设立洗钱罪的初衷，即为了遏止毒品犯罪，使毒品有组织犯罪"生命线"被截断，以维护社会政治、经济稳定和人类幸福安全。由于这种做法使洗钱罪范围过窄，基本上已被大多数国家立法所抛弃。现在只有泰国采用这种立法体例。

二是将"上游犯罪"的范围限制为某些特定的严重犯罪。这类国家如意大利、印度尼西亚。意大利1978年《刑法典》将洗钱罪的范围限定为抢劫、敲诈或诈骗及绑架。我国属于此类，我国《刑法》将"上游犯罪"的犯罪限定为毒品犯罪、黑社会性质的组织犯罪、走私犯罪和恐怖活动犯罪四类特定的犯罪。

三是将"上游犯罪"的范围扩大到所有犯罪。这类国家如菲律宾、俄罗斯和瑞士。例如，瑞士《刑法》第305条规定，任何人在知道或应该知道财产来源于犯罪的情况下，从事了危害调查财产来源或没收财产的行为，构成洗钱罪。美国《刑法》也是采用此种做法。

四是将"上游犯罪"的范围泛化到所有的违法行为。根据这些国家有关规定，只要行为人实施了将非法获取的货币资金或其他财产合法化的行为，就构成洗钱罪。

二、反洗钱

（一）反洗钱的含义

《中华人民共和国反洗钱法》（以下简称《反洗钱法》）于2007年1月1

日起施行,其中所指的反洗钱是指为预防通过各种方式掩饰、隐瞒毒品犯罪、黑社会性质的组织犯罪、恐怖活动犯罪、走私犯罪、贪污贿赂犯罪、破坏金融管理秩序犯罪、金融诈骗犯罪等犯罪所得及其收益的来源和性质的洗钱活动,依照《反洗钱法》采取相关措施的行为。

反洗钱的目标是防范和打击洗钱犯罪及洗钱的上游犯罪,维护国家和全球的金融稳定,促进社会公平、公正和和谐。金融机构反洗钱工作的主要内容包括以下几个方面:客户身份识别和尽职调查、客户身份信息和交易记录的保存、黑名单监控、客户风险等级分类、异常交易报告等。我国第一个从法规层面上明确商业银行在反洗钱工作中应履行的义务,要求商业银行建立反洗钱组织架构,成立反洗钱部门,专门负债行内反洗钱工作,制定反洗钱各项内部控制制度,开展各层级的大额可疑数据报送工作的相关规定是《金融机构反洗钱规定》。《反洗钱法》要求各商业银行建立健全各项反洗钱内控制度,严格履行反洗钱工作职责,并指出对商业银行违反反洗钱相关法律规定行为的高级管理层进行严厉处罚。同时,根据我国的实际情况对国内商业银行各项反洗钱基础工作进行规范,提出相关要求。

(二)反洗钱合规的必要性

全球经济一体化发展环境下,金融国际化进程加速,洗钱行为对社会的危害日益显著。洗钱活动为恐怖主义分子、贩毒者、贪污官员以及其他经济犯罪活动提供了经济基础,影响了社会稳定,并对国家的安全带来了威胁,进而损害国家经济秩序,危害金融机构的信誉。大量非法犯罪活动致使资金外流,对国家经济秩序造成了伤害,促使世界各国共同承诺进一步严厉打击洗钱犯罪,维护世界安全和发展。有关国际组织、世界各国政府纷纷从金融监管、司法、执法各方面采取强硬措施,在全球范围内共同打击洗钱活动。

20世纪90年代以来,全球相继发生的金融机构重大操作风险案件和洗钱案件等违规事件,使各国的监管层越来越意识到加强反洗钱合规管理的重要性和紧迫性,并因此陆续制定了有关反洗钱合规管理方面的文件。受多种因素影响,国际反洗钱形势发生了深刻的变化,从维护国家核心利益和长治久安的角度考虑，迫切需要对反洗钱合规管理工作进行深入的研究。近年来，洗钱活动呈现出国际化、隐蔽化、信息化、专业化和组织化的特点。我国正面临着加大对外开放和深化金融改革的紧迫形势，随着人民币国际化和金融机构国际化进程的加快，我国经济与世界经济不断融合，加之西方国家打击洗钱力度增大，洗钱分子把目标转向监管力度较弱的发展中国家，洗钱活动在我国也日益猖獗，反洗钱工作也越来越重要。

反洗钱对维护金融体系的稳健运行，维护社会公正和市场竞争，打击腐败等经济犯罪具有重大的意义。洗钱是严重的经济犯罪行为，不仅破坏经济活动的公平、公正原则，破坏市场经济有序竞争，损害金融机构的声誉和正常运行，威胁金融体系的安全稳定，而且洗钱活动与贩毒、走私、恐怖活动、贪污腐败和偷税漏税等严重刑事犯罪相联系，已对一个国家的政治稳定、社会安定、经济安全以及国际政治经济体系的安全构成严重威胁。

（三）反洗钱与金融机构合规管理

洗钱风险是业务风险的重要组成部分，因此反洗钱也是合规管理的一项重要内容。巴塞尔银行监管委员会发布的《合规与银行内部合规部门》将反洗钱作为合规部门的一项特定职能，明确指出，"合规法律、规则和准则通常涉及如下内容：遵守适当的市场行为准则，管理利益冲突，公平对待消费者，以及确保客户咨询的适宜性等。同时，还特别包括一些特定领域，如反洗钱和反恐怖融资"。《反洗钱法》及其配套规章对金融机构应当履行的反洗钱义务作出了明确规定，金融机构在履行这些法定义务的同时，也就意味着在遵循反洗钱的"规"。

加强合规管理与推动反洗钱工作是相辅相成的，两者互相促进，互为补充。反洗钱本身就是合规遵守与风险防范的统一，其目的在于通过金融机构执行客户身份识别、客户身份资料和交易记录保存、大额和可疑报告这三项预防和监控的基本制度，从而发现异常资金交易线索，在一定程度上遏制通过金融系统进行的洗钱活动，有利于维护金融秩序。而合规管理同样要求金融机构依法开展经营，按照规定的程序办理业务，增加对交易的监测，缩小了洗钱者利用金融机构的空间。因此，需要将反洗钱工作融入日常合规管理活动,从源头上预防和控制洗钱风险,确保金融安全。

三、反洗钱监管

(一) 中国的反洗钱监管

中国反洗钱监管主要依据国家法律、法规和部门规章、制度。制度是防范洗钱活动的第一道防线。中国人民银行作为国家反洗钱管理部门,于2003年成立了反洗钱局,负责全国金融相关行业的反洗钱组织、协调及管理工作,负责制定反洗钱相关的政策、法规,其分支机构负责反洗钱义务履行情况的监督、检查,在其职责范围内向金融机构调查大额和可疑交易情况。中国人民银行建立了反洗钱监管协调合作机制,有利于强化反洗钱监管领域的合作,通过监管信息的共享与交流,提升反洗钱监管的有效性,有序推进反洗钱部门间的合作。同时,中国人民银行在各分支机构建立反洗钱监管机构,负责对其辖内反洗钱义务主体的业务指导,负责各金融机构、支付清算机构的反洗钱监督、检查工作。

金融机构依据"一法四令",即《反洗钱法》(一法)、《金融机构反洗钱规定》《金融机构大额交易和可疑交易报告管理办法》《金融机构客户身份识别和客户身份资料及交易记录保存管理办法》和《金融机构报告涉嫌恐怖融资的可疑交易管理办法》(四令)为核心建立反洗钱监管法规体系,制定大额、可疑交易报送的标准、范围以及数据格式,重点强调客户身份识别的职责。

纵观中国反洗钱监管的发展历程,一直以来,反洗钱监管的重心工作都放在了金融机构领域,对非金融机构的关注甚少。但随着近几年洗钱手段多样化,加上金融机构监察力度大,且金融机构往往作为洗钱的工具,洗钱活动逐渐渗透到非金融企业。随着金融监管制度的不断完善,洗钱犯罪也逐渐向监管薄弱的特定非金融机构领域转移,一些洗钱分子开始利用房地产、贵金属、典当行等进行洗钱,特定非金融机构由于其独有的行业特性,容易被用来掩饰和隐瞒犯罪所得。

针对此种情况,相关部门也及时地给出了应对的办法。首先,中国人民银行于2018年发布了《中国人民银行办公厅关于加强特定非金融机构反洗钱监管工作的通知》。健全配套法规，依法推动特定非金融机构反洗钱工作开展，使得非金融机构反洗钱工作有法可依、有章可循。其次，相关部门应当立足于行业实际，按照国务院反洗钱行政主管部门的指示，构建特定非金融机构反洗钱的有效监管机制，健全中国反洗钱系统化监管体系。再次，行业自律是反洗钱监管不可或缺的主要辅助力量。在中国反洗钱工作日益紧迫的形势下，加强行业自律组织、行业主管部门与国家反洗钱行政主管部门协调配合的同时，更应充分发挥行业自律组织有效参与和积极支持的作用，提高特定非金融行业反洗钱的有效性。最后，树立正确的反洗钱意识。加强对各个领域的反洗钱宣传和渗透。

反洗钱国际合作方面，目前，中国已经加入反洗钱金融行动特别工作组（Financial Action Task Force on Money Laundering，FATF）等各类国际组织，恢复了在亚太反洗钱组织（Asia/Pacific Group on Money Laundering，APG）的活动，并通过了联合国反洗钱和反恐怖融资有关的国际公约，严格执行联合国的制裁决议。主动探索建立跨境监管合作机制。配合国家扩大金融业双向开放，以及"一带一路"建设的整体工作部署，主动探索与有关国家建立反洗钱监管合作机制。积极推动与美国、加拿大、澳大利亚、俄罗斯等主要国家反洗钱监管部门建立监管信息交换常态机制和重大监管活动通报机制。研究反洗钱跨境监管合作机制，按照国际标准，加强、规范反洗钱跨境监管工作。[1]

（二）国际反洗钱监管

近年来，在反洗钱金融行动特别工作组的大力推动下，全球各司法辖区陆续建立健全各自的反洗钱监管体系。在金融机构洗钱及制裁违规检查工作中，以美国监管机构为引领，英国等欧洲众国、新加坡等亚洲金融中心监管机构紧随其后，持续完善和深化其针对金融机构现场进行检查反洗钱、反恐融资、制裁合规工作的方法，持续加强现场检查工作的深度、检查频度和检查范围，处罚的力度也大大加强。

---

[1] 中国人民银行. 中国反洗钱报告 [R]. 2016：3-6.

不论在哪个司法辖区，国际大型银行所面临的监管预期都会相对更高。随着全球化进程的持续深化，国际贸易和经济活动越来越活跃，交易和支付结算方式越来越便捷，也越来越多样。国际大型银行所提供的全球化的金融服务由于在各司法辖区面临不同的监管环境，各地反洗钱监管要求、执法力度的差异，也必然导致国际大型银行各地区反洗钱合规工作开展情况不尽相同。

东道国监管机构在对国际大型银行开展反洗钱检查时，常发现国际大型银行在客户尽职调查流程、交易监控系统和流程等方面，往往无法完全贯彻实施当地的监管要求，具体内容包括：①针对非居民个人客户尽职调查流程无法满足当地监管要求；②针对东道国境外代理行客户（包括集团母行、集团其他分支机构）开展的尽职调查流程无法满足当地监管要求；③针对东道国境外代理行（包括集团母行、集团其他分支机构）清算业务中的国际结算活动的交易监控和筛查无法满足当地监管要求，尤其针对涉及现金工具的结算活动。

各国反洗钱监管机构目前更加关注国际大型银行集团对其境外分支机构的统一管理框架治理和管理能力水平，具体内容包括：①银行集团内部管理资源的配置协调，包括特定客户的风险变化情况、反洗钱可疑交易报告情况是否能同步推送至与该客户存在业务往来的集团各监管辖区/各分支机构；②在处理集团内非本辖区/本分支机构客户交易时，银行是否能实现客户档案的调阅、分析，实施对风险的监控和筛查及其交易报告能力。[①]

第二节　金融机构反洗钱合规

根据《反洗钱法》《金融机构反洗钱规定》以及《金融机构反洗钱监督管理办法（试行）》的规定，反洗钱工作主体主要是指银行业、证券业、保

---

① 中国银保监会办公厅关于加强中资商业银行境外机构合规管理长效机制建设的指导意见［Z/OL］.（2019－01－22）［2019－12－01］. http：//www.cbrc.gov.cn/chinese/newShouDoc/45C95B77B75041D5A1EDA9C265D17181.html.

险业以及信托业等金融机构。金融机构的反洗钱工作内容主要包括以下几个方面。

(一) 建立健全反洗钱内部控制制度

金融机构应当按照规定建立健全反洗钱内部控制制度，设立反洗钱专门机构或者指定内设机构负责反洗钱工作。将反洗钱意识融入相关员工的职业培训，全面提高员工反洗钱意识。加强对反洗钱员工的专业知识训练，提高员工专业素养，进而提高反洗钱工作效率。金融机构应对反洗钱相关信息履行保密义务，信息科技部门应建立和健全反洗钱信息保密工作的内控制度，运用科技手段有效开展反洗钱工作。

(二) 建立和实施客户身份识别制度

对要求建立业务关系或者办理规定金额以上的一次性金融业务的客户身份进行识别，要求客户出示真实有效的身份证件或者其他身份证明文件，进行核对并登记，客户身份信息发生变化时，应当及时予以更新；按照规定了解客户的交易目的和交易性质，有效识别交易的受益人；在办理业务中发现异常迹象或者对先前获得的客户身份资料的真实性、有效性、完整性有疑问的，应当重新识别客户身份；保证与其有代理关系或者类似业务关系的境外金融机构进行有效的客户身份识别，并可从该境外金融机构获得所需的客户身份信息。

(三) 保存客户身份资料和交易记录

金融机构应当在规定期限内，妥善保存客户身份资料和能够反映每笔交易的数据信息、业务凭证、账簿等相关资料。业务关系存续期间，客户身份资料内容发生变化的，要及时更新客户身份资料。客户身份资料在业务关系结束后、客户交易信息在交易结束后，应当至少保存五年。金融机构破产和解散时，应当将客户身份资料和客户交易信息移交国务院有关部门指定的机构。此外，金融机构应当与其分支机构信息系统进行联网统一管理，便于异地分行调取客户信息资料，避免犯罪分子利用信息数据监控漏洞进行洗钱违法活动。同时，金融机构应当对其分支机构执行客户身份资料和交易记录保存制度的情况进行监督管理。

(四) 执行大额和可疑交易报告制度

金融机构办理的单笔交易或者在规定期限内的累计交易超过规定金额或者发现可疑交易的，应当及时向中国反洗钱监测分析中心报告。金融机构应当设立专门的反洗钱岗位，明确专人负责大额交易和可疑交易报告工作。同时，应当制定大额交易和可疑交易报告内部管理制度和操作规程，包括大额交易的额度设置、可疑交易的定义及范围以及大额和可疑交易的报告流程，并向中国人民银行报备。需要注意的是，金融机构及其工作人员应当对报告可疑交易的情况予以保密，不得违反规定向任何单位和个人提供。

(五) 客户风险等级分类

金融机构应当按照客户的特点或者账户的属性，综合考虑其所在地域、所办业务、所处行业、所从事职业、客户交易规律等因素，为其划分风险等级，同时予以持续关注、适时调整，并针对不同风险等级采取相应风险控制措施的行为。客户风险等级分类是对客户的客观评价，因此必须全方位了解客户特点或其账户、交易属性，提高对客户身份的识别能力，谨慎客观地进行客户风险等级分类。持续关注客户基本信息及账户变化情况，并适时调整客户风险等级。各级人员应对客户风险等级的评定标准和评定情况严格保密，防止信息外泄。[①]

【案例 11-1：京东金融反洗钱案】

作为国内领先的金融科技公司，京东金融依托大数据，实现了智能化、高质量的监测和分析，为反洗钱工作提供了有力的技术支持。京东金融大数据风控利用人工智能技术将反洗钱的流程实现 90% 自动化；另外，通过循环神经网络的时间序列算法，京东金融对于风险用户识别的准确率超过常规机器学习算法的三倍以上。正是凭借这种大数据与人工智能支持的金融创新和转型升级系统，2016 年，京东金融发现二十余个重点可疑客户，疑似洗钱销赃团伙，于是在第一时间向人民银行和公安机关上报，协助监管部门将非法

[①] 金融机构反洗钱规定（中国人民银行令〔2006〕第 1 号）[Z/OL]. (2006-11-15) [2020-02-10]. http://www.gov.cn/ziliao/flfg/2006-11/15/content_442842.htm.

洗钱行为扼杀于萌芽状态，杜绝洗钱行为危害社会。

京东金融反洗钱监管可取之处在于：①将反洗钱纳入企业风控体系。京东金融从大局着眼，将反洗钱纳入整个企业风控体系的建设。在内控制度体系建设方面，京东金融对自己提出了更高的要求，不仅全面履行覆盖法律法规和监管要求涉及的反洗钱各方面义务，还根据法律法规和监管的要求以及自身业务发展和反洗钱工作实际情况及时修订或更新内控制度，并及时向监管部门报备。②自建反洗钱系统。京东金融已自建反洗钱系统，通过系统监测和人工筛查相结合对可疑因素进行分析，随着监管新政策的不断出台，公司持续优化反洗钱监控系统功能。为了使风险监测更加科学有效，京东金融依托大数据优势汇集了百余个数据指标进行加工建模，建立起领先的反洗钱情景模型，通过不同类型的情景模型，可有效甄别包括传销、非法集资、电信诈骗、疑似网络赌博等洗钱上游犯罪，同时根据有权机关发布的风险提示及新型犯罪类型等，京东金融不断优化模型指标，有效提高反洗钱分析工作成效。

【案例11-2：瑞士瑞意银行反洗钱案】

2016年，新加坡金融管理局调查发现瑞士瑞意银行在本国业务中存在灰色交易网。瑞士和新加坡指控一马发展公司存在欺诈性金融交易和可能的洗钱行为，以及利用欺诈性金融将资金汇集到有政治关联的个人账户上。

新加坡金融管理局基于瑞士瑞意银行严重违反当地反洗钱规定及其他违规行为等指控，关闭瑞士瑞意银行新加坡业务，是32年来新加坡金融管理局首次吊销银行牌照。

瑞士瑞意银行反洗钱监管的不足之处表现为以下几个方面：①无视可疑交易报告制度。新加坡规定，任何企业和个人均有可疑交易报告义务。瑞士瑞意银行为政要人物掌控的贪腐所得资金洗钱投资公司、基金等处理了多次目的不明的大额交易，为了获取高昂的手续费，该银行选择无视以上明显可疑交易。②未尽到尽职调查的职责。新加坡规定银行机构在客户准入方面，首先要满足监管机构提出的"客户身份识别要求"，不仅要对客户及其代理人进行身份识别，还要对客户的关联方及客户受益人进行身份识别，以判断客户是否存在洗钱。如果银行机构有理由怀疑这些资产或资金属非法收入，不仅要上报可疑交易，还不得与客户建立业务关系或为客户办理交易。瑞士瑞意银行在与一马基金建立业务关系时，却罔顾新加坡反洗钱监管规定，不仅未对客户的外国政要身份保持合理怀疑，而且在业务存续期间，也未完成客户身份尽职调查要求，也从未了解其资金来源。③银行职员受贿参与洗钱。此次洗钱案中，单就新加坡瑞意银行来说，有六名员工被交由检查司调查，包括前总裁和前副总裁、两位前高级私人银行经理、一位主管以及一位财富规划师。①

第三节 特定非金融机构反洗钱合规

一、特定非金融机构反洗钱监管工作

特定非金融机构，包括房地产销售机构、从事贵金属和珠宝交易的机构、会计师事务所、律师事务所、拍卖企业、典当行等。

金融系统作为现代社会资金融资主渠道，是洗钱的易发、高危领域。自《反洗钱法》实施以来，金融机构按照法律规定履行反洗钱义务，为预防洗钱行为、打击洗钱及上游犯罪提供了有力的支持，并取得了显著的成绩。但是，金融机构并不是唯一的洗钱渠道，随着金融监管制度的不断严格和完善，洗钱风险向特定非金融领域转移的趋势日益明显。一些洗钱分子开始利用房地产、贵金属、典当行等进行洗钱，特定非金融机构由于其独有的行业特性，容易被用来掩饰和隐瞒犯罪所得。

由于我国《反洗钱法》对履行反洗钱义务的特定非金融机构的主体范围、具体义务等规定并不明确，相关配套的法规至今尚未出台，加之特定非金融机构的性质、经营活动范围与特点等与金融机构有所不同，且极易被洗钱犯罪分子所利用，使《反洗钱法》中有关特定非金融机构履行反洗钱义务

---

① 合规反洗的博客［Z/OL］.（2016-05-27）［2019-12-12］. http：//blog.sina.com.cn/s/blog_14e7d86e70102wff8.html.

的规定实际上成为一纸空文，客观上造成了特定非金融机构反洗钱监管缺失。

正是因为无章可循，才导致特定非金融机构反洗钱监管漏洞。监管机构也逐渐开始注意到这个问题，2018年，为预防洗钱和恐怖融资活动，遏制洗钱犯罪和相关犯罪，加强特定非金融机构反洗钱和反恐怖融资工作，央行发布关于加强特定非金融机构反洗钱监管工作的通知。

通知的发布使得相关特定非金融机构在日常工作中有章可循、有法可依，但这只是外部监管，要改善非金融机构反洗钱监管的现状，还需要企业内部反洗钱合规管理的配合。

特定非金融机构应当正确认识和处理好反洗钱与业务发展之间的关系，企业各部门之间应当相互配合，将反洗钱合规管理嵌入企业合规管理流程，将反洗钱工作与企业业务相融合。依法经营，履行反洗钱的有关法定职责义务，通过宣传、协调减少特定非金融机构不必要的反洗钱投入成本，化解因履行反洗钱义务而产生的各种矛盾。[①]

二、特定非金融机构反洗钱工作领导小组

非金融机构不同于银行类的金融机构，日常工作中对反洗钱的重视以及关注度不是很高，但从反洗钱监管反映的情况来看，洗钱活动已经慢慢渗透到非金融机构。因此，非金融机构需要在平时工作中加入反洗钱内容，建立反洗钱合规管理体系，提高全体工作人员反洗钱意识。

没有规矩不成方圆，企业应当建立反洗钱合规制度来约束和管制员工，同时，专业的团队才能带领企业更好地发展。为了保证反洗钱工作顺利进行，企业应当成立反洗钱工作领导小组。

反洗钱工作领导小组，由合规负责人任组长，成员由合规法律部、审计部、信息技术部、财务部、人力资源部、相关业务部等相关部门负责人组成。

反洗钱工作领导小组主要履行以下几个方面的职责。

---

① 中国人民银行办公厅关于加强特定非金融机构反洗钱监管工作的通知（银办发〔2018〕120号）[Z/OL]. （2018-07-26）[2019-09-13]. http：//www.pbc.gov.cn/fanxiqianju/135153/135173/3587072/index.html.

(一) 合规法律部的职责

①统筹公司的反洗钱工作;②协调组织公司各部门开启反洗钱数据采集、反洗钱调查、检查工作;③负责制订公司反洗钱管理制度;④负责按照监管机构的要求制作、上报各项反洗钱报表和报告;⑤制订培训计划、培训方案等,并根据具体情况牵头落实反洗钱培训工作;⑥负责其他反洗钱相关工作。

(二) 审计部的职责

①负责对反洗钱工作中发现的违法违规行为进行调查和处理;②负责反洗钱内部审计、稽核或专项检查工作,定期进行反洗钱内部审计、稽核或专项检查,及时发现反洗钱工作存在的问题,对检查发现的问题提出整改要求,并督促当事机构及时进行整改落实。

(三) 信息技术部的职责

①负责对反洗钱工作提供技术支持和保障,按照监管机构的要求开发、完善业务系统和程序,实现系统及时、准确采集大额交易和可疑交易数据;②负责实现系统对接后,协助合规法律部通过系统及时向反洗钱监测中心报送大额交易和可疑交易数据;③配合公司对反洗钱工作的监督和检查;④负责协调反洗钱工作小组开展各项反洗钱工作。

(四) 财务部的职责

①负责受理和协调解决本部门管理线关于反洗钱工作的相关问题;②负责协助信息技术部按照监管机构的要求实现系统及时、准确采集大额交易和可疑交易数据;③配合公司对反洗钱工作的监督和检查;④负责协助开展反洗钱业务培训;⑤负责协调反洗钱工作小组开展各项反洗钱工作。

(五) 人力资源部的职责

①负责根据反洗钱法律法规的要求以及公司反洗钱的实际需要,配备反洗钱工作人员;②负责协助对员工进行反洗钱教育培训,增强员工反洗钱意识,提高反洗钱工作技能;③负责协助将反洗钱纳入考核范围。

(六) 相关业务部的职责

①负责制订和监控客户身份识别和客户身份资料、交易记录保存等相关

内控制度；②负责受理和协调解决本部门管理线关于反洗钱工作的相关问题；③配合公司对反洗钱的工作监督和检查；④负责协助开展反洗钱业务培训；⑤负责协助反洗钱工作小组开展的各项反洗钱工作。

【案例 11-3：互联网电子交易反洗钱案】

2013年，湖北警方发现一起利用淘宝平台贩卖毒品，并通过第三方支付平台进行洗钱的非法交易活动。事情的原委是，一家淘宝店铺表面上售卖的产品是各种茶叶，实际上是犯罪分子借助淘宝网店这个平台跟那些有意向购买毒品的顾客搭上线或者引导顾客购买毒品。在确定买方有购买意向后，双方会在QQ上商议好购买毒品的数量和价格，然后买家在网上下单与毒品等额的商品，借此掩盖贩毒的事实，之后的一切就是顺理成章了。贩卖毒品的非法收益会进入犯罪分子事先准备好的第三方支付平台账户，然后再将支付平台账户里的钱款转入不同的银行账户，至此，贩卖毒品所得的"毒资"就堂而皇之地成了茶叶的货款。

1. 第三方支付监管漏洞

在此案中，出现了较为新颖的洗钱手法，即通过第三方支付平台转账支付来洗钱。此案中两名毒贩正是通过第三方支付平台转账形式，逃避我国银行对货币资金的监管，将毒资"洗白"成茶叶的货款，这种收取毒资的方式，无论是银行还是公安机关，都难以察觉，第三方支付平台的特性使其隐含着巨大的洗钱风险。

①客户身份核实不到位。在本案中，贩毒者事先在第三方支付平台上用虚假的身份信息开设一个账户，然后再利用平台店铺发布一个虚构的茶叶交易信息，假装成一家正常经营的茶叶店铺，以此来掩盖其贩毒活动。因为任何人都可以通过网络申请第三方支付平台的账户，而这些平台也无法一一核实用户自行填写的信息资料的真实性，这就使得平台上充斥着匿名或虚假账户。由于第三方支付企业在与客户建立业务关系时并未核实客户真实身份，凭姓名、住址、联系电话等信息就可以开立虚拟账号，这也就给了犯罪分子清洗非法资金的操作空间。

②无法确定交易的真实性。第三方支付平台对交易的真实性难以核实，第三方支付平台不会核实平台上发布信息是否真实以及交易是否发生。犯罪

分子在注册账户后，发布一个虚假交易信息，再指示早已联系好的买家或者第三方通过平台交易付款，买家确认收货后资金直接进入犯罪分子或第三人账户，这使得违法所得披上了一个合法的外衣，比起传统的洗钱方式，更加便捷、隐蔽。本案中正是通过这种方式来达到洗钱的目的。加上第三方交易平台没有设定每日的交易限额，犯罪分子每日可以进行大量的交易和进行现金的转移，并不受任何的监管。这也为反洗钱工作带来了诸多困难。

③资金流向不明。第三方支付平台屏蔽了银行对资金流向的监控。用户可以通过开设在第三支付平台的虚拟账户与任意一家银行相关联，银行只需要按照指令，将买方的资金转入第三方支付平台备付金账户，然后再转移到卖方的账户中，这就导致整个银行交易流程被切割成了两个看起来无关联且无法确定彼此因果联系的交易。此外，虽然银行关于网上支付单笔以及每日总额都有限制规定，但第三方支付平台上的交易并不是通过银行系统，所以其用户交易并无限额规定，使得大量资金网络流转成为可能。

④跨境洗钱风险加大。第三方支付机构在办理跨境业务时省去了货币兑换以及跨境转账的流程，买卖双方可以不通过银行办理外汇业务，而是委托第三方支付机构办理。如此，犯罪分子可以伪造身份并虚构交易，套取外汇后再通过平台转移，为境内外不法分子转移非法资金提供了便利，达到洗钱的目的。第三方支付平台存在一定的跨境洗钱、套现风险，存在人为改变资金流向的可能，而银行基本上无法对这部分跨境资金交易进行监控。①

2. 完善第三方支付反洗钱监管

①第三方支付平台用户须实名认证。从 2015 年开始，中国人民银行加大了对银行账户以及支付账户分类管理的力度，提出要进一步落实账户实名制，更好地保护金融消费者的合法权益。按照中国人民银行的规定，支付机构负有"了解你的客户"的义务。2015 年 12 月 28 日，中国人民银行发布《非银行支付机构网络支付业务管理办法》，该办法要求第三方支付平台须在 7 月 1 日前引导其用户完成实名认证以及相关信息完善。用户如若未完成实名认证，

---

① 天风证券. 通过第三方支付平台进行洗钱行为的案例分析 [Z/OL]. [2020-02-03]. http://www.tfzq.com/edu/view/id/1792.html.

将会影响个别功能的使用。

②第三方平台支付限额。根据中国人民银行发布的《非银行支付机构网络支付业务管理办法》，用支付账户转账，无论是转入还是转出，都只能在支付账户与自己的同名银行借记账户之间操作。该办法还规定，个人支付账户分为三类，对应不同的功能和限额。Ⅰ类支付账户，账户余额仅可用于消费和转账，余额付款交易自账户开立起累计不超过1000元。Ⅰ类账户开户最为便捷，仅用于小额、临时支付，网上验证身份手段较少，可快速开户并完成支付。Ⅰ类账户的交易限额相对较低，但支付机构可以通过强化客户身份验证，将Ⅰ类账户升级为Ⅱ类或Ⅲ类账户，提高交易限额。Ⅱ类支付账户，账户余额仅可用于消费和转账，其所有支付账户的余额付款交易年累计不超过10万元。Ⅱ类账户的交易限额可以有效满足大部分客户使用"余额"付款的日常需求。Ⅲ类支付账户，账户余额可以用于消费、转账以及购买投资理财等金融类产品，其所有支付账户的余额付款交易年累计不超过20万元。对于Ⅱ类、Ⅲ类账户，支付机构需要通过多种渠道，了解、核实客户身份，能够更好地防范假名、匿名账户，加强资金流转监管。同时，该办法规定，支付机构根据客户授权，向客户开户银行发送支付指令，扣划客户银行账户资金的，支付机构、客户和银行在事先或者首笔交易时，单笔金额200元以上的，支付机构不得代替银行进行客户身份和交易验证。这样做，一方面，可以对第三方支付平台转账额度进行约束；另一方面，单笔金额200元以上的支付，具体由银行验证还是支付机构验证，必须经客户授权同意后由银行与支付机构按约定进行。如果他们约定由支付机构验证，那么一旦发生资金欺诈或盗窃，银行必须承担资金安全责任，不允许推责给支付机构。如果通过银行验证，那么银行就可以对资金的流向进行监控，对大额交易转账也会有所警觉。这项规定无疑为反洗钱工作提供了便利。

③跨境外汇资金流向透明化。《支付机构外汇业务管理办法》规定，跨境外汇支付业务应当具有真实合法的货物贸易、服务贸易交易背景。银行应审慎选择合作支付机构，客观评估拟合作支付机构的外汇业务能力等，并对合作支付机构办理的外汇业务的真实性、合规性进行合理审核。支付机构应遵循"了解客户""了解业务"及"尽职审查"原则，在登记的业务范围内

开展经营活动。同时，支付机构应制定交易信息采集制度，按照真实、可跟踪稽核、不可篡改原则采集交易信息。严格审核参与跨境外汇支付业务客户身份信息的真实性，掌握真实交易信息，确保交易信息来源客观、可信、合法。

在当前第三方支付机构与银行"直连"的模式下，中国人民银行、国家外汇管理局要求，支付机构应通过合作银行为市场交易主体办理结售汇及相关资金收付服务，并按照本办法要求实现交易信息的逐笔还原，支付机构应在规定时间内完成结售汇业务办理。银行有责任对支付机构的结售汇和收付汇信息进行真实性、合规性审核。此外，国家外汇管理局建立了监管核查机制，合作银行应对支付机构外汇业务真实性、合规性进行合理审核，建立业务抽查机制，随机抽查部分业务，并留存相关材料备查。并要求支付机构建立自查机制、异常或大额交易报告机制、年度总结报告机制等，加强跨境外汇支付业务的真实性审核，严密监控外汇资金的跨境流动。

参考文献

一、中文著作

[1] 胡国辉. 企业合规概论 [M]. 北京：中国工信出版集团，电子工业出版社，2017：3, 68-69.

[2] 华东师范大学企业合规研究中心. 企业合规讲义 [M]. 北京：中国法制出版社，2018：2.

[3] 王志乐. 企业合规管理操作指南 [M]. 北京：中国法制出版社，2017：5, 8-10.

[4] 李必达. 中国法律顾问制度与实务 [M]. 广州：暨南大学出版社，1991：8.

[5] 刘金华. 律师法律顾问制度与实务 [M]. 北京：人民法院出版社，1998：22.

[6] 黄胜忠，健君. 公司法务管理概论 [M]. 北京：知识产权出版社，2016：23, 44.

[7] 王文元. 新编会计大辞典 [Z]. 沈阳：辽宁人民出版社，1991.

[8] "一带一路"倡议下国际贸易合规性审查与风险防范课题组. 中国企业出口合规指南 [M]. 北京：法律出版社，2017：67-136.

[9] 郭燕慧，徐国胜，张淼. 信息安全管理 [M]. 北京：北京邮电大学出版社，2017：1, 3.

[10] 陈忠文，麦永浩. 信息安全标准与法律法规 [M]. 武汉：武汉大学出版社，2017：3.

[11] 刘鹏，张燕. 大数据导论 [M]. 北京：清华大学出版社，2018：1-2.

二、中文期刊、报纸

[1] 傅蔚冈. 合规行为的效力：一个超越实证法的分析 [J]. 浙江学刊, 2010（4）：140-149.

[2] 吴学静, 梁洪力, 邱月. 浅析合规管理体系框架设计 [J]. 标准科学, 2014（12）：61-64.

[3] 肖远企. 合规管理模式：从幕后到台前 [J]. 现代商业银行, 2007（8）：16-18.

[4] 邢娟. 论企业合规管理 [J]. 企业经济, 2010（4）：37-39.

[5] 武汉钢铁公司. 以风险防范为核心的海外业务合规管理 [J]. 企业管理, 2014（12）：52-54.

[6] 黄胜忠, 余凤. 企业法务管理的内涵、发展历程及趋势展望 [J]. 商业时代, 2014（2）：109-110.

[7] 秦国辉. 合规管理能取代法务管理吗 [J]. 法人杂志, 2009（4）：34-35.

[8] 黄胜忠, 刘清. 企业内部控制与合规管理的整合研究 [J]. 财会通讯, 2019（17）：105-108.

[9] 喻玲. 企业反垄断合规制度的建立路径 [J]. 社会科学, 2015（5）：81-89.

[10] 王飞. 银行监管合规成本的测度方法研究 [J]. 上海金融, 2008（10）：43-46.

[11] 龙小宁, 万威. 环境规制、企业利润率与合规成本规模异质性 [J]. 中国工业经济, 2017（6）：155-174.

[12] 黄胜忠, 江艳. 企业合规管理的成本与收益分析 [J]. 财会月刊, 2019（21）：77-83.

[13] 林钟高, 徐虹, 王帅帅. 内部控制缺陷及其修复、合规成本与高管变更 [J]. 河北经贸大学学报, 2017, 38（5）：89-98.

[14] 王延明. 试论国有企业法律风险及其管理 [J]. 社会纵横, 2006（7）：74.

[15] 肖斌卿,李心丹,徐雨茜,陈垣桥. 流程、合规与操作风险管理[J]. 管理科学学报,2017,20(12):117-123.

[16] 中国工商银行内控合规部课题组,惠平,王增科,董丽,陆宇,刘迪. 商业银行合规指数研究与应用[J]. 金融论坛,2016,21(5):59-68.

[17] 宫希魁. 论国有资产保值增值[J]. 经济问题,2000(3):9.

[18] 张西建. 国企增资进场交易操作要点浅析[J]. 产权导刊,2015(9):37.

[19] 吕来明. 关于股权出资的几个问题[J]. 法学杂志,2005(3):88-90.

[20] 王芳. 隐名投资人股东资格认定问题研究[J]. 河北法学,2012,30(1):101.

[21] 杨桂花,张思光. 对商业贿赂的识别与审计[J]. 审计与经济研究,2006(5):42-44.

[22] 李芳晓. 商业贿赂犯罪的成因与对策探析[J]. 审计研究,2011(3):95-101.

[23] 陈春琴. 互联网企业腐败研究综述[J]. 湖北经济学院学报:人文社会科学版,2018,15(5):52-54,63.

[24] 聂荣经. 企业信息安全问题的成因与防护方式分析[J]. 现代信息科技,2018(10):169.

[25] 魏凯琳,高启耀. 大数据供应链时代企业信息安全的公共治理[J]. 云南社会科学,2018(1):51.

[26] 张如云. 基于云环境的企业数据安全探析[J]. 办公自动化杂志,2018(368):56.

[27] 刘建雄. 军工企业信息安全及保密技术探讨[J]. 数字通讯世界,2018(7):99.

[28] 付显君. 企业网络信息安全与对策[J]. 中国管理信息化,2018(2):150.

[29] 范为. 由"华为-腾讯事件"谈数据权益梳理与数据治理体系构

建［J］．信息安全与通信保密，2017（7）：14．

［30］王融．数据保护三大实务问题与合规建议［J］．法网时空，2016（5）：102．

［31］张海霞．地下钱庄与洗钱［J］．今日科苑，2006（10）：77．

［32］胡万青，曾康．反洗钱视角下空壳公司监管策略研究［J］．金融与经济，2009（7）：90－91．

［33］刘志攀．银行服务与金融产品中的洗钱隐患分析［J］．才智，2016（5）：262－264．

［34］童文俊．基于国际贸易的洗钱与反洗钱分析［J］．湖南财经高等专科学校学报，2009，25（2）：54－56，67．

［35］白丽霞．加强国际贸易反洗钱工作［J］．中国外汇，2018（15）：72－73．

［36］李刚．博彩洗钱类别考［J］．检察风云，2010（7）：9－10．

［37］辛闻．换汇和洗黑：地下钱庄的洗钱路径［J］．人民公安，2015（11）：9．

［38］周素红，李凌．对民间借贷领域建立反洗钱资金监测体系的考量：以福建省南平市为例［J］．福建金融，2016（10）：46－49．

［39］单建宏．对金融创新产品反洗钱风险管理的思考［N］．山西经济日报，2018－05－08（007）．

三、外文著作

［1］DICKSTEIN, DENNIS I. AND ROBERT H. Flast. No Excuses：A Business Process Approach to Managing Operational Risk［M］．John Wiley & Sons, 2008．

［2］SADIQ S, GOVERNATORI G, NAIMIRI K. Modeling Control Objectives for Business Process Compliance［C］．In Proceedings of the 5th International Conference on Business Process Management, Brisbane, Australia 2007, Springer-Verlag：149－164．

四、外文期刊

［1］BENNETT F, BREWER M, SHAW J. Understanding the Compliance Costs of Benefits and Tax Credits［J］. Institute for Fiscal Studies London, 2009.

［2］BANKMAN J. Who Should Bear Tax Compliance Costs［J］. SSRN Electronic Journal, 2003.

［3］DIANA STILLER, PETER JOEHNK. Corporate Governance and Companies of Companies: Changes in Risks Management［J］. Economy & Business, Volume 8, 2014: 547－554.

［4］ESAYAS S, MAHLER T. Modelling Compliance Risk: a Structured Approach［J］. Artificial Intelligence & Law, 2015, 23（3）: 1－30.

［5］EVERSON M, ILAKO C, DI FLORIO C. Corporate Governance, Business Ethics, and Global Compliance Management［J］. ABA Bank Compliance, 2003, 24（3）: 22.

［6］ETIENNE J. Compliance Theory: A Goal Framing Approach［J］. Law & Policy, 2011, 33（3）: 305－333.

［7］ESAYAS S, MAHLER T. Modelling Compliance Risk: a Structured Approach［J］. Artificial Intelligence & Law, 2015, 23（3）: 1－30.

［8］FRANKS, JULIAN R. & SCHAEFER, STEPHEN M. & STAUNTON, MICHAEL D. The Direct and Compliance Costs of Financial Regulation［J］. Journal of Banking & Finance. 1997, 21（11－12）, 1547－1572.

［9］FORD C, HESS D. Can Corporate Monitorships Improve Corporate Compliance［J］. Social Science Electronic Publishing, 2009（34）: 3.

［10］HALL L A, GAETANOS C. Treatment of Section 404 Compliance Costs［J］. The CPA Journal, 2006, 76（3）.

［11］JOHNSTONE K, CHAN LI, AND K H RUPLEY. Changes in Corporate Governance Associated with the Revelation of Internal Control Material

Weaknesses and Their Subsequent Remediation [J]. Contemporary Accounting Research, 2011 (28).

[12] LEUZ C, TRIANTIS A, WANG T Y. Why do Firms Go Dark? Cause and Economic Consequences of Voluntary Deregistrations [J]. Journal of Accounting and Economics, 2008, 45 (2-3).

[13] LI C, L SUN, AND M ETTREDGE. Financial Executive Qualifications, Financial Executive Turnover, and Adverse SOX 404 Opinions [J]. Journal of Accounting and Economics, 2010 (50).

[14] MILLER G P. The Compliance Function: An Overview [J]. Social Science Electronic Publishing, 2014.

[15] MAHLER T. Tool - supported Legal Risk Management: a Roadmap [J]. Eur J Legal Stud, 2010, 2 (3): 175-198.

[16] MILLER G. The Role of Risk Management and Compliance in Banking Integration [J]. NYU Law and Economics Research Paper NO. 14-34, 2014: 1-26.

[17] NICOLAS S, May P V. Building an Effective Compliance Risk Assessment Programme for a Financial Institution [J]. Journal of Securities Operations & Custody, 2017.

[18] RAMIAH V, PICHELLI J, MOOSA I. Environmental Regulation, the Obama Effect and the Stock Market: Some Empirical Results [J]. Applied Economics, 2015, 47 (7): 725-738.

[19] SADIQ S, GOVERNATORI G. A Methodological Framework for Aligning Business Processes and Regulatory Compliance [J]. Handbook of Business Process Management, 2009, 2: 159-176.

[20] SARAH HELENE DUGGIN. The Pivotal Role of the General Counsel in Promoting Corporate Integrity and Professional Responsibility [J]. Saint Louis University Law Journal, 2006 (43).

[21] THEODORAKIS N. Finding an Equilibrium Towards Corporate Compliance: Solving the Gordian Knot of Trade Violations Eliciting Institutional

Corruption［J］. Social Science Electronic Publishing，2015.

五、论文

［1］刘桂松. 农村商业银行合规管理研究［D］. 南京：南京农业大学，2016.

［2］赵娜. 经济学视角下商业贿赂成因及治理探析［D］. 西安：陕西师范大学，2011.

六、电子资源

［1］OCEG. Compliance is at the heart of GRC and Principled Performance［Z/OL］.［2020 – 05 – 31］. https：//www. oceg. org/about/people – like – you – compliance.

［2］OCEG. Risk Management is at the heart of GRC and Principled Performance［Z/OL］［2020 – 05 – 31］. http：//www. oceg. org/about/people – like – you – risk/.

［3］蓝鲸财经. 最严禁补令后，新东方7年来首次出现净亏损，好未来增速不及往年［Z/OL］.［2020 – 05 – 31］. http：//baijiahao. baidu. com/s?id = 1623599332737670692&wfr = spider&for = pc.

［4］陈立彤. 合规风险识别与评价指引［Z/OL］.［2018 – 08 – 21］. 中国合规网，http：//www. complianceinchina. com/A – v. asp？ID = 1601.

［5］樊光中. 如何准确识别企业合规风险（中篇）：如何识别合规风险源的分布情况［Z/OL］.［2018 – 08 – 21］. 企业合规风险内控与效能管理研究（微信公众号），https：//mp. weixin. qq. com/s/rivZua9nlXBWW21MxTlj1Q.

［6］樊光中. 如何准确识别企业合规风险（下篇）：匹配合规风险源对应的"规"并定义具体合规风险［Z/OL］.［2018 – 08 – 21］. 企业合规风险内控与效能管理研究（微信公众号），https：//mp. weixin. qq. com/s/AB1AR3dL4HvXmHS63UCcGQ.

［7］中华人民共和国工业和信息化部节能与综合利用司. 企业绿色供应

链管理典型案例［Z/OL］．［2019-01-20］．http：//www. miit. gov. cn/newweb/n1146285/n1146352/n3054355/n3057542/n5920352/c6472072/content. html.

［8］华为技术有限公司．关于遵从出口管制法规的声明［Z/OL］．［2019-01-25］．https：//www. huawei. com/cn/about-huawei/declarations/export-control.

［9］廉洁京东．京东集团举报人保护和奖励制度［Z/OL］．［2020-05-26］．https：//mp. weixin. qq. com/s/JRHuFDM-puq3Og1fWRD8lQ.

［10］办公管理项目组．中国石油合规管理信息平台系统介绍［Z/OL］．［2020-05-26］．https：//wenku. baidu. com/view/94166fdbeeobeff9aff807b4，html.

［11］巴塞尔银行监管委员会．合规与银行内部合规部门［Z/OL］．梅明华，译．［2020-01-18］．http：//www. law-lib. com/lw/lw_view. asp？no=3636&page=3.

［12］融资租赁陷阱多，风险防控要这样做［Z/OL］．［2020-06-10］．http：//www. sohu. com/a/281748641_556060.

［13］赵晶．中国出口管制制度与企业贸易合规实务解读：上篇［Z/OL］．［2020-06-10］．https：//mp. weixin. qq. com/s/ddqLUtTmkaCkku9utA22Gg.

［14］王志乐．中兴事件中比罚单更沉重的反思：合规，中国企业新挑战［Z/OL］．［2020-05-30］．https：//mp. weixin. qq. com/s/s0q1iw8vHDbyUY38-hWK6w.

［15］国信通信程成小组．美国制裁其他国家利益实体案例盘点［Z/OL］．［2020-05-30］．https：//www. sohu. com/a/290424503_304441.

［16］中华人民共和国青岛海关．中华人民共和国青岛海关关于曹县艺合工艺品有限公司出口申报不实违规案的处罚决定［Z/OL］．［2020-06-10］．http：//qingdao. customs. gov. cn/qingdao_customs/406484/406544/406553/406555/1989590/index. html.

［17］陈磊．民企反腐有待国家出台制度引导［N/OL］．法制日报，2018-05-15［2020-05-30］．http：/fanfu. people. com. cn/n1/2018/0515/

c64371 – 29991567. html.

[18] 刘晨. 10 亿损失 45 人处理！深圳大疆曝出内部反腐公告，官方证实［Z/OL］.［2020 – 05 – 30］. https：//mr. baidu. com/tbyqx02？f = cp.

[19] 滴滴清风.［Z/OL］.［2020 – 05 – 30］. http：//qingfeng. didiglobal. com/index – app. html.

[20] 企业反舞弊联盟［Z/OL］.［2020 – 05 – 30］. http：//www. fanwubi. org/Category_ 11645/Index. aspx.

[21] 王磊燕，王佑. 西门子因全球行贿案被处以 13. 45 亿美元巨额罚款［Z/OL］.［2020 – 5 – 30］. http：//news. sohu. com/20081217/n261252268. shtml.

[22] 金杜说法. 法国《萨宾第二法案》解析［Z/OL］.［2020 – 05 – 30］. http：//k. sina. com. cn/article_ 2402301213_ 8f30351d034004so2. html.

[23] ISO37001：2006 反贿赂管理体系要求及使用指南（中英文版）［Z/OL］.［2020 – 06 – 02］. https：//wenku. baidu. com/view/267b7a8e0d22590102020740be1e650e52eacf98. html.

[24] 海外反腐败法 – 维基百科［Z/OL］.［2020 – 06 – 02］. https：//zh. wikipedia. org/zh. my/海外反腐败法.

[25] 法国《萨宾第二法案》解析［Z/OL］.［2020 – 05 – 30］. http：//k. sina. com. cn/article_ 2402301213_ 8f30351d034004so2. html.

[26] 合规反洗的博客［Z/OL］.［2016 – 05 – 27］［2019 – 12 – 12］. http：//blog. sina. com. cn/s/blog_ 14e7d86e70102wff8. html.

[27] 天风证券. 通过第三方支付平台进行洗钱行为的案例分析［Z/OL］.［2020 – 02 – 03］. http：//www. tfzq. com/edu/view/id/1792. html.

后　记

本书是黄胜忠主持的西南政法大学校级国际化人文特色智库项目"中国企业境外经营的合规管理与利益保护研究"（项目编号：2019XZGJHZK-13）的研究成果。

当合规能力日益成为企业核心竞争力之一时，如何理解合规，如何构建企业合规管理体系，从而为企业的发展保驾护航变得日趋重要。本书在理论上对合规管理的内涵、动因、渊源、技术、规范等进行了较为详细的解读，对合规管理的组织体系、流程、保障机制等进行了较为系统的研究，收录了合规管理领域的一些优秀研究成果。在实务上介绍了企业合规管理的具体做法和经验，在制度上侧重为实践工作提供现实指引，为企业合规管理制度化、规范化提供有益参考。尤为重要的是，书中通过案例展示了企业如何识别合规风险，如何建立合规管理制度，如何健全合规管理岗位，如何完善合规管理机制，从而为企业建立合规管理体系提供实践参考。

全书由黄胜忠统稿，由黄胜忠、郭建军审定。温袅将、刘伟、江艳、肖咏诗、何芸颖、赵艺云、姜浩、刘伟秋、庞欣、李泓娴、李佳佳、沈悦、于璇参与了本书的编写工作。

感谢知识产权出版社雷春丽编辑提出的修改意见和建议，对本书的出版给予的支持和帮助。

由于编者水平有限，恐本书内容还存在或多或少的问题，敬请读者批评指正。

编者
2020 年春于重庆